डायरी, नोट्स, जर्नल्स, यात्रा-संस्मरण

धुंध से उठती धुन

लेखक की कृतियाँ

कहानी-संग्रह

परिन्दे (1959), जलती झाड़ी (1965), पिछली गर्मियों में (1968), बीच बहस में (1973), कव्वे और काला पानी (1983), प्रतिनिधि कहानियाँ (1988), सूखा तथा अन्य कहानियाँ (1995), थिगलियाँ (2024)

उपन्यास

वे दिन (1964), लाल टीन की छत (1974), एक चिथड़ा सुख (1979), रात का रिपोर्टर (1989), अन्तिम अरण्य (2000)

यात्रा-संस्मरण/डायरी

चीड़ों पर चाँदनी (1963), हर बारिश में (1970), धुंध से उठती धुन (1997)

निबन्ध/व्याख्यान

शब्द और स्मृति (1976), कला का जोखिम (1981), ढलान से उतरते हुए (1985), भारत और यूरोप : प्रतिश्रुति के क्षेत्र (1991), इतिहास स्मृति आकांक्षा (1991), शताब्दी के ढलते वर्षों में (1995), दूसरे शब्दों में (1997), आदि, अन्त और आरम्भ (2001), साहित्य का आत्म-सत्य (2006), सर्जना पथ के सहयात्री (2006)

नाटक

तीन एकान्त (1976)

अनुवाद

पराजय : अलेक्सांद्र फ़देयेव (1954), बचपन : टॉल्स्टॉय (1954), कुप्रिन की कहानियाँ : अलेक्सांद्र कुप्रिन (1958), रोमियो जूलियट और अँधेरा : यान ओत्वानाशेक (1964), खेल-खेल में : चेक कहानियाँ (1966), इतने बड़े धब्बे : चेक कहानियाँ (1966), झोंपड़ीवाले और अन्य कहानियाँ : मिहाइल सदौवेन्यु (1966), कारेल चापेक की कहानियाँ (1966), बाहर और परे : इर्षी फ्रीड (1967), आर.यू.आर. : कारेल चापेक (1972), एमेके : एक गाथा : जोसेफ़ श्कवोरेस्की (1973)

पत्र

प्रिय राम, प्रिय निर्मल (2006), देहरी पर पत्र (2009), चिट्ठियों के दिन (2009)

साक्षात्कार

संसार में निर्मल वर्मा (2006)

संचयन

दूसरी दुनिया (1978)

धुंध से उठती धुन

निर्मल वर्मा

राजकमल पेपरबैक्स

पहला **राजकमल** संस्करण 1997 में प्रकाशित

राजकमल पेपरबैक्स में
पहला संस्करण : मई, 2024

राजकमल पेपरबैक्स : उत्कृष्ट साहित्य के जनसुलभ संस्करण

राजकमल प्रकाशन प्रा. लि.
1-बी, नेताजी सुभाष मार्ग, दरियागंज
नई दिल्ली-110 002
द्वारा प्रकाशित

शाखाएँ : अशोक राजपथ, साइंस कॉलेज के सामने, पटना-800 006
पहली मंजिल, दरबारी बिल्डिंग, महात्मा गांधी मार्ग, प्रयागराज-211 001
1, अनमोल सोराबजी सन्तुक लेन, मरीन लाइंस, मुम्बई-400002

वेबसाइट : www.rajkamalprakashan.com
ई-मेल : info@rajkamalprakashan.com

विकास कंप्यूटर एंड प्रिंटर्स
ट्रॉनिका सिटी-201 102
द्वारा मुद्रित

मूल्य : ₹399

DHUNDH SE UTHATI DHUN
[Diaries, Notes, Journals, Travel Memoirs]
by Nirmal Verma

ISBN : 978-93-6086-257-2

क्या दुनिया तुम्हारे पास आकर कहती है—देखो, मैं हूँ?

—रमण महर्षि

Everything one records contains a grain of hope,
no matter how deeply it may come from despair.

—E. M. Cioran

क्रम

आमुख

डायरी के ये अंश पिछले बीस-बाईस वर्षों (1973-95) के दौरान अलग-अलग स्थानों में लिखे गए थे। मेरे साथ कुछ ऐसा होता है कि दिल्ली के बाहर जाते ही, जब मेरा बाक़ी लिखना छूट जाता है, अरसे से छूटी हुई डायरी शुरू हो जाती है। क्या यह एक तरह की क्षति-पूर्ति है, घर के अभाव को बेघर अनुभवों से भरने की लालसा? कहना मुश्किल है किन्तु इन्हें परम्परागत अर्थ में 'यात्रा-संस्मरण' कहना भी ग़लत होगा। अगर ये 'यात्रा' हैं, तो वे स्थानों की न होकर 'मन' की हैं, अन्त:प्रक्रियाओं का लेखा-जोखा, जिन्हें मैंने कच्चे माल की तरह ही प्रस्तुत करना चाहा है। जो मेरा अतीत है, वह इन डायरियों का वर्तमान है, इसलिए पुरानी पोथियों से उतारकर इन्हें दुबारा से टीपते हुए मेरा काल-बोध बार-बार हिचकोले खाने लगता है। यह नहीं लगता, हम अतीत की पुनरावृत्ति काग़ज़ पर कर रहे हैं, बल्कि यह लगता है कि हम वर्तमान में अपने को दुबारा से व्यतीत कर रहे हैं, कि वर्तमान के इस क्षण में—जब मैं डायरी टीप रहा हूँ—

में एक दूसरा वर्तमान जी रहा हूँ। कभी-कभी तो मुझे गहरा अचरज होता था कि क्या यह सचमुच मेरे साथ घटा था, जिसे मैं टीप रहा हूँ?

यहाँ एक छोटा-सा स्पष्टीकरण ज़रूरी जान पड़ता है। इस पुस्तक में मैंने अपने दो रिपोर्ताज 'सिंगरौली, जहाँ कोई वापसी नहीं' और 'सुलगती टहनी' भी शामिल किये हैं। इन्हें यहाँ देने का औचित्य इतना ही है कि वे मूलतः 'निबन्ध विधा' में नहीं, डायरी की तात्कालिक अन्तःप्रक्रियाओं के रूप में लिखे गए थे—और उसी रूप में पत्रिकाओं में प्रकाशित भी हुए थे। लिखते हुए मैंने नहीं सोचा था कि अपने ढंग से वे भारतीय संस्कृति के समकालीन संकट को दो विपरीत दिशाओं से स्पर्श करेंगे। यदि प्रयाग के कुम्भ मेले में भटकते हुए मुझे अपनी संस्कृति की तीन हज़ार वर्ष लम्बी, अविरल धारा से साक्षात् हुआ, तो सिंगरौली में उस 'इतिहास' का साक्षी होना पड़ा, जो 'आधुनिकता' के नाम पर उसे इतना विकराल पैमाने पर नष्ट कर रहा है। यह आँखों-देखा सत्य था, इसलिए मैंने इन्हें 'रिपोर्ताज' कहना ज़्यादा उचित समझा है।

अन्त में शायद यह कहना भी ज़रूरी है कि पुस्तक में अंकित अन्तःप्रक्रियाओं का समय सीधा-सीधा कैलेंडर की तिथियों का अनुकरण नहीं करता, हालाँकि कोशिश यही रही है कि समय की अनुक्रमिक रेखा के साथ अधिक छेड़छाड़ न की जाए। डायरी हमेशा जल्दी में लिखी जाती है, उड़ते हुए अनुभवों को पूरी फड़फड़ाहट के साथ पकड़ने का प्रलोभन रहता है, अनेक वाक्य अधूरे रह जाते हैं, कई बार अंग्रेज़ी के शब्द घुमड़ते चले आते हैं, एक लस्तम-पस्तम रौ में बहते हुए। पांडुलिपि तैयार करते समय उसमें अनेक बार सुधार और संशोधन करना पड़ा है—लेकिन ज़्यादा नहीं। कई बार अपने हाथ रोकने पड़े हैं कि कहीं वह धुन हाथ से न निकल जाए, जिसे बहती हुई धुंध में पकड़ा था।

नई दिल्ली
9 जुलाई, 1996

—निर्मल वर्मा

धुंध से उठती धुन

पीड़ा में पक्षी

शिमला : 1973-74

12 जून, 1973

क्या सम्पूर्ण निराशा में लिखना सम्भव है? काफ़्का आख़िर तक लिखते रहे और वे लोग भी जो मृत्यु को जानते थे। "आत्मा क्या है?" किर्केगार्द ने पूछा था। "आत्मा वह है कि हम इस तरह जी सकें, जैसे हम मर गए हैं—दुनिया की तरफ़ से मृत।"

जब हम जवान होते हैं, हम समय के ख़िलाफ़ भागते हैं, लेकिन ज्यों-ज्यों बूढ़े होते जाते हैं, हम ठहर जाते हैं, समय भी ठहर जाता है, सिर्फ़ मृत्यु भागती है, हमारी तरफ़।

> माल्टे, हमें कभी आकांक्षा करना नहीं छोड़ना चाहिए। मैं जानता हूँ, कोई पूर्ति नहीं है, लेकिन ऐसी आकांक्षाएँ हैं, जो आजीवन क़ायम रहती हैं, इसलिए तुम चाहो तो भी उनकी पूर्ति की प्रतीक्षा नहीं कर सकते।
>
> —रिल्के

अकेले रहने की एक तसल्ली है कि हमारे पास सिवा अपने के कुछ नहीं है, और मैं अपने से सिवा लिखने के—कुछ भी नहीं कर सकता।

रिल्के ने एक युवा कवि को सलाह दी थी, "रात की सबसे ख़ामोश घड़ी में अपने से पूछो, क्या लिखना अनिवार्य है? उत्तर 'हाँ' में होना चाहिए, अगर तुम अकेले रह रहे हो और सिवा अपने के, कहीं और नहीं मुड़ सकते।"

क्या बिना ईश्वर में विश्वास किये कोई संत हो सकता है?

जिस हद तक तुम इस दुनिया में उलझे हो, उस हद तक तुम उसे खो देते हो। कलाकार दुनिया को छोड़ता है, ताकि उसे अपने कृतित्व में पा सके। तुम यथार्थ को अपने पास रखकर उसका सृजन नहीं कर सकते। तुम्हें उसके लिए मरना होगा, ताकि वह तुम्हारे लिए जीवित हो सके।

यह काफ़ी नहीं है कि तुम इस दुनिया को एक माया की तरह अनुभव कर सको, तुम्हें माया के यथार्थ को भी जानना होगा। वास्तव में इन दोनों सत्यों को—यथार्थ की माया और माया के यथार्थ को एक साथ और एक समय में पकड़ने की कोशिश करनी चाहिए। तभी यह सम्भव हो सकेगा कि हम दुनिया के साथ पूरी तरह जुड़कर भी पूरी तरह निस्संग रह सकें।

मेरे लिए लिखना और लौटना एक चीज़ है। प्रतीक्षा करने से मस्तिष्क एकदम सजग हो जाता है। वह एक तरह की सीमा-रेखा है—शून्य और कुछ के बीच।

लिखना एक सक्रिय क़िस्म की उम्मीद है।

—टॉमस मान

सिमोन वेल का लेखन : कर्तव्य, स्वीकार करना, पवित्रता, ग़रीबी का भाव, आज्ञा-पालन।

आज्ञा-पालन सबसे ज़्यादा।

एक अच्छा उपन्यासकार अपनी सहानुभूति को बराबर-बराबर मात्रा में सब पात्रों को देता है, एक महान उपन्यासकार अपनी सहानुभूति के विरुद्ध संघर्ष करता है। हमें पश्चिमी सभ्यता को इतिहास के सन्दर्भ में देखना चाहिए, क्योंकि इतिहास ने उसे पाला-पोसा है। इसके विपरीत भारतीय संस्कृति के सन्दर्भ में हमें इतिहास को देखना चाहिए क्योंकि उसने इतिहास को अस्वीकृत करके अपना अस्तित्व बनाया है।

इससे हमें इतिहास और संस्कृति, दोनों के बारे में एक नई समझ मिल सकेगी। मैं आन्द्रे जीद के जर्नल्स के अन्तिम पृष्ठ पढ़ रहा था, जो उन्होंने अपनी मृत्यु से कुछ दिन पहले लिखे थे। ये पृष्ठ शायद उनकी डायरी में सबसे अधिक मर्मस्पर्शी हैं। देह और आत्मा के सम्बन्ध में वह जो कुछ कहते हैं—'एक को दूसरे के बिना नहीं सोचा जा सकता'—वह ऐसा सत्य है, जिस पर मैं हमेशा विश्वास करता आया हूँ। अन्तिम साँस तक जीद की तर्कशक्ति एक उज्ज्वल, चमकीली लौ की तरह सुलगती रही, "अपने को मुक्त करना कुछ भी नहीं है, मुक्त रहना (बीइंग फ्री) यह कठिन काम है।"

जर्नल के इन पृष्ठों को पढ़ते समय मैं बीथोवन का रिकॉर्ड 'टेम्पेस्ट' सुन रहा था—अचानक कमरे में हवा का झोंका आया और मुझे लगा, जैसे यह कोई बहुत साल बीते किसी दूसरे वसन्त की हवा हो। ऐसे क्षणों में लगता है कि हम सचमुच सुखी हैं, सुखी हो सकते हैं। हम उन स्थानों में जा सकते हैं, जहाँ अभी तक नहीं गए। उन किताबों को पढ़ सकते हैं, जो अभी तक नहीं पढ़ीं। उन कहानियों को लिख सकते हैं, जो अभी तक नहीं लिखी गईं।

कौन कहता है, आदमी की ज़िन्दगी छोटी है?

> हम कितनी ही कोशिश क्यों न करें, चीज़ों के रूप के पीछे हम वास्तविकता को नहीं पकड़ सकते। इसका भयानक-सा कारण यह हो सकता है कि चीज़ों के अनुभव से अलग उनकी कोई अलग वास्तविकता नहीं है—सिर्फ़ उथले लोग यह कहते हैं कि चीज़ों को उनके बाहरी रूप से नहीं जाना जा सकता। दुनिया का असली रहस्य दृश्य में निहित है, अदृश्य में नहीं।
>
> **—आस्कर वाइल्ड**

साहित्य हमें पानी नहीं देता, वह सिर्फ़ हमें अपनी प्यास का बोध कराता है। जब तुम स्वप्न में पानी पीते हो, तो जागने पर सहसा एहसास होता है कि तुम सचमुच कितने प्यासे थे।

मनुष्य की कमज़ोरियों में हमेशा एक 'कॉमिक' तत्त्व छिपा रहता है। नाटक में जिसे हम ट्रेजेडी कहते हैं, वह और कुछ नहीं, उन तत्त्वों की मंच पर तीव्रतम अभिव्यक्ति है, जिन पर हम वास्तविक ज़िन्दगी में हँस सकते हैं। क्या यह कारण नहीं है कि एक महान अभिनेता हमेशा ट्रेजिक होता है, भले ही वह 'कॉमिक' भूमिका क्यों न अदा करे क्योंकि वह हमेशा सीमा का उल्लंघन करता है, जीवन के 'सुखद सन्तुलन' को भंग करता है?

कुछ सम्बन्धों से हम बाहर नहीं निकल सकते—कोशिश करें, तो निकलने की कोशिश में मांस के लोथड़े बाहर आ जाएँगे, ख़ून में टिपटिपाते हुए।

जुदाई का हर निर्णय सम्पूर्ण और अन्तिम होना चाहिए; पीछे छोड़े हुए सब स्मृति-चिह्नों को मिटा देना चाहिए, और पुलों को नष्ट कर देना चाहिए—किसी भी तरह की वापसी को असम्भव बनाने के लिए।

यह ख़याल ही कितनी सांत्वना देता है कि हर दिन, वह चाहे कितना लम्बा, असह्य क्यों न हो, उसका अन्त शाम में होगा, एक शीतल-से झुटपुटे में। मैं कमरे से बाहर जाऊँगा, स्मृतियों की छत से बाहर, गर्मी के खुले आकाश में, तारों के नीचे, बिना किसी आशा और प्रतीक्षा के।

हर पीड़ायुक्त निर्णय को क्रियान्वित करने के लिए हमें उसे दैनिक जीवन का स्वाभाविक अंग बनाना होगा। तभी हम उसे भूल सकते हैं, जिसे हमने खो दिया है।

यह थकान—इसके नीचे लेट जाना चाहिए, इसकी ठंडी घनी छाया के नीचे जहाँ विरक्ति की अलमस्त लहर घेर लेती है—पीड़ा, इच्छा, उम्मीद का वह पत्ता कहाँ गया? क्या शून्यता से टकराकर झर गया या वह अब भी वहीं है—निश्चल, शान्त, आँखों से ओझल?

एक ज़िन्दगी जो बीच में कट जाती है अपने में सम्पूर्ण है। उसके आगे का समय उसके साथ ही मर जाता है, जैसे उम्र की रेखा—वह चाहे कितनी लम्बी क्यों न हो, मृत हथेली पर मुरझाने लगती है। क्या रिश्तों के साथ भी ऐसा होता है जो बीच में टूट जाते हैं? हम विगत के बारे में सोचते हुए पछताते हैं कि उसे बचाया जा सकता था, बिना यह जाने कि स्मृतियाँ उसे नहीं बचा सकतीं, जो बीत गया है। मरे हुए रिश्ते पर वे उसी तरह रेंगने लगती हैं, जैसे शव पर चींटियाँ।

दो चरम बिन्दुओं के बीच झूलता हुआ आदमी। क्या उन्हें (बिन्दुओं को) नाम दिया जा सकता है? दोनों के बीच जो है, वह सत्य नहीं, पीड़ा है। वह एक अर्द्धसत्य और दूसरे अर्द्धसत्य के बीच पेंडुलम की तरह डोलता है, उन्हें सम्पूर्ण पाने के लिए, लेकिन अपनी गति में—जो उसकी आदिम अवस्था है—हमेशा अपूर्ण रहता है।

शिमला इंस्टिट्यूट : जून, 1973

दिन भर बारिश होती रही।

परसों राम, बहन और उसके बच्चों के साथ कामना देवी के मन्दिर गए। बदली का दिन था, लेकिन बीच-बीच में सूरज निकल आता था। पहाड़ियों के विस्तीर्ण फैलाव को देखा, जिन पर शिमले का हिल-स्टेशन टिका है। उनके साथ बोलते, हँसते हुए मैं सब कुछ भूल गया।

शाम को जब वे चले गए, मैं कमरे में बैठा हाना अरेंड्ट की पुस्तक 'हिंसा पर' (On Violence) पढ़ता रहा।

अब बारिश और अँधेरा है। मैं टेबल-लैम्प जलाते हुए डरता हूँ—उस आत्मीय अँधेरे को तोड़ना नहीं चाहता जो दिन भर मेरे कमरे में मेरे भीतर, मेरे साथ, जमा होता गया है।

मैं हाइनरिख ब्योल का उपन्यास पढ़ रहा हूँ। बहुत 'सच्ची' किताब है। इसके अलावा कोई दूसरा विशेषण याद नहीं आता। अपने निजी स्वर में बहुत प्रेरणादायक भी। बार-बार उसे पढ़ते हुए मुझे अपना वह 'आत्म-जीवनी' सरीखा उपन्यास याद आता रहा, जो प्राग में शुरू किया था और जो अपने अधूरेपन में मुझे आज भी त्रस्त करता है।

क्या मैं एक ही समय में 'सच्चा' और कलात्मक, दोनों हो सकता हूँ? क्या हम पूरी ईमानदारी से जीवन के कच्चे माल को एक कलाकृति में परिणत कर सकते हैं? क्या कला जीवन के झूठों को अपने में समो सकती है, काले ज़हर की तरह, जिसका निशान शिव के नीलकंठ की तरह ही उसकी सही पहचान बन जाता है?

जीवन में असफल होने का एक फ़ायदा यह है कि मेरे पास अपने होने के अलावा और कुछ नहीं है और जब मेरे पास सिर्फ़ 'मैं' हूँ तो मैं उसे सिर्फ़ लिखने के लिए ही इस्तेमाल कर सकता हूँ—कुछ वैसे ही,

जैसे अलिफ़-लैला के एक क़िस्से में एक आदमी शैतान से छुटकारा पाने के लिए उसे किसी-न-किसी काम में लगाए रहता है। वह अभिशाप भी है और वरदान भी। रिल्के की युवा कवि को सलाह : "तुम अपने से आधी रात के सन्नाटे में पूछो, क्या लिखना ज़रूरी है?" तब मानना मुश्किल नहीं है, अगर तुम अकेले लेटे हो और सिवा अपने के, कहीं और नहीं मुड़ सकते।

13 नवम्बर, 1974

आज दुपहर फागू चला आया, शिमला की दीवाली से दूर जाने की इच्छा थी—और अपने से भी भी दूर जाने की...।

यह जगह शिमला से पन्द्रह मील की दूरी पर है—बस में सिर्फ़ एक घंटा लगता है, लेकिन इतने कम समय में दुनिया के दूसरे छोर पर पहुँच जाते हैं। यह एक छोटा-सा पहाड़ी गाँव हैं, थियोग और कुफ़्री के बीच पहाड़ों से घिरा हुआ। बहुत पहले यहाँ राम ज़मीन ख़रीदना चाहते थे। घूमते हुए मैं सोचने लगा, क्या यहाँ कोई रह सकता है? पहले-पहल तो मुक्ति का उल्लास होता है, किन्तु क्या कोई हर दिन इतनी वीरानी सह सकता है?

मैं एक रेस्ट हाउस में ठहरा हूँ—जो एक उठान पर स्थित है। रेस्ट हाउस के सारे कमरे ख़ाली पड़े हैं। अकेला एक मैं हूँ। यह शायद मेरी नियति है—इंस्टिट्यूट के अकेलेपन से बचकर यहाँ के अकेलेपन में आना। मैं यह भी भूल गया हूँ कि मुझे अब अकेलेपन में कैसा लगता है। अब मैं उसके बारे में सोचता भी नहीं मानो वह मेरे 'होने' का ही अंग है, एक छाया जो हर जगह मेरे पीछे चलती है—एक अवसन्न छाया, आत्मा से जुड़ी हुई। 'तुम उस दुनिया में रहते हो, जो तुमने बनाई है।'—यह वाक्य मैंने कल पढ़ा था।

पहाड़ी रेस्ट हाउस की रातें। कमरों की धुँधुआती रोशनियाँ। बाहर हवा चलती है। नीचे मोटर-रोड से बसों की गड़गड़ाहट पहाड़ियों में गूँजती हुई आती है। नीचे घाटी में दीवाली के पटाखे, जैसे अँधेरे में कोई बन्दूक़ से फ़ायरिंग कर रहा हो! दूर पहाड़ों पर धूप का एक टुकड़ा—सूरज का मलिन-सा धब्बा, दो अँधेरों के बीच तेज़ी से सिकुड़ता हुआ, मेरे देखते-देखते वह हवा में घुल जाता है, एक अचानक मृत्यु की तरह, कुछ भी बचा नहीं रहता।

यह एक स्वप्न नगरी है—पत्थर के मकान, लुटी-पिटी दुकानों के खँडहर, एक 'अंग्रेज़ी शराब' की दुकान मोटर-रोड पर और उसके नीचे, एक गली में देसी ठर्रे का खोखा, जिसके इर्द-गिर्द शराब में धुत्त कुछ अनिश्चित-से, चुँधियाई आँखों से मुझे ताकते पहाड़ी, उनके हल्के लड़खड़ाते पैर...।

मैं पहाड़ी की चोटी पर गया, जहाँ देवी का एक मन्दिर था, लेकिन मूर्ति की जगह सिर्फ़ एक शिलाखंड था; सामने पेड़ पर हवा में फड़फड़ाती रंग-बिरंगी झंडियाँ।

2 दिसम्बर, 1974

दुपहर के चार बजे;
पहाड़ी ट्रेन की सीटी भी—सूरज को काटती हुई—यही कहती है।
मैं दिल को सुनता हूँ, उसके हृदयहीन पंखों को,
क्या कोई पक्षी पीड़ा में है?
मैं यह भी नहीं कह सकता, मत हिलो,
ठहरो,
पीड़ा को थम जाने दो,
लेकिन वे समझते नहीं,

न दिल,
न उसके भीतर हिलता हुआ पक्षी
दुपहर के चार बजे।

अब कुछ भी नहीं है, उतना भी नहीं, जिसमें अपने न होने को समर्पित किया जा सके। जब कुछ भी नहीं रहता, तो शून्यता का स्वच्छ बोध भी, जो हमेशा भीतर रहता था, हमारा साथ छोड़ देता है।

लेकिन जब कुछ भी नहीं रहता, तो मैं कुछ भी हो सकता हूँ—एक वृक्ष, एक पत्ता, एक पत्थर। और यह ख़याल ही कि हम 'कुछ नहीं' से भी कम हो सकते हैं, मृत से अधिक मृत—एक गहरी सांत्वना देता है, जैसे बचपन में, बीमारी की रात, माँ का हाथ अँधेरे में सहलाता है...।

जिस दिन मैं अपने अकेलेपन का सामना कर पाऊँगा—बिना किसी आशा के—ठीक तब मेरे लिए आशा होगी कि मैं अकेलेपन में जी सकूँ।

> मेरे कोई मित्र नहीं है, मुझे अपने साथ अकेले रहना होगा लेकिन मैं जानता हूँ कि मेरी कला में ईश्वर दूसरों से अधिक मेरे निकट है। मैं बिना किसी भय के उसके साथ रह सकता हूँ। हर बार मैंने उसे पहचाना है, समझा है। न मुझे अपने संगीत के बारे में कोई चिन्ता है, उस पर कभी किसी अनिष्ट की छाया नहीं पड़ सकती। जो उसे समझेंगे, हमेशा के लिए उन तमाम दु:खों से छुटकारा पा लेंगे, जिन्हें दूसरे लोग आजीवन अपने साथ घसीटते हैं।
>
> **—बीथोवन**

बर्फ़ पर दो छायाएँ

मुक्तेश्वर से आयोवा तक : 1975-77

ऐसी रातें हैं, जब हवा थम जाती है। सब कुछ निस्तब्ध हो जाता है। मैं खिड़की के बाहर देखता हूँ, अँधेरे में वृक्ष बिलकुल निश्चल दिखाई देते हैं। मुझे टॉल्स्टॉय की याद आती है, जो बीतते हुए क्षण में 'शाश्वत', निश्चलता के पीछे गति, आत्मा को प्रतिबिम्बित करती देह और देह के पर्दे पर झलकती आत्मा को अपनी कृतियों के विराट झरोखे से झलकाते थे।

एक ड्राइंग मास्टर मुझसे मिलने आए। वह पिछले सत्रह वर्षों से मुक्तेश्वर के लोकल स्कूल में पढ़ाते हैं। उनकी पत्नी अल्मोड़ा में अध्यापिका हैं।

हम नसबन्दी की चर्चा करते रहे। अधिकांश प्राइमरी स्कूल के अध्यापकों की नसबन्दी की जा रही है। वे कूर्मांचल के सुदूर गाँवों से

मुक्तेश्वर में 'ऑपरेशन' कराने आते हैं। ड्राइंग मास्टर नि:सन्तान हैं, इसलिए उनको कोई झमेला नहीं।

उन्होंने बताया कि वह कुमाऊँ प्रदेश की लोक-चित्रकला की परम्परा पर पी-एच.डी. थीसिस लिखना चाहते हैं। मैंने उसके बारे में उत्सुकता जताई तो उन्होंने अपनी थीसिस की रूपरेखा दिखाई, जो काफ़ी विस्तार से बनाई गई थी। उन्होंने मुझे एक दिलचस्प तथ्य से अवगत कराया कि आम धारणा के विरुद्ध लगभग तमाम लोक-चित्र गाँवों में नहीं, नगरों में बनाए जाते रहे हैं। कारण यह बताया कि गाँवों में लोग इतने ग़रीब हैं कि उन्हें इस तरह की चीज़ों के लिए अवकाश ही नहीं मिल पाता। दिन भर के काम के बाद जब समय मिलता है, तो उसे नाच-गाने में बिताते हैं—यही कारण है कि कुमाऊँ लोक-संगीत इतना समृद्ध है।

यह अध्यापक महोदय बहुत ही शर्मीले और शालीन हैं। उनकी सुन्दर दाढ़ी है और पीला चेहरा—बहुत कुछ चेख़ॅव के 'अध्यापक' की याद दिलाते हुए।

मास्टर साहब ने जो बात नसबन्दी के बारे में कही थी, उसका प्रमाण कल रात देखने को मिला।

मैं एक ऐसे होस्टल में ठहरा हूँ, जो पशु-चिकित्सा के ट्रेनिंग पानेवाले डॉक्टरों के लिए है। छुट्टियों की वजह से सब कमरे ख़ाली पड़े रहते हैं। किन्तु कुछ दिन पहले की बात है, एक रात सारे कमरों में हलचल की आवाज़ें सुनाई दीं। मैंने देखा, अस्पताल की एक एम्बुलेंस गाड़ी में ठसाठस वे लोग भरे थे, जिन्हें नसबन्दी के 'ऑप्रेशन' के बाद हमारे होस्टल लाया गया था। वे बिलकुल 'मवेशी' से जान पड़ते थे, जिन्हें अपने बाड़ों से खदेड़कर यहाँ भेजा गया था। पता चला, वे सब यहाँ भोजन करेंगे और रात बिताकर दूसरे दिन अपने-अपने गाँव लौट जाएँगे।

जो बातें मैं आज तक अफ़वाहों के रूप में सुनता आया था, वे आँखों के सामने चरितार्थ होंगी, ऐसी कल्पना भी नहीं की थी।

होस्टल में उनके लिए दो कमरे आरक्षित किये गए थे। उनमें दरियाँ बिछा दी गई थीं। मैंने एक कमरे में झाँककर देखा, कुछ लोग बैठे थे, कुछ लेटे थे, अधिकांश बहुत जीर्ण-शीर्ण कपड़े पहने थे। अध्यापकों की बजाय वे घरेलू नौकर-से जान पड़ते थे—सबके चेहरे खिसियाए और मुरझाए-से दिखाई देते थे। सरकार ने उस रोज़ अच्छी फ़सल काटी थी, एक दिन में पचास अध्यापकों की नसबन्दी की थी। वे सब चूँकि स्थानीय अस्पताल में नहीं खपाए जा सकते थे, इसीलिए उनमें से कुछ को यहाँ भेज दिया गया था।

बचपन से मेरी सबसे बड़ी कमज़ोरी रही है शायद मेरी अतिशय अन्तर्मुखी प्रवृत्ति। एक लेखक स्वाभाविक रूप से 'अन्तर्मुखी' होता है, किन्तु उसे इस प्रवृत्ति को बढ़ावा नहीं देना चाहिए—सच पूछा जाए तो उसे अपने को 'बह जाने' से रोकना चाहिए, क्योंकि तब वह स्याही की तरह फैलती हुई वस्तु-जगत् के विचारों को ही डुबो लेगी। मुझे याद है, जब मैंने कॉलेज में पहली बार पूरे ऑर्केस्ट्रा पर सिम्फनी सुनी थी...इतने विभिन्न वाद्यों को एक साथ सुनने का मुझ पर ज़बरदस्त प्रभाव पड़ा, जैसे वह कोई सिम्फनिक विस्फोटन है, जिसे मैं देख रहा हूँ।

अब सोचता हूँ, तो लगता है कि मैं उस समय संगीत के शुद्ध, आत्यंतिक सौन्दर्य से इतना अभिभूत नहीं था, जितना इससे, कि वह मुझे अपने ही आभ्यंतरिक जगत् की अनुभूतियों को 'भोगने' को उकसाता था। मैं संगीत के हर 'मूवमेंट' को अपने ही अन्तर्मुखी लैंडस्केप के परिदृश्यों में अनूदित कर लेता था, हर स्वर-संघात कोई स्मृति जगा देता था और इस तरह जो मेरे भीतर पहले से ही सुप्त अवस्था में मौजूद था, संगीत उसे उन्मेषित करने का महज़ साधन मात्र बन गया था।

मैं चित्रों को भी इसी तरह देखता था। जब पहली बार मैं लंदन की नेशनल गैलरी गया, मुझे केवल वे ही चित्र अधिक उद्वेलित करते थे, जो मेरे भीतर छिपे किसी बिम्ब को उजागर करते थे, जिससे उसके सौन्दर्य का निजी, स्वायत्त स्वरूप, जो कोई पेंटिंग मुझे दे सकती थी, मेरी आँखों से ओझल रहता था। मेरी प्रतिक्रिया या तो सिर्फ़ मेरे ही अन्तर्मुखी जगत् की पुनरावृत्ति थी या बेहतर क्षणों में उसका नवीनीकरण करती थी—इससे अधिक कुछ नहीं।

बहुत बाद में, चित्र-गैलरियों और संगीत समारोहों में जाने पर, मुझे धुँधला-सा बोध हुआ कि कलाकृति सिर्फ़ आन्तरिक अनुभूतियों को स्फुरित करने का साधन नहीं है, वह उससे कुछ अधिक है। वह उस वस्तुगत सच्चाई से हमारा साक्षात् कराती है, जो एक चित्र या संगीत-रचना में मूर्तिमान होती है, जिस पर हमें अपनी अन्तर्मुखी भावनाओं को प्रक्षेपित नहीं करना चाहिए। इसी में एक कलाकृति के सौन्दर्य और उसके सत्य का रहस्य निहित है। हम चाहें तो उसे कला-सौन्दर्य का विरोधाभास भी कह सकते हैं कि हम उससे निस्संग रहकर ही उसका सही मर्म ग्रहण कर सकते हैं। दूसरे शब्दों में, वह सीधे अपना सत्य हम तक सम्प्रेषित कर सके, इसके लिए हमें अपने अन्तर्मुखी आग्रहों और अवरोधों को रास्ते से हटाना होगा। वस्तुओं का रहस्य उनकी 'वास्तविकता' में है, कविता का यह सत्य रिल्के ने सिज़ाँ के चित्रों को देखकर प्राप्त किया था, इसीलिए वह सब्जेक्टिविटी से उठकर अपनी कविताओं को अधिकाधिक 'वस्तुगत' बनाना चाहते थे। क्या एक तरह से बाद में इलियट ने 'निर्वैयक्तिकता' का सूत्र इसी सत्य में नहीं ढूँढ़ा था?

कला एक संयोग से होनेवाली घटना को नियति की अनिवार्यता में परिणत कर देती है। सोफ़ोक्लीस के नाटक और महाभारत की घटनाएँ इसका मार्मिक प्रमाण हैं। 'जीवन' में जो नियमहीन और स्वेच्छाचारी होता है,

या जान पड़ता है, वह कला में एक पूर्व निर्धारित चौखटे में बँधा जान पड़ता है, जिसकी अपरिहार्यता से बचा नहीं जा सकता।

कला में धर्म की तरह, सीमाबद्ध संसार पर—शाश्वत का प्रवेश है।

5 अगस्त, 1976

ऐसे क्षण आते हैं जब अपने पर आरोपित संयम भरभराकर ढह जाता है—और तब पता चलता है कि सिर्फ़ जीने के लिए मनुष्य को कितनी शक्ति की ज़रूरत है। एक दिन से दूसरे दिन तक—बिना पीड़ा के प्याले को छलकाए, बचपन में उस खेल की तरह, जिसमें चम्मच पर काँच की गोली रखी रहती थी और उसे मुँह में दबाकर भागना पड़ता था, बिना गोली को गिराए लक्ष्य तक पहुँचना पड़ता था। क्या अपनी पीड़ा को बिना एक बूँद छलकाए रेस की अन्तिम रेखा तक पहुँचा जा सकता है?

आज की शाम बहुत सुन्दर रही। मैं संयोग से सैर करते हुए स्थानीय स्कूल के मास्टर जी से मिल गया, जिन्हें यहाँ डी.सी. कहकर बुलाते हैं—दिनेश चन्द्र। हम दोनों चाय पीने बाज़ार के एक ढाबे में गए। वहाँ 'चेख़ॅव' जी से, ड्राइंग मास्टर साहब से मुलाक़ात हो गई। उन्हें देखकर मन प्रसन्न हो गया।

बाहर बादल घिरे थे और पेड़ों पर धुंध उड़ रही थी। जुलाई के हिसाब से काफ़ी सर्द शाम थी, लेकिन ढाबे के भीतर गरमाई थी। तीन-चार और लोग दूसरी मेज़ पर गप्पबाज़ी कर रहे थे। बेचारे बंगाली तो बदनाम हैं, अड्डेबाज़ी में कुमाऊँ भी उनसे पीछे तो नहीं, शायद एक क़दम आगे ही है!

पता नहीं कैसे, बातें कुमाऊँनी पक्षियों पर होने लगी। मैंने कुछ के नाम पूछे, जिनका कलरव मैं सैर करते हुए सुना करता था। यह जानकर काफ़ी निराशा हुई कि जिस पक्षी की अनवरत चीख़ें रोज़ सुना करता था,

वह 'तितीरा' (तीतर) कहलाता है। शिकारी उसके पीछे पड़े रहते हैं क्योंकि उसका गोश्त काफ़ी लज़ीज़ होता है, किन्तु उसे मारना आसान नहीं, क्योंकि दूर से पैरों की आहट सुनकर ही वह उड़ जाता है। उसे फँसाने का एक ही तरीक़ा है, जब वह चिल्लाए तभी उसके निकट पहुँचा जाए, क्योंकि (आदमियों की तरह) वह चीख़ता हुआ सुनता नहीं और इस तरह उसकी अपनी मुखरता उसे मृत्यु का मेहमान बना देती है।

झींगुर के लिए कुमाऊँनी में सुन्दर नाम है—निनिर, क्योंकि अँधेरे में उनकी आवाज़ सुनते हुए बच्चों को नींद आ जाती है। ड्राइंग टीचर ने बताया कि कुमाऊँनी भाषा एक ज़िले से दूसरे ज़िले में थोड़ा बदल जाती है—उन्होंने ध्वनि और शब्दों के इन परिवर्तनों के कुछ उदाहरण भी दिये।

घर लौटते हुए मैं इन दोनों अध्यापकों के बारे में सोचता रहा—दोनों एक-दूसरे से कितने भिन्न थे—फिर भी गहरे मित्र! उनके होने से मेरा मुक्तेश्वर प्रवास भी मनोरम हो गया है।

27 अगस्त, 1976

दो दिन पहले महाराज जी से मिलने गया। मुझे लगा, जैसे मैं कोई अख़बार का रिपोर्टर हूँ या कोई जासूस, गुप्तचर लेकिन यह मेरी कौतूहलभरी उत्सुकता थी, जो मुझे वहाँ ले गई...एक साधु-संन्यासी कैसे जीता है? कैसा होता है उसका अकेलापन?

उन्होंने मुझे बहुत-सी बातें बताईं, कलकत्ता में अपने अतीत के कुछ संस्मरण, सुदूर पहाड़ों पर प्रायश्चित्त करने के लिए तपस्या करना। प्रायश्चित्त किसलिए? यह कुछ नहीं बताया। जवानी की अवस्था में वह बहुत सुन्दर युवक रहे होंगे, आज भी उनका चेहरा-मोहरा बहुत आकर्षक दिखाई देता है—लम्बी सफ़ेद दाढ़ी, पीला चेहरा, जो कभी काफ़ी गोरा-चिट्टा रहा होगा, "लोग मुझे विदेशी समझते थे,"

उन्होंने कुछ बचकाने गर्व के साथ कहा। "कुछ तो मुझ पर सन्देह करते थे कि मुझे किसी विदेशी सरकार ने जासूसी करने यहाँ भेजा है।" लगता था, वह बंगाल के किसी सम्भ्रांत परिवार से सम्बन्धित थे। माता-पिता की मृत्यु हो चुकी थी। उनके अनेक सगे-सम्बन्धी इंग्लैंड में डॉक्टरी करते थे। "जब मैंने भिक्षुक बनने का निश्चय लिया तो यह सोच लिया था कि अपने ही साधनों पर निर्भर रहूँगा, लोगों की दान-दया पर जीवन-यापन नहीं करूँगा।"

उन्होंने यह भी बताया कि उनकी ज़रूरतें बहुत सीमित हैं। वह दिन में एक बार खाना खाते थे और ख़ुद ही अपना भोजन बनाते थे। जब वह मेरे लिए कॉफ़ी बना रहे थे, मुझे उनकी झोंपड़ी को देखने का अवसर मिला। ऊपर एक छोटा-सा कमरा था, जिसमें एक पलंग बिछा था—एक तरह का 'लिविंग रूम', जहाँ उनके मेहमान बैठते थे। पहले दिन उन्होंने मुझे वहीं बिठाया था और मैं समझा था, यही एक कमरा उनके पास है। बाद में मुझे अपनी ग़लती पता चली। कुछ सीढ़ियाँ उतरकर नीचे 'बेसमेंट' में दो कोठरियाँ और एक छोटी-सी रसोई थी। वहीं सोने के कमरे में दो पलंग थे, काफ़ी भरे-पूरे-से—एक छोटी-सी किताबों की शेल्फ़ थी और रसोई में एक हीटर और बर्तन रखे थे। ऊपर की ख़ाली जगह में लकड़ियाँ रखी थीं जिन्हें जाड़े के दिनों में वह कोठरी को गर्म रखने के लिए जलाते थे। नहाने के लिए गर्म पानी का इस्तेमाल नहीं करते थे—न ही वहाँ कोई नलका था। एक आदमी नीचे झरने से पानी ले आता था और उसी से साग-सब्ज़ी भी मँगवा लेते थे।

"कलकत्ते में मेरे रिश्तेदारों को पता भी नहीं, मैं यहाँ ऐसे रहता हूँ—साधु की तरह। वे सोचते हैं कि उनसे छुटकारा पाने के लिए मैंने कहीं एकान्त में रहने की जगह चुन ली है।"

जिस चीज़ ने मुझे कुछ आश्चर्य में डाला, वह उनकी जीवन-शैली थी—न ही पूरे संन्यासी, न ही शुद्ध संसारवासी—उनका एक बॉर्डर लाइन

'स्टेटस' जान पड़ता था, संन्यास और संसार के बीच 'सीमा-प्रान्त' के निवासी—एक व्यक्ति जिन्होंने संसार त्याग दिया था, लेकिन जिनके अपने निजी साधन भी थे। लोग शायद इसीलिए उनका आदर भी करते थे कि वह अपने जीवन-निर्वाह के लिए उन पर आश्रित नहीं थे।

हर रोज़ उनसे मिलने अनेक लोग आते थे—कुछ तो काफ़ी प्रतिष्ठित, ख्याति-सम्पन्न व्यक्ति भी जो उनसे वार्तालाप के लिए आते थे, अधिकांश उनके दर्शन के लिए। कुछ ऐसे भी दिन आते थे, जब वह सारा दिन मौन व्रत रखते थे और किसी से नहीं मिलते थे।

कुछ दिनों के अन्तराल के बाद जब मैं दूसरी बार उनसे मिलने गया, तो वह कुछ दुखी दिखाई दिये। "तुम इतने दिन कहाँ रहे?" वह बार-बार मुझसे पूछते थे। "जानते हो, पिछली बार जब तुम गए, तो मैं देर तक तुम्हारे बारे में सोचता रहा," उन्होंने एक अर्थपूर्ण मुस्कान के साथ कहा। "तुम्हारा चेहरा बहुत कुछ 'नग्न सम्राट' से मिलता-जुलता है।"

नग्न सम्राट? मैंने कौतूहल से उनकी ओर देखा।

"हाँ, बहुत साल पहले मैंने अख़बार में एक आदमी का फ़ोटोग्राफ़ देखा था, जिसका चेहरा बिलकुल तुमसे मिलता था।"

मैं हँसने लगा।

बातों ही बातों में मैंने उनसे पूछा कि क्या वह अकेली घड़ियों में कुछ लिखते भी हैं? उन्होंने बताया कि कभी-कभार उन्हें लोगों के प्रश्नों का उत्तर देना पड़ता है, जिन्हें वह अपनी नोटबुक में लिख लेते हैं।

"मैं कविताएँ भी लिखता हूँ, लेकिन उथली क़िस्म की नहीं। जो पत्रिकाओं में छपती हैं, वे काफ़ी गम्भीर (सीरियस) होती हैं।"

"क्या उनमें से कुछ कविताएँ पढ़ सकते हैं?" मैंने पूछा।

उन्होंने एक कॉपी निकाली और उसमें से कुछ बंगला कविताएँ पढ़ीं। उन्होंने बताया कि वह अंग्रेज़ी में भी कविताएँ लिखते हैं।

मेरे आग्रह पर उन्होंने कुछ अंग्रेज़ी कविताएँ भी पढ़ीं, जिन्होंने मुझे कुछ ज़्यादा प्रभावित नहीं किया।

जब मैं उनकी कुटिया से बाहर आया तो अँधेरा हो चुका था। वह टॉर्च जलाकर मेरे साथ आना चाहते थे, लेकिन मैंने मना कर दिया—फिर भी वह मन्दिर तक मेरे साथ चले आए। जब हम लैम्प-पोस्ट के नीचे पहुँचे, तो मैंने उन्हें धन्यवाद दिया। उन्होंने कहा कि मुक्तेश्वर छोड़ने से पहले मुझे उनसे एक बार और मिलने आना होगा।

मैंने वादा तो कर दिया, लेकिन कहीं यह भी लगा कि यह उनके अन्तिम दर्शन हैं। शायद अब दुबारा कभी उनसे मिलना न हो। *[इसी वर्ष (1996 में) मुक्तेश्वर जाने का अवसर मिला था—बीस वर्ष बाद उनसे दुबारा मिलने का संयोग हुआ।]*

हमें उन चीज़ों के बारे में लिखने से अपने को रोकना चाहिए, जो हमें बहुत उद्वेलित करती हैं, जैसे—बादलों में बहता हुआ चाँद, हवा की रात और हवा, अँधेरे में झूमते हुए पेड़, पहाड़ों पर चाँदनी का आलोक, स्वयं पहाड़ और उनकी निस्तब्धता—इन सबको अभिव्यक्त करना ज़रूरी नहीं है, न ही इन्हें नाम देने की कोशिश करनी चाहिए क्योंकि वे अपनी भावमुद्रा में बहुत रहस्यमय और 'इल्यूसिव' हैं। किन्तु जब हम लिख रहे हों तब इन सब चीज़ों के 'इम्प्रेशन' हमारे भीतर मौजूद रहने चाहिए—एक तरह का ठोस आलोक-मंडल—जो चीज़ों की गहराई और पार्थिकता को बरकरार रखता है और उन्हें स्वत: शब्दों में बदल देता है।

अरसे बाद मैं पहाड़ों को देखता हूँ, तो लगता है, वे मुझसे कह रहे हों, "तुम फिर आ गए?"

और वे खड़े रहते हैं, सफ़ेद, निस्संग और ख़ामोश, न मेरा मज़ाक़ उड़ाते हुए, न मुझ पर दया करते हुए—सिर्फ़ मेरे लिए प्रार्थना करते हुए कि मैं लौट आया हूँ।

रात भर हवा, बारिश और आँधी का ज़ोर रहा। दूसरे दिन भी यही हाल रहा और मैं अपने कमरे में बैठा रहा—जैसे मैं दुनिया के किसी दूसरे छोर पर चला आया हूँ, जहाँ धूप के दर्शन कभी नहीं होंगे।

किन्तु शाम होते ही बादल छँट गए। खिड़की से बाहर झाँका, तो देखा, घास का एक छोटा-सा तिनका धूप में ठिठुर रहा है। वह एक चट्टान के भीतर से निकल आया था—एक बहुत कमज़ोर-सा तिनका, जो शायद रात भर आँधी और बारिश से लड़ता रहा होगा। वह बच गया था और अब जीवित था। उसे देखकर मैंने सोचा—'कितना बहादुर है यह!' कोई नहीं जानेगा, कि जंगल के बीच इसने अकेले मृत्यु और मृत्यु के छिछोरेपन को पछाड़ दिया था। हमारी आत्मा भी इसी तरह है, इस तिनके की तरह, वह हमारे भीतर है और दिन-रात वह उन प्रहारों को सहती रहती है, जो हम अपने पर और दूसरों पर करते हैं। वह अपनी देह पर (आत्मा की भी देह होती है, जैसे देह की आत्मा होती है) इन चोटों को सहती है, चुपचाप हमारे झूठों, क्रूरताओं और धोखों को बर्दाश्त करती रहती है; फिर एक दिन आता है, जब वह बहुत थक जाती है और हमसे विदा ले लेती है। वह मरती नहीं, हमीं उसे मार देते हैं—और एक दिन हमें भयानक एहसास होता है, जहाँ हमारी आत्मा थी, वहाँ एक मरी हुई चिड़िया औंधी पड़ी है, हमारे दिये हुए ज़ख़्मों में लथपथ।

जॉर्ज त्राकल ने कहा था कि आत्मा, इस धरती पर, एक अजनबी चीज़ है।

पहाड़ पर चढ़ना एक विचित्र अनुभव है, जैसे हम एक-एक क़दम ईश्वर की तरफ़ जा रहे हैं। शुरू में हमें यह अभिमान होता है कि हम पहाड़ को जीत रहे हैं, लेकिन चढ़ते-चढ़ते जब हम चोटी के पास पहुँचने लगते हैं,

तो भीतर एक गहरी अकिंचनता का भाव उमड़ने लगता है। किन्तु शिखर पर पहुँचते ही हम बिलकुल बदल जाते हैं—न अभिमान रहता है, न अकिंचनता, दोनों ही ऊँचाई की पवित्र हवा में घुल जाते हैं। चोटी पर खड़े होकर आदमी और पहाड़ एक हो जाते हैं, जैसे ईश्वर के पास पहुँचकर मनुष्य स्वयं ईश्वर हो जाता है।

कभी-कभी टहलते समय मैं देखता हूँ कि कोई तितली मेरे आगे उड़ रही है। वह बीच रास्ते में बैठ जाती है और जब मैं पास पहुँचता हूँ, तो फिर उड़ने लगती है। मैं अपने रास्ते पर चलता रहता हूँ लेकिन वह सोचती है, मैं उसका पीछा कर रहा हूँ। कुछ ही देर में उसकी उड़ान में अजीब-सी घबराहट और बदहवासी दिखाई देती है—लेकिन वह मेरे रास्ते से हटती नहीं, बराबर मेरे पैरों के आगे-आगे उड़ती जाती है...।

शायद ऐसा आदमियों के साथ भी होता है। उन्हें लगता है, कोई शैतान (डेविल) उनका पीछा कर रहा है, जबकि बेचारा शैतान सिर्फ़ सैर करने निकला होता है।

हम अपने को सिर्फ़ अपनी सम्भावनाओं की कसौटी पर नाप सकते हैं। जिसने अपनी सम्भावनाओं को आख़िरी बूँद तक निचोड़ लिया हो, उसे मृत्यु के क्षण कोई चिन्ता नहीं करनी चाहिए।

कला में अर्थ की समस्या :

प्रकृति का कोई अर्थ नहीं है, वह या उसका अर्थ उसकी अनिवार्यता में निहित है—जो है, वही उसका अर्थ है। जब कोई कलाकृति इस अनिवार्यता को उपलब्ध कर लेती है, तो वह इतने सम्पूर्ण रूप से अर्थवान हो जाती है कि उसे अर्थहीन भी कहा जा सकता है।

कला—हर महत्त्वपूर्ण कलाकृति-संयोग को अनिवार्य में बदलने की कोशिश है।

एक गुलाबी छत है। डूबती रोशनी का लम्बा सिलसिला—एक रँगा हुआ सुर्ख़ लाल, जिसमें बादल तैरते हैं। मैं ऊपर चला आता हूँ, जहाँ चट्टानें हैं, नीचे घाटी, ऊपर मन्दिर, मन्दिर के ऊपर कव्वे उड़ते हैं। मुक्तेश्वर—शायद अकेला हिल-स्टेशन है, जहाँ एक बिन्दु पर खड़े होकर अल्मोड़ा, चौबटिया और नैनीताल के पहाड़ देखे जा सकते हैं—सब एक चमकती लौ में नहाते हुए।

यह लौ डूबते सूरज की डबडबाती आँख से बाहर आती है, जैसे हॉल में अँधेरा होने पर फ़ुटलाइट स्टेज को पकड़ती है और ड्रामा शुरू होने लगता है। यह अद्‌भुत ड्रामा है, जहाँ सिर्फ़ तीन एक्टर हैं—सूरज, बादल और पहाड़। हवा एक धागा है, जो इन तीनों को मायावी पैटर्न में सीने लगती है—एक जादूगरनी की तरह, एक पहाड़ी बुढ़िया, जो एक इशारा करती है, तो किसी दानव की मुट्ठी पहाड़ पर उठ आती है, नीले समुद्र पर एक मछली अपनी सुर्ख़ आँख खोलती है, आँसू झरते हैं, जामुनी रंग के धब्बे जो एक बादल के सीने पर सुर्ख़, रिसते घाव-से चमकते हैं। एक क्षण में सब कुछ सुलगने लगता है, क्षितिज पर आग लगी है और बादलों के कोने भभकने लगते हैं—और पहाड़ियाँ आख़िरी रोशनी को पकड़ रही हैं—डूबने से पहले सूरज एक आख़िरी छलाँग लगाता है, बादलों के बीच—और एक क्षण के लिए समूचा शहर अँधेरे में डूब जाता है, लेकिन यह अँधेरा भ्रामक है, सिर्फ़ एक इल्यूज़न, एक्टर की एक चालाक ट्रिक—मानो मरने से पहले सूरज कुछ देर के लिए मरने का बहाना कर रहा है—क्योंकि दूसरे ही क्षण वह फिर बाहर निकल आता है, एक काँपती रोशनी का गोला—और सहसा आसपास के घर, घाटी और पहाड़ फिर आलोकित हो जाते हैं। किन्तु सूरज की इस आख़िरी हिचकी

में कुछ इतनी भयानक उदासी, इतना ट्रैजिक विलाप है कि हम सहसा आँखें मोड़ लेते हैं, ताकि उसे मरना है, तो अकेला मर सके—बहुत देर तक पता भी नहीं चलता कि वह डूब गया, पहाड़ों के पीछे गिर गया है, क्योंकि बादलों पर चमक अब भी रेंग रही है, जैसे मृत्यु के बाद भी कुछ देर तक देह पर गुज़री हुई ज़िन्दगी के चिह्न बचे रहते हैं—गरमाई, होंठों पर मुस्कराहट, आँखों में जमा असीम विस्मय।

बादल अब भी हैं। किन्तु उन्हें एक रँगीले जादू में बाँधनेवाली माया ख़त्म हो गई है। कुछ देर पहले जहाँ असंख्य रंगों का अद्‌भुत ड्रामा था—वहाँ अब ये किसी पुरानी सीनरी के चिथड़े दिखाई देते हैं।

यह सच है—लेकिन क्या कुछ देर पहले सूर्यास्त का अद्‌भुत अनुभव सिर्फ़ माया था—एक भ्रम, रंग और हवा और बादलों का एक स्वप्न—जो लाखों वर्षों से हर शाम अलग-अलग थीम को दर्शाता रहा है?

पता नहीं, इस धरती पर अब तक कितने सूर्यास्त हुए होंगे—हर एक दूसरे से अलग।

इन दिनों मैं दो किताबें एक साथ पढ़ रहा हूँ—गोएटे की 'इटली-यात्रा' और लेवी स्ट्रास की 'द्रिस्ते त्रापिक'। मैं जब दिल्ली से इन्हें अपने साथ लाया था, तो कभी नहीं सोचा था कि ज़िन्दगी और दुनिया के प्रति फ्रांसीसी और जर्मन लेखक एक-दूसरे से कितना भिन्न हो सकते हैं। फ्रांसीसी चिन्तकों की साफ़-सुथरी तर्क-पद्धति मुझे हमेशा आकर्षित करती रही है—पास्कल से सिमोन वेल तक और मांटेन से कामू तक। वे अमूर्त से अमूर्त विचारों को जीवन्त और उज्ज्वल आवेगों (Passions) में अनूदित कर सकते हैं। उनकी सैद्धान्तिक अवधारणाएँ भी काव्यात्मक अन्तर्दृष्टि से छनकर बाहर आती हैं—मांसल, तात्कालिक और पारदर्शी। सार्त्र एक अपवाद हैं—उनकी बोझिल और असंगत और उलझी हुई शैली पर जर्मन विचारकों का असर साफ़ दिखाई देता है।

मुझे लगता है, फ्रांसीसी स्वभाव से रूपकों (Metaphor) में सोचता है—विचार और पैशन के बीच रूपक एक सेतु की तरह इस्तेमाल किया जाता है, जहाँ एक की ठूँठ अमूर्तता दूसरे छोर पर जाकर सेंसुअल भाव में घुल जाती है। उनकी कल्पना-शक्ति एक इमेज़ के द्वारा आकस्मिक छलाँग लगाती है, जिससे तर्क का समूचा लैंडस्केप आलोकित हो उठता है। यथार्थ को पकड़ने की यह रूपक-शक्ति क्या हिन्दू चिन्तन के निकट नहीं आती? उपनिषदों की विचार सूक्तियाँ और 'गीता' में कृष्ण के प्रवचन—मानो मनुष्य का समूचा अस्तित्व (Being) चिन्तन का माध्यम हो, जिसमें 'बुद्धि' का रोल काफ़ी गौण है—यह नहीं कि तर्क-पद्धति को अस्वीकार किया हो, लेकिन वह सत्य पाने का मुख्य एजेंट नहीं है, जैसा यूनानी चिन्तकों में था।

क्या यह महज़ संयोग था कि सुर्रियलिज़्म का जन्म कहीं और न होकर फ्रांस में हुआ और माया के मर्म को पहली बार भारतीय आँखों ने भेदा था?

मुक्तेश्वर—अल्मोड़ा

पैदल यात्रा, लगभग तेरह मील। उतराई, नीचे शीतला का गाँव, देवदार, चाय की दुकान, सेबों के बाग़ और पुराने ख़ाली मकान। डाकबँगला, घिनाड़ू की झाड़ियाँ, लाल बुरूस के फूल। नाले, घास का ढेर ढोती हुई कुमाऊँ लड़कियाँ, पसीने की गंध जब वे पास से गुज़र जातीं, नशीली और साफ़ और मेहनती और गदराई गंध। खच्चरों की घंटियाँ। काफल, काफल पाकू, बारिश की दीवार ऊपर से नीचे उतरती हुई, चीड़ों के झुंड, एक ख़ाली मकान के आँगन में खाना खाया। घुराड़ी नदी का पुल, दमतोड़ चढ़ाई, ढलती दुपहर, खुबानी के पेड़, लंगूर, प्राचीन पत्थर और भीमकाय चट्टानें, कैक्टस, लोधिया गाँव, पीतल के चमचमाते चाय के गिलास,

बस स्टैंड, अल्मोड़ा, धुंध और बादलों में डूबा शहर, कीर्तन की ध्वनि, भीगा क्लान्त सूरज। होटल। मच्छर। रात।

अगर मुझे आपने मुक्तेश्वर प्रवास को दो शब्दों में व्यक्त करना पड़े, तो वे होंगे : बारिश और हवा। मैंने शायद ही पहले किसी हिल-स्टेशन में इतनी लगातार भारी बारिश देखी हो—एक अन्तहीन, अनवरत बौछार। ऐसे मौक़ों पर अक्सर बिजली चली जाती है और मैं घंटों अँधेरे में मोमबत्ती के आगे बैठा रहता हूँ। बाहर हवा चीख़ती है—दिन-रात। इन दिनों पहाड़ी हवा का समूचा रोमांटिक आनन्द ख़त्म हो चुका है। सबसे ज़्यादा दया देवदारों पर आती है, जो अजीब हताशा में अपनी लम्बी, हरी बाँहें हिलाते रहते हैं—ऊपर-नीचे, नीचे-ऊपर—नशे और नींद के सन्निपात में काँपते, ठिठुरते हुए।

आकाश पर एक लोहे की चादर है और पहाड़ कहीं दिखाई नहीं देते। दूर से पशु-अस्पताल का जेनरेटर एक विशाल दैत्य के घुर्राटों की तरह घुर्र-घुर्र करता रहता है।

अँधेरे में बैठा हुआ मैं हैरान होता हूँ—दिल्ली से इतनी दूर मैं यहाँ क्या कर रहा हूँ?

किन्तु यह क्षण टिकता नहीं, मैं धीरे-धीरे दुबारा अपने अकेलेपन में लौट आता हूँ—मोमबत्ती की लौ तले पढ़ता हूँ डिकेंस का 'लिटिल डॉरिट'। ऐसी रातों में सिर्फ़ विक्टोरियन युग के उपन्यास पढ़े जा सकते हैं—लम्बे, उदास, शिथिल गति में सरकते हुए।

क्या उपन्यास विधा का जन्म ऐसी ही लम्बी और ख़ाली शामों को काटने के लिए नहीं हुआ था?

रिल्के कहते थे कि "मैं मनुष्यों को नज़रअन्दाज़ कर सकता हूँ।" वे देवदूतों से वार्तालाप करते थे—किन्तु क्या यह एक उपन्यासकार के लिए

सम्भव है, सम्भव हो भी तो क्या यह उसके लिए वांछनीय होगा? उसका वास्ता मनुष्य से है—आधा-पशु, आधा-देवदूत—एक अभिशप्त प्राणी जिसकी अँधेरी भूल-भुलैया में गए बिना वह उपन्यास की सम्भावनाओं को उजागर नहीं कर सकता। उपन्यास का काव्यात्मक मर्म एक तरफ़ मनुष्य के आतंक, दूसरी तरफ़ उसके गौरव से जुड़ा है—पशु और देवता के बीच वह एक अत्यन्त कमज़ोर लेकिन अनूठे सत्य को उद्घाटित करता है, मृत्यु और प्रेम के गड़हे में लिथड़ा, कातर सत्य, जिसे एक उपन्यासकार अपने को कीचड़ में डुबोकर ही मुक्त करा सकता है—यह उसका दायित्व है कि वह देवदूत की शाश्वत नीली आभा को पशु की अँधेरी गुहा के भीतर जाकर निकाल सके।

रिल्के दुनिया को 'देवदूत के भीतर' से देखते हैं और वहाँ से मनुष्य के अधूरेपन के दुःख तक पहुँचते हैं; इसके विपरीत एक उपन्यासकार को 'मनुष्य के भीतर' से दुनिया को देखना चाहिए, उसके अँधेरे की निम्नतम परतों में पैठकर ही वह 'शाश्वत' की झलक पा सकता है, जो बाहर और परे नहीं, ठीक मनुष्य की आत्मा के बीच व्याप्त है।

सुख की तलाश आँखमिचौनी का खेल है—जब तुम उसे खोजते हो, तो वह ओझल हो जाता है, फिर वह अचानक तुम्हें पकड़ लेता है, जब तुम अपनी यातना की ओट में मुँह छिपाकर बैठे हो।

> मैं अकेला सोता हूँ। तुम इसे मेरा साहस मान सकते हो, वास्तव में यह डर है। जिस तरह फ़र्श पर सोते हुए व्यक्ति को गिरने का ख़तरा नहीं होता, उसी तरह मुझे लगता है कि जब तक मैं अकेला हूँ, मुझे कुछ नहीं हो सकता।
>
> —**काफ़्का** की डायरी से

काफ़्का के बारे में :

"उन्हें लगता है, जैसे दूसरे आदमी का छोटे-से-छोटा घाव उन पर किया गया है। उनकी क्रूरता एक ऐसे व्यक्ति की है, जो लड़ाई में हिस्सा नहीं ले रहा, जो हर घाव को प्रहार होने से पहले ही भोगने लगता है।"

यह अजीब बात है, जब तुम दो अलग-अलग दु:खों के लिए रोने लगते हो और पता नहीं चलता, कौन-से आँसू कौन-से दु:ख के हैं।

> हमारा जीवन एक स्वप्न की तरह है। किन्तु बेहतर क्षणों में हम इतना भर जाग जाते हैं कि जान सकें कि यह स्वप्न है। मैं अपने को नहीं जगा सकता। मैं भरसक कोशिश करता हूँ, मेरी स्वप्न-देह हिलती है, लेकिन असली देह कोई हरकत नहीं करती।
>
> —**विटगेंश्टाइन** (एक पत्र में)

कोसानी

शायद कोसानी की हवा याद रहेगी। पुलिया पर बैठकर डूबती रोशनी में चीड़ों की क़तार देखना, पहाड़, किसी बनैले जानवर की उठी हुई गर्दन की तरह, नीचे खेतों के टैरेस, हरी सीढ़ियाँ, उठते बादलों में नीचे गिरती हुई।

नीचे नदी बहती है, लेकिन आवाज़ सुनाई नहीं देती। आवाज़ सिर्फ़ हवा की सुनाई देती है, हालाँकि पेड़ निश्चल खड़े रहते हैं; पत्तियाँ, शाख़ाएँ, सब अडिग। यह सिर्फ़ आदमक़द हवा है, जो सिर्फ़ मुझे छूती है, फुनगियों तक नहीं पहुँच पाती।

सोचता हूँ, अगर सौभाग्य रहा, तो कल सुबह नन्दा देवी और त्रिशूल के दर्शन होंगे। सिर्फ़ उनके लिए यहाँ आया हूँ।

शाम को एक बंगाली दम्पती से भेंट हुई। कलकत्ता से सीधा यहाँ आए हैं, बद्रीनाथ और केदार की यात्रा के लिए निकले हैं।

भोजन से पहले प्रार्थना के लिए सब जमा हुए हैं—आश्रम के मैनेजर, एक स्थूलकाय मारवाड़ी महिला, बंगाली दम्पती, आश्रम में रहनेवाली एक अन्य महिला और—एक रिटायर्ड सेशन जज (त्यागपत्र के?)। जज साहब इतने पतले और कृशकाय थे कि पहली नज़र में वह भी एक 'महिला'-से जान पड़े, काशी में गंगाघाट पर जो वृद्ध बंगाली विधवाएँ बैठी रहती हैं, कुछ-कुछ वैसे ही। एक उम्र के बाद कुछ लोगों में सेक्स का भेद किस तरह मिट जाता है।

प्रार्थना के बाद जज महोदय ने सबका परिचय पूछा, शायद यहाँ यही परम्परा है। अपनी बारी आने पर मैंने हमेशा की तरह झूठ बोला—कि मैं पत्रकार हूँ। मुझे आज भी अपने को लेखक घोषित करना कुछ दम्भपूर्ण जान पड़ता है। एक दूसरा कारण आलस्य है, मैं उन सब सवालों से बच जाता हूँ, जो तुरन्त पूछे जाते हैं—क्या लिखते हैं? कहानियाँ, कैसी कहानियाँ, सामाजिक या मनोवैज्ञानिक, अंग्रेज़ी में या हिन्दी में? पत्रकारिता का मैला आँचल इन सब प्रश्नों को अपने में ढक लेता है।

परिचय समाप्त हुआ, तो देर तक जज साहब अपनी बीती ज़िन्दगी के संस्मरण सुनाते रहे। वह बरसों विनोबा के साथ गाँव-गाँव घूमे थे। पुराने युग के गांधीवादी, जो आज केवल अँगुलियों पर गिने जा सकते हैं। इमरजेंसी से इतना ज़्यादा विक्षुब्ध थे कि कहने लगे कि "मैंने 26 जून के बाद अख़बार पढ़ना बन्द कर दिया," फिर मेरी तरफ़ देखकर संकोच में कहा, "बेचारे जर्नलिस्ट भी क्या करें, झूठ बोलने को विवश हैं।"

बाद में सैर करते हुए सोचा कि आज हमारे देश में पुराने गांधीवादी और कांग्रेसी उतनी ही सन्दिग्ध और शंकालु दृष्टि से देखे जाते हैं, जैसे स्तालिनवादी युग में पुराने बोल्शेविकों और क्रान्तिकारियों को देखा जाता था। कैसी क्रूर विडम्बना है कि जो शासन-सत्ता जिन आदर्शों की माला जपती है, उसी के लिए वे लोग सबसे ख़तरनाक बन जाते हैं, जो इन आदर्शों का पालन करते हैं।

इस ख़तरे की भनक आज सुबह पता चली, जब देखा, जज महोदय सीढ़ियाँ चढ़कर हाँफते हुए मेरे कमरे में आए। मुझे कुछ आश्चर्य हुआ। शुरू में औपचारिकता की बातें हुईं—और फिर उन्होंने संकेत किया कि आश्रम के लोग, मैनेजर आदि उनकी पिछली रात की बातों से बहुत नाराज़ हैं। उन्हें एक 'पत्रकार' के सामने इमरजेंसी की निन्दा नहीं करनी चाहिए थी। मैं अपनी हँसी नहीं रोक सका। उन्हें आश्वासन दिया कि मैं नक़ली जर्नलिस्ट हूँ, किसी भी पत्र से मेरा दूर का सरोकार नहीं।

[गांधी आश्रम सरकारी अनुदान पर निर्भर रहते हैं। मैनेजर का भय और नाराज़गी अकारण नहीं थी।]

मेरे सौभाग्य ने साथ नहीं दिया। नन्दा देवी बादलों के पीछे छिपी रहीं। बस में बैठा, तो हमेशा की तरह प्रश्न पूछा, क्या याद रहेगा? हवा में फरफराते केले के पत्ते, पुलिया पर बिताए कुछ क्षण : कल रात मैं देर तक बारिश के नीचे आश्रम के बाग़ में खड़ा रहा। कभी-कभी मोटर-रोड पर किसी ट्रक या कार की रोशनी दिखाई दे जाती—और सारा जंगल भभक उठता।

यह पिछली रात थी। अब लौट रहा हूँ। एक दिन यहाँ दुबारा आऊँगा। अवश्य बहुत दिन रहूँगा।

> मैंडलश्टाम ने एक बार मुझसे कहा कि वे अपनी पार्टी को एक अधिनायक सत्ता पर बना रहे हैं, एक चर्च की तरह, लेकिन यह एक 'उलटा चर्च' है, जिसमें मनुष्य की पूजा की जाती है।
>
> **—नादेज़्दा मैंडलश्टाम**

मेरे लिए 'सफलता' एक ऐसे खिलौने की तरह है, जिसे एक अजनबी किसी बच्चे को देता है, इससे पहले कि वह उसे स्वीकार करे, उसकी नज़र अपने माँ-बाप पर जाती है और वह अपने हाथ पीछे खींच लेता है।

ऐसे भी दिन आते हैं, जब हम बेताबी से शाम की प्रतीक्षा करते हैं, जब हम कहीं अपने आँसुओं के बोझ से छुटकारा पा सकें—उस बादल की तरह, जो आकाश के कोने में सिमटकर अकेला बरसता रहता है।

मैं जब कभी इन पंक्तियों को पढ़ता हूँ, मुझे लगता है कि प्रेम की इससे बेहतर और विलक्षण परिभाषा कहीं नहीं है, जो कैथरीन ने 'वुदरिंग हाइट्स' में दी है।

वह अपने और हीथ क्लिथ के प्रेम के बारे में कहती है : "हमारी आत्माएँ चाहे किसी धातु की क्यों न बनी हों, उसकी और मेरी आत्मा एक है—मैं हीथ क्लिफ़ हूँ। वह हमेशा मेरे भीतर है, एक आनन्द की तरह नहीं, जैसे स्वयं मैं अपने लिए कोई आनन्द नहीं हूँ, लेकिन स्वयं मेरे अस्तित्व की तरह।"

आयोवा : नवम्बर, 1977

मुझे यहाँ आए दो महीने गुज़र गए। यह कुछ देर ठहरने और पीछे देखने का समय है।

मैं जिस कमरे में रहता हूँ, उसकी खिड़की सीधे नदी की तरफ़ खुलती है। नदी के पार थियेटर है, बाईं तरफ़ होस्टल की इमारतें, जिन्हें यहाँ डार्म कहते हैं।

मेरे और नदी के बीच एक बड़ा घास का मैदान है, जहाँ पेड़ों के घने झुंड दिखाई देते हैं। सितम्बर के दिनों में हम इन्हीं पेड़ों के बीच नदी के साथ-साथ चलती हुई पगडंडी पर यूनिवर्सिटी जाया करते थे। वे शुरू पतझर के दिन थे, जब पकी हुई पीली धूप मैदान पर बिखरी रहा करती थी। हर क्षण पत्तों के रंग बदला करते थे। पेड़ों की फुनगियाँ इतनी लाल हो जाती थीं कि ज़रा-सी धूप लगते ही सुलगने लगती थीं।

अब मौसम बदल गया है और दिन-रात पत्ते झरते हैं, फ़ॉल—सचमुच पत्तों का एक झरना।

यहाँ हर शाम एक जैसी होती है—खिड़की से आती नीली रोशनी, दरिया, शान्त चमकती हुई स्लेट। आयोवा नदी पर हज़ारों रंग बिखर जाते हैं—ख़ून के डबडबाए धब्बे, जो और कुछ नहीं, पेड़ों की छायाएँ हैं।

मैं देर तक अपनी लिखनेवाली मेज़ के सामने बैठा रहता हूँ—लिखता कुछ नहीं, बग़लवाले कमरे से हंगेरियन मित्र की टाइपराइटर की आवाज़ सुनाई देती है। वह स्वीमिंग पूल से लौटकर अपना उपन्यास लिखने में जुट जाते हैं। बहुत हँसमुख आदमी हैं। हमेशा कटाक्ष और व्यंग्य में बोलते हैं। जब कभी टाइप करते-करते थक जाते हैं, तो रसोई में आकर फ्रिज से कभी चीज़, कभी सलामी का टुकड़ा कुतरना शुरू कर देते हैं।

वह सुबह देर तक सोए रहते हैं, जब मैं अपना उपन्यास लिखता हूँ—शाम को वह लिखते हैं और मैं खिड़की के बाहर देखता हूँ।

जब मैं यहाँ आया था (सितम्बर में) तब पेड़ पत्तों से लदे थे—अब वे नंगे हैं। हर पेड़ के नीचे एक छोटा-सा तालाब है, मरे हुए पत्तों का।

जब हवा चलती है, वे घास पर उड़ते हैं, जैसे मृत्यु के बाद दुबारा मर रहे हों!

कभी-कभी लगता है, जैसे मैंने अपने उपन्यास की जड़ता को तोड़कर एक ब्रेक थ्रू किया है, किन्तु अगले दिन सुबह जब फिर लिखना शुरू करता हूँ, तो वह एक भ्रम से ज़्यादा कुछ नहीं दिखाई देता। मैंने सोचा था, अमेरिका छोड़ने से पूर्व इससे छुटकारा पा सकूँगा—किन्तु अब लगता है, मैं जहाँ जाऊँगा, वह एक जोंक की तरह मुझसे चिपका रहेगा।

मैं कल रात शिकागो से लौट आया। एयरपोर्ट पर ज्योंही एक टैक्सी ली, एक नीग्रो लड़की का चेहरा दिखाई दिया। वह पहले से ही टैक्सी में बैठी थी। उसने मुस्कराकर मुझे देखा, मानो वह मेरी ही प्रतीक्षा कर रही हो! वह भी आयोवा सिटी जा रही थी। दिल्ली में यह घटना अकल्पनीय लगती कि आधी रात को आप टैक्सी लें, जिसमें पहले ही सत्रह बरस की कोई लड़की बैठी हो।

हम लोग अलग-अलग ग्रहों में रह रहे हैं—फिर क्यों पूर्व और पश्चिम को लेकर इतना व्यर्थ वाद-विवाद करते हैं?

शिकागो में तीन दिन और तीन रातें : एक दुपहर यूनिवर्सिटी कैम्पस में घूमता रहा। किताबों की दुकानें, बाग़, कैफ़े।

मिशिगन एवेन्यू : नीग्रो पुरुष, ख़ूबसूरत लड़कियाँ, हवा में फड़फड़ातीं उनकी स्कर्ट्स, इतनी तेज़ हवा शायद किसी शहर में नहीं देखी। मैं तटस्थ दर्शक की तरह उन्हें देखता रहा—सड़कों पर, बसों में, किताबों की दुकानों में। उनमें से अधिकांश लड़कियाँ चेहरे-मोहरे से यहूदी जान पड़ती थीं। यह कैसा उदास सुख था—आशवित्स कैम्प के मृतकों के सम्बन्धियों को शिकागो की सड़कों पर घूमते देखना।

किसी बहुत विचित्र स्वप्न के बीच मैं जाग गया। मैंने खिड़की के पर्दे उठा दिये—समूची रात बर्फ़ में ढकी थी। एक गहरा, निर्भय मौन, जो बर्फ़ के साथ धीरे-धीरे जमा होता जाता है। अकारण, बर्फ़ को देखते हुए, मुझे कारेल चापेक की कहानी याद हो आई, जिसमें एक आदमी घर लौटते हुए किसी अज्ञात आदमी के पदचिह्न देखता है। कुछ फ़ासले तक वे बर्फ़ पर दिखाई देते हैं, और फिर अचानक ग़ायब हो जाते हैं। न आगे, न पीछे, पता नहीं वह आदमी कहाँ चला गया? और तब बरसों पहले की एक अन्य स्मृति उघड़ आई। मैं सर्दी के दिनों में यहूदी-सिमिट्री देखने गया था, जहाँ काफ़्का की क़ब्र अपने माँ-बाप के साथ एक ही छत के नीचे दबी है। वह क़ब्र बर्फ़ में लिपटी थी, शान्त, निश्चल और दुनिया के दुःखों से दूर—उसे देखते हुए मैंने सोचा था कि किस तरह गिरती हुई बर्फ़ के नीचे उनके जीवन की समस्त ऊहापोह, परेशानियाँ और यातनाएँ सहसा शान्त हो गई थीं, एक सतह पर आकर ठिकाना पा गई थीं।

8 दिसम्बर, 1977

मैं पेड़ों को बर्फ़ पर उगता हुआ देख रहा हूँ। सब पत्ते दब गए हैं और दरिया का पानी धीरे-धीरे जम रहा है। पानी के सिर्फ़ कुछ हिस्से अब भी बाक़ी हैं, सफ़ेदी के बीच काले शीशे की तरह।

सूरज डूब रहा है, रोशनी की एक सुर्ख़ शहतीर नदी के आरपार खिंच गई है। मैं सोता हूँ और वही चेहरा देखता हूँ और तब मुझे पीड़ा की पवित्रता का बोध होता है। दरिया के भीतर दबा दिल कभी भी पूरी तरह नहीं जम सकता। एक छाया के गुज़रने की देर है और वह पिघलने लगता है।

बर्फ़ पर दो छायाएँ

अपनी खिड़की से मुझे वे दोनों दिखाई देते हैं—एक पोल, एक फिलीपीनी लड़की। वे एक-दूसरे से प्रेम करते हैं। वे बस की प्रतीक्षा में खड़े हैं। वे खेल रहे हैं। वे एक-दूसरे पर बर्फ़ के गोले फेंक रहे हैं। बर्फ़ पर दो काली छायाएँ। खिड़की से सारा दृश्य साइलेंट सिनेमा की तरह दिखाई देता है—पेड़, और बर्फ़ में जमती नदी और—वे दो, जो कुछ दिनों बाद एक-दूसरे से जुदा हो जाएँगे।

'ईश्वर अगर फूल और वृक्ष है...'

रानीखेत : जुलाई, 1975

कहते हैं, आदमी को पूरी निर्ममता से अपने अतीत में किये कार्यों की चीर-फाड़ करनी चाहिए, ताकि वह इतना साहस जुटा सके कि हर दिन थोड़ा-सा जी सके। लेकिन जब वह अपने अतीत को देखता है, तो एक अँधेरी सुरंग में चला जाता है—हर क़दम किसी पाप, और फिर उससे भी बड़े पाप की ओर बढ़ता हुआ। प्रलोभन और अभिमान (लोभ और अहंकार) का पाप, जीवन से अधिक और जीने की वासना का पाप, सैकड़ों वासनाएँ आग की लपट पर मँडराती हुई, एक-एक पतिंगे की तरह जलती हुई।

लेकिन सब नहीं—कुछ वासनाएँ लौ के ऊपर अपने एकान्त में झुलसती रहती हैं जबकि वह उनके मरने की प्रतीक्षा और प्रार्थना करता रहता है। उनके मरण की प्रतीक्षा करता हुआ लेकिन उनकी राख में

स्वयं को मिटाने की प्रार्थना करता हुआ, ताकि वह उसमें से अपनी खोई हुई पवित्रता को प्राप्त कर सके—यह कैसा अन्तर्विरोध है, वह अपनी पवित्रता को उन्हीं वासनाओं की राख से पुनर्जीवित करना चाहता है, जिन्हें वह छोड़ना नहीं चाहता या शायद चाहता है लेकिन छोड़ नहीं पाता।

रानीखेत में चीड़ के पेड़ हर जगह दिखाई देते हैं, लेकिन मैं उनके प्रति आकर्षित नहीं हो पाता, न ही उनसे कोई आत्मीय रिश्ता जोड़ पाता हूँ—लेकिन ज्योंही मेरी नज़र किसी देवदार पर पड़ती है, मेरे भीतर बरबस कुछ उमगने लगता है—क्या है यह? क्या कोई बचपन की स्मृति मुझे इनकी तरफ़ खींचती है?

शिमला में कितने देवदार दिखाई देते थे।

रिल्के की ये पंक्तियाँ कहीं पिछले वर्षों की मेरी मनोदशा को प्रकट करती हैं : "मेरा आन्तरिक जीवन पिछले महीनों में अव्यवस्थित हो गया है, और मेरा मौजूदा अकेलापन एक तरह से मेरे मन पर बँधी प्लास्टर पट्टी है, जिसके भीतर कुछ धीरे-धीरे तिरोहित हो रहा है।"

इसके आगे वह लिखते हैं : "मैंने जो व्यवसाय चुना है, उससे ज़्यादा ईर्ष्यालु शायद कोई और चीज़ नहीं। यह जानते हुए भी कि मेरी कोई भिक्षुक की ज़िन्दगी नहीं है, जो मॉनेस्टरी की कोठरी में सारी दुनिया से अलग-थलग रहता है, मुझे धीरे-धीरे अपने इर्द-गिर्द एक मॉनेस्टरी बनानी चाहिए ताकि मैं दीवारों से घिरा हुआ दुनिया के सामने खड़ा हो सकूँ, सिर्फ़ ईश्वर और संत मेरे भीतर हों—बहुत सुन्दर औज़ारों और प्रतिमाओं के साथ...।

स्तान्धाल की पुस्तक 'ब्रूनार्ड की ज़िन्दगी' पढ़ते हुए मुझे एक बहुत सजीव अनुभूति हुई, मानो मैं एक पहाड़ी झरने का साफ़, शीतल जल पी रहा हूँ।

शायद सब सरल और गहरे सत्य यही अनुभूति देते हैं और यह पुस्तक इन सत्यों का प्रत्यक्षीकरण, 'क्रिस्टलन' है।

शाम को जब हवा का वेग बढ़ता है और चीड़ की टहनियाँ पागलों-सी डोलती हैं—मैं अपने से नितान्त निस्संग हो जाता हूँ और अपने को बाहर की शक्तियों के प्रति समर्पित कर देता हूँ—हिलते हुए वृक्ष, तारे, भुतैली-सी चाँदनी चीड़ों पर चमकती हुई—और तब किसी विराट बोध के समक्ष मेरा दिल सिहरने लगता है, जो आख़िरी क्षण मेरे हाथों से फिसल जाता है, जैसे ही मुझे लगता है कि मैंने उसे पा लिया है। मैंने कभी ईश्वर में विश्वास नहीं किया, किन्तु इन दिनों, ख़ास कर रात के समय, जब चाँद निकलता है, मैं अपने को उसके बहुत निकट पाता हूँ, ईश्वर के नहीं बल्कि उस 'रहस्य' के जो उसके नाम के चारों ओर फैला है, जिसके साथ मेरा हर रोज़ साक्षात्कार होता है—सूरज और बादलों में, पेड़ों में, पेड़ और चाँद जो बादलों के 'कुशन' पर थिर रहते हैं और बादल तारों के बीच तिरते जाते हैं, उस पपड़ी को धो डालते हैं, जो मेरी आत्मा पर जम गई थी और एक बार धुलने के बाद वह अपने में लपेट लेता है—मुझे नहीं, मेरे दिल और भावनाओं को नहीं, लेकिन उसे जो मुझे आवृत्त किये रहता है—मेरे नंगे नैसर्गिक 'जीवत्व' को।

जब मैं अपने चारों ओर देखता हूँ, तो मुझे अपनी 'नज़र' की विपन्नता महसूस होती है। मुझे लगता है कि मैंने ठीक से उसका उपयोग नहीं किया, जो विधाता ने मुझे चमत्कार की तरह दिया था, जो देखने की क्षमता में सन्निहित है। मुझे अपने 'इम्प्रेशंस' को पकड़ने के लिए शब्दों को टटोलना, खोजना, बनाना बन्द कर देना चाहिए। आँखें 'टूरिस्ट' नहीं हैं, जो इम्प्रेशंस जमा करती हैं, वे चिरंतन फक्कड़ भटकनेवाली यात्री हैं,

जो लुटाने में ही बचत करती जाती हैं, और सब कुछ लुटाने के बाद जो बचा रहता है, वही असली बचत है जो हमारे अस्तित्व के मूल में रहता है और चाहे उस क्षण हमें कोई शब्द न मिले, जो हम देखते हैं, उसकी सघन विस्मयाकुलता और हमारा समर्पण, उफान में ज़बरदस्ती अपने कगारों के परे बह जाना, किसी दूसरी दुनिया में चले जाना—अन्ततः यह बचा रहता है—हमारी स्मृतियों में नहीं, बल्कि हमारी आत्मा के अन्तरतम तलों में।

कुछ दिन पहले मैं अचानक अर्द्धरात्रि में जाग गया, बाहर बरामदे में आया, जो 'एटिक' से जुड़ा है। जहाँ मैं पहले सोया करता था, वहाँ खड़े होकर मैं चीड़ों को देखने लगा, जिनकी कटी-छँटी रूपरेखा अँधेरे में एक चित्र-सी खिंची थी। गहरी निस्तब्धता। मैं अपनी साँसें सुन सकता था। हवा नहीं थी, चाँद भी नहीं। सिर्फ़ तारे और निस्तब्धता—और पेड़ निश्चल खड़े थे—एक-दूसरे से सटे हुए, उनकी फुनगियाँ तारों को छूती हुई। सबसे विस्मयकारी बात यह थी कि जब वे अपने में लिपटे स्थिर थे, शान्त और आत्म-अन्तर्निष्ट, मैंने अपने को उनके बीच अनामंत्रित नहीं पाया, कोई बाहर का दर्शक नहीं, बल्कि हमेशा उनके साथ रहनेवाला जीव, उतना ही अलग-थलग और अकेला जितना वे थे, किन्तु अपने अकेलेपन में उनसे अलग नहीं। उनके सान्निध्य में ही मैंने सीखा था कि अपने एकान्त में रहकर भी पीड़ामुक्त रहा जा सकता है। मैंने देखा, अपनी शान्त निश्चलता में वे कितने भव्य, ग्रेसफुल और शक्तिमान दिखाई देते हैं, शायद इसलिए कि वे अपने 'ग्रहपथ' से इतनी गहराई से जुड़े हैं—आकाश के नक्षत्र, धरती में धँसे वृक्ष। उनकी यह बद्धमूलता ही है जो इनके और हमारे अकेलेपन को इतनी गरिमा देती है।

किन्तु ईश्वर अगर फूल और वृक्ष है
पहाड़ियाँ, सूरज और चाँदनी,
तब मैं उसमें विश्वास करता हूँ
तब मैं हर घड़ी उसमें विश्वास करता हूँ
तब मेरा समूचा जीवन एक प्रार्थना और यज्ञ है
आँखों और कानों में रचता एक समागम।

—पेसोआ

जब सुबह उठा, बारिश गिरती दिखाई दी। घर के चारों ओर पानी के काले, गहरे चहबच्चे, छोटे-छोटे तालाब। क्या ऐसी सुबह कुछ भी स्थिर, शान्त भाव से लिखा जा सकता है? उन आधे वाक्यों को कैसे पूरा किया जाए, जो कल इस पन्ने पर जन्मे थे? बारिश समय की नीरव, समरस गति को तोड़ जाती है—कुछ भी नहीं होता, सिवाय ख़ाली आँखों से गिरती हुई बारिश को देखने के...।

यह जंगल का सन्नाटा है, जिसमें अनेक तरह की आवाज़ें धुंध की तरह उठती हैं, लेकिन उसके मौन को भंग करने के बजाय और गहरा करती हैं—कुत्ते का वीरान भौंकना, छत पर गिरती हुई टप-टप, झींगुरों की अनवरत तान—जिन्हें अगर बराबर सुनते रहो तो वे आवाज़ें नहीं, रात की निस्तब्धता के उड़ते हुए अणु जान पड़ते हैं। बाहर अँधेरे के गोपनीय कोटरों से मच्छरों और पतिंगों के आत्मघाती झुंड आते हैं और बरामदे की रोशनी पर सिर धुनते हुए भस्म हो जाते हैं।

मैं रिल्के के पत्र पढ़ता हूँ। वे इन दिनों मेरा एकमात्र सम्बल, सहारा हैं। मैं उन्हें 'पाठ' की तरह हर दिन पढ़ता हूँ—जैसे कोई रोगी समय के अनुसार औषध लेता है, अपनी पीड़ा से छुटकारा पाने के लिए नहीं

बल्कि उसे साफ़-सुथरा बनाने के लिए; जैसे हम किसी जंगल की झोंपड़ी बुहारते हैं, कुछ दिन वहाँ रहने के लिए, वहाँ से दुनिया को देखने, सहने के लिए।

ये पत्र कहीं परोक्ष रूप से मेरे लिखने के साथ भी जुड़े हैं...। इन दिनों मैंने अपने बारे में यह परम सत्य पाया है कि मेरा अकेलापन वह यथार्थ है, जो मेरी 'फ़ैंटेसी' को रूपायित करेगा। सिर्फ़ उसे फ़ॉर्म नहीं देगा, बल्कि उसकी त्वचा के नीचे अर्थ को खोजेगा, जो सिर्फ़ मेरा है और जिसे मैं 'यज्ञाहुति' की तरह उस पर चढ़ा सकूँगा, जो मैंने सृजित किया है, अर्थ जो चढ़ाया हुआ भोग भी है और बचा हुआ प्रसाद भी।

मुझे ईश्वर में विश्वास नहीं है, फिर भी न जाने कैसे एक विचित्र स्नेहिल-सी कोमलता मेरे अस्तित्व के गहनतम तल में भाप-सी उठने लगती है जब मैं अपने लेखन में कभी 'ईश्वर' का नाम लिखता हूँ।

अगर कोई मुझे एक इच्छा पूरी करने का वरदान दे, तो मैं बार-बार एक ही वरदान माँगूँगा—जो मेरे जीवन और लेखन के बीच की खाई पाट सके, मेरे लिए इससे बड़ा सुख कोई नहीं, इससे गहरी कामना कोई नहीं।

पहली बार मैं वह लिख रहा हूँ जो महसूस करता हूँ, वह नहीं जो मुझे महसूस करना चाहिए। शायद यह एक क़दम है—छोटा क़दम—अपनी तरफ़ बढ़ने का, अपने साथ ही और जीने का...।

1 अगस्त, 1975

होमर की *ऑडेसी*, रिल्के के *पत्र*, कामू का *रैबेल*...और रात को सोने से पहले *वुदरिंग हाइट्स*।

आज शाम टहलता हुआ मैं क्लब में आ बैठा। और अधिक चलने की इच्छा एक गहरे डिप्रेशन के नीचे दब गई। मैं लाउंज में बैठ गया, दरवाज़े के पास, जहाँ से रानीखेत का शहर दिखाई देता था। बारिश के बाद सब कुछ धुलकर उजला-सा हो आया था। यहाँ से बर्फ़ से ढकी समूची पर्वत-शृंखला दिखाई देती थी, निचली पहाड़ियों पर भी बर्फ़ गिरी थी, जो पिछले महीने, जब मैं आया था, बिलकुल सूखी और नंगी थी। बारिश के बाद पानी में धुली पहाड़ियाँ नीली दिखाई देती थीं, इतनी ऊँची नहीं कि वे बर्फ़ को पकड़ सकें, लेकिन शहर पर धनुष की तरह झुकी हुई—उन्हें देखते हुए मेरा अवसाद कहाँ धुल गया, पता नहीं चला।

जब मैं क्लब से बाहर आया, तो सहसा आकाश में पीला-गुलाबी सा चाँद दिखाई दिया। रास्ते भर मैं उसे देवदारों के बीच देखता रहा, टहनियों के बीच झाँकता हुआ एक आलोक-वृत्त। खुले आकाश में देखने के बजाय पेड़ों के बीच चाँद को साथ-साथ चलते हुए देखना एक अलग अनुभव है। ऐसी रातों में हम सबको क्षमा कर देते हैं—और सबसे विचित्र बात यह है कि हम अपने को भी क्षमा कर देते हैं।

मैंने अभी-अभी साँ एक्ज़प्यूरी की पुस्तक 'हवा, रेत और तारे' पढ़कर समाप्त की। पहली बार उसे वर्षों पहले पढ़ा था और भूल नहीं सका था। कुछ किताबों की स्मृति दुबारा पढ़ने पर वैसी ही रहती है, दूसरी बार का पढ़ना एक नई 'रीडिंग' है और नहीं भी। बीच में जो हमारे जीवन में गुज़रा है, वह उसके टेक्स्ट का नया यथार्थ बन जाता है, जो पहले उसमें नहीं था, या था लेकिन उद्घाटित नहीं हुआ था। ग्रीक दार्शनिक के अनुसार जैसे हम एक नदी में दुबारा नहीं नहाते, वैसे ही एक किताब को दुबारा नहीं पढ़ते—हर बार वह एक 'नई' किताब होती है।

यह एक असाधारण किताब है, जहाँ साहस एक नये आलोक में प्रकट होता है, एक विस्मयकारी 'हीरोइक' चमक में चमचमाता हुआ... कोमल, लेकिन दृढ़, प्रेम में छलछलाता हुआ। प्रेम सबसे अधिक; धवल काव्यमयता से ओतप्रोत। सिर्फ़ एक फ्रांसीसी ही ऐसी पुस्तक लिख सकता था।

और कितना गहरा अकेलापन, जिसके गड़हे से प्रेम एक फ़व्वारे-सा ऊपर उठा था। मुझे नहीं लगता, स्पानी गृहयुद्ध के सम्बन्ध में किसी ने इससे बेहतर लिखा है—उस युद्ध की निस्सारता में समस्त युद्धों की निस्सारता प्रकट होती है। वह लिखते हैं : "मैंने सोचा था, कि मैं सब कुछ खो चुका हूँ कि मैंने निराशा का निम्नतम तल छू लिया है। सब कुछ त्यागने के बाद मुझे एक अजीब शान्ति का बोध हुआ। मैं अब जानता हूँ, जिसके प्रति तब मैं चेतन नहीं था—कि ऐसी घड़ी में आदमी को लगता है कि उसने आख़िर अपने को पा लिया है और वह स्वयं अपना दोस्त बन गया है।"

अब कुछ होनेवाला नहीं है, यह सोचकर उसने घर के दरवाज़े बन्द कर दिये और चाबियाँ नदी में फेंक दीं।

सम्भव है, कभी बाढ़ आने पर नदी यूँ ही अनमने भाव से चाबियों के गुच्छे को उसके दरवाज़े के आगे फेंक दे, लेकिन फिर भी क्या गारंटी है कि कोई उन्हें उठाकर दरवाज़ा खोल देगा।

> लिखने का मतलब है—अपने को अतिरेक में दिखाना, इसलिए लिखते समय कितना ही अकेलापन हो, वह काफ़ी अकेलापन नहीं है। कितनी ही ख़ामोशी हो, वह काफ़ी ख़ामोशी नहीं है। कितनी ही रात हो, वह काफ़ी रात नहीं है। लिखते समय सारा समय भी कम समय है क्योंकि सड़कें लम्बी हैं—और कभी भी रास्ते से भटका जा सकता है।
>
> —**काफ़्का** की डायरी से

काफ़्का की डायरी समुद्र का किनारा है, जहाँ पीड़ा का कूड़ा-करकट जमा हो जाता है। यह वह निधि है, जिसे ज़िन्दगी की मुख्यधारा तट पर फेंक देती है। "साहित्य और कुछ नहीं, उसकी प्रतिलोमित छाया है, जिसे ज़िन्दगी पैदा करती है और ठुकराकर फेंक देती है।"

ढलती शती का शोक

मॉस्को—कीव—बुदापेस्त : अप्रैल, 1980

होटल के कमरे की खिड़की से बाहर देखता हूँ। बर्फ़ दिखाई देती है। लोग सिर झुकाए चले जा रहे हैं।

कल धूप निकली थी। हम मॉस्को के एक बहुत पुराने हिस्से में गए थे, जहाँ भारतीय दूतावास की इमारत है। कहते हैं, दूतावास के अहाते में नेपोलियन एक रात ठहरे थे। मॉस्को का सबसे पुराना गिरजा देखा। जिस पर कभी तातारों ने हमला किया था। तारकोव्स्की ने अपनी प्रसिद्ध फ़िल्म 'रूबीलोव' की शूटिंग इसी गिरजे के भीतर और चारों तरफ़ फैले दालान में की थी। बिलकुल सफ़ेद पत्थरों से बनी इमारत, जिसमें कोई आत्मीयता या मानवीय उदात्तता नहीं है—उसमें एक तरह की पवित्र रुक्षता है। एक कठोर सादगी जो केवल रूस के निर्मम विस्तार में ही सम्भव हो सकती थी—यहाँ 'इनफिनिट स्पेस' है, लैंडस्केप नहीं...।

आइकोन म्यूज़ियम : पन्द्रहवीं-सोलहवीं शताब्दी के आइकोन—प्रतिमाएँ—रखे दिखाई देते हैं। यह 'स्थायी' प्रदर्शनी नहीं है : इन्हें रूस के विभिन्न शहरों से 'रिस्टोर' करने के लिए यहाँ भेजा जाता है और उन्हें दुबारा वापस भेजने से पहले यहाँ प्रदर्शित किया जाता है। गोर्की की आत्मकथा, रूस और बहुत साल पहले प्राग के संग्रहालय में देखी गई मूर्तियाँ—एक म्यूज़ियम को देखते समय पता नहीं कितनी विगत स्मृतियों के संग्रहालयों के द्वार खुलने लगते हैं...!

म्यूज़ियम के एक कक्ष में एक अठारह-उन्नीस वर्ष की लड़की दिखाई देती है। उसका तेजस्वी चेहरा है। वह स्कूल के छात्र-छात्राओं को आइकोन दिखाते हुए बाइबल की कहानियाँ सुना रही है, जिनसे वे नितान्त अपरिचित जान पड़ते हैं...। हमारे होटल के सामने मायकोव्स्की की मूर्ति दिखाई देती है। बाद में शहर में घूमते हुए हमारी इंटरप्रेटर ने कार की खिड़की से वह मकान दिखाया, जहाँ उन्होंने आत्महत्या की थी। क्या यह वही मकान था, या कोई दूसरा, जो चलती हुई गाड़ी की रफ़्तार और मन के उद्वेलित कोटर में ओझल हो गया था?

मॉस्को में टॉल्स्टॉय का घर : उन्हें मॉस्को आना पसन्द नहीं था, किन्तु सर्दियों में वे अपनी पत्नी के आग्रह पर यहाँ कुछ महीनों के लिए रहने आते थे। एक भव्य इमारत—बर्फ़ में ढका बग़ीचा, एक छोटा-सा टीला, जैसे आउट-डोर थियेटर का स्टेज हो! वहाँ पर एक बेंच रखी है। टॉल्स्टॉय यहीं शाम के समय बैठते थे। इमारत की बग़ल में उनके पुराने नौकर की कोठरी। दर्ज़ी का कमरा अलग से, जो सारे परिवार के सदस्यों के कपड़े सिया करता था। उससे सटा हुआ टॉल्स्टॉय का शयनकक्ष। ऊपरी मंज़िल में एक विराट बैंक्वेट हॉल। उन्नीसवीं शती में समृद्ध, सामन्ती परिवार कैसे रहते थे, उसकी अन्तरंग झाँकी मिलती है।

ज़ीने के आगे एक भूसा भरा भालू खड़ा है, जिसके एक खुले 'हाथ' में तश्तरी है, जिस पर मेहमान अपने विज़िटिंग कार्ड छोड़ जाते थे।

बाद में लेखक संघ के एक अधिकारी ने हमें बताया कि यह रोस्तोव परिवार का ही घर था। 'युद्ध और शान्ति' की नताशा इसी मकान में रहती थी। फ़िक्शन और यथार्थ की सीमाएँ यहाँ आकर कैसे घुल-मिल जाती हैं, इसका अनुभव बाद में लेनिनग्राद में भी हुआ था, जहाँ हम दोस्तोएव्स्की का घर देखने गए थे।

टॉल्स्टॉय के घर के एक हिस्से में लेखक संघ की भी इमारत है। इमारत के उस कक्ष में, जहाँ मालिक के नौकर-चाकर रहते थे, वहाँ संघ के सचिव मैक्सीमोव अपने विदेशी मेहमानों का कार्यक्रम तय करते हैं।

इसी कमरे में हमसे बातचीत करते हुए जब उन्होंने बताया कि हम तीन अप्रैल के दिन यासना पोलयाना जाएँगे, तो मैं हतबुद्धि-सा उन्हें देखता रहा—क्या यह महज़ संयोग था या चमत्कार?

दो दिन पहले पुश्किन आर्ट गैलरी देखने गए थे। इम्प्रेशनिस्ट चित्रों का इतना अद्‌भुत ख़ज़ाना पेरिस के बाहर शायद ही कहीं देखने को मिले। देरा के चित्रों को आज तक मैं कोई ख़ास अधिक पसन्द नहीं करता था, लेकिन यहाँ एक साथ उनके चित्रों को देखकर मैं अभिभूत-सा हो गया। मातीस, पिकासो, ब्राक के दुर्लभ चित्र, जिन्हें बीसवीं शती के आरम्भ में दो रूसी व्यापारी जो कला-मर्मज्ञ भी थे, यहाँ ख़रीदकर लाए थे, जब इन चित्रकारों के नाम भी बहुत कम लोग जानते थे। वैन गॉग का प्रसिद्ध चित्र 'कनविक्ट्स' भी इस संग्रहालय में है।

बहुत कम लोग जानते हैं कि पुश्किन संग्रहालय के निदेशक कोई और नहीं, मारिना स्वेतायेवा के पिता थे। उनके अपने बाल्यकाल के अनेक संस्मरण भी इससे जुड़े हैं।

बाहर आए तो सर्दी इतनी थी कि मैंने अपना मफ़लर सिर पर साफ़े की तरह लपेट लिया।

ननरी और क़ब्रगाह, दोनों एक-दूसरे से सटे एक-दूसरे के पड़ोसी :

चेख़ॅव की क़ब्र, एक छोटे-से चैपल के रूप में, पास में ही उनकी पत्नी और पिता की क़ब्रें। कुछ दूर पर स्तालिन की पहली पत्नी की क़ब्र दिखाई देती है। क़ब्र के ऊपर एक बहुत ही सुन्दर स्त्री का चेहरा, जो पोलिथिन के कवर से ढका था, गिरती हुई बर्फ़ से बचने के लिए। बर्फ़ बराबर से गिर रही थी। चेख़ॅव की क़ब्र पर उतनी ही, जितनी स्तालिन की पत्नी के चेहरे पर। क्या कभी उन्होंने चेख़ॅव की कहानियों को पढ़ा था और सोचा था, वे जीवन में साथ नहीं, तो क़ब्रगाह में एक-दूसरे के आमने-सामने होंगे?

लेनिन हिल, नीचे मोस्कावा नदी, पीछे विश्वविद्यालय की इमारत—ढलान बर्फ़ से ढकी हुई। कहते हैं, चेख़ॅव ने अपनी कहानी, 'मैं तुमसे प्रेम करता हूँ' इसी ढलान पर स्लेज पर उतरते हुए प्रेमियों के बारे में लिखी थी।

पहली बार—जब मैं बरसों पहले रूस आया था तो आधी रात को मॉस्को एयरपोर्ट से अपने होटल के बीच जितने भी खेत-खलिहान दिखाई देते थे, उन्हें देखते हुए मुझे टॉल्स्टॉय के उपन्यासों का ऐपिक-विस्तार याद आता रहा...लेकिन इस बार मॉस्को में घूमते हुए हर चौराहे पर चेख़ॅव के पात्र दिखाई देते हैं। यहाँ आने से पहले पता नहीं मैं कितनी बार यहाँ पहले आ चुका था। मैं वह गाइड हूँ, जो पुस्तकों की स्मृतियों से स्वयं अपने को शहर के दृश्य दिखाता है।

रात होने पर शहर के छोर पर एक गिरजे में गए। वह बूढ़ी औरतों से खचाखच भरा हुआ था। हर स्त्री के हाथ में एक मोमबत्ती और फूलों का गुच्छा था। वे अपने मृतकों की आत्मा के लिए प्रार्थना करने आई थीं।

दूसरे महायुद्ध के मृतक अलग, लेबर कैम्पों के मृतक अलग, साइबेरिया में निष्कासित सगे-सम्बन्धियों के मृतक अलग—लगता है, रूस में मृतकों की संख्या बीसवीं शती में सब देशों से कहीं अधिक है।

गिरजे में पादरी की भारी विलापती आवाज़ दीवारों से टकराती हुई वहीं लौट आती है, जहाँ ऑल्टर पर वे सलीब लिये सूली पर लटके हैं। ऑर्थोडॉक्स चर्च की समूची बनावट और धूमिल वातावरण मध्यकालीन क्रिश्चियनिटी की याद दिलाता है, जो यूरोप के अन्य चर्चों में देखना मुश्किल है। क्या इसीलिए रिल्के रूस से इतनी गहरी आत्मीयता महसूस करते थे?

मॉस्को में आत्म-मंथन? गहरे, अनन्त डिप्रेशन से सामना, करुणा की अन्तर्दृष्टि के अभाव में क्रूरता का अनुभव। जितने जो वर्ष बचे हैं, क्या उन्हें 'जीवन' की सामग्री पर काम करने के लिए चुराया जा सकता है? मेरे साथ चीज़ें घटी हैं, किन्तु मैंने ऐसा कुछ नहीं किया, जिससे मैं अपने भीतर स्वयं घट सकूँ।

यह सब मैं 'मायकोव्स्की स्क्वायर' पर खड़ा हुआ सोच रहा था।

आज 'नोवीमीर' के सचिव से बातचीत हुई।

मैंने उन्हें बताया कि 'कैंसर वार्ड' पढ़ते हुए मुझे पहली बार 'नोवीमीर' पत्रिका का पता चला था। वह बहुत विचारमग्न हो गए। कहने लगे, "सोल्ज़ेनित्सिन ने अपने मित्रों के साथ विश्वासघात किया।"

मैं आश्चर्य से उन्हें देखता रहा।

हमारी इंटरप्रेटर इरेना ने कहा, "सोल्ज़ेनित्सिन ने देश से निर्वासित होने के लिए कोई कोर-कसर नहीं उठा रखी।" (क्या हम उनके साहस तक नहीं पहुँच पाते, इसलिए उनसे ईर्ष्या करते हैं?)

क्या साहस का कोई तर्कशास्त्र है, इतना तो ठीक है, इसके आगे नहीं? मैंने मन में सोचा, लेकिन कहा कुछ नहीं। उन्होंने (सचिव ने) कहा, "हर सोवियत लेखक 'नोवीमीर' में प्रकाशित होना चाहता है।"

मैंने पूछा, "क्या 'नोवीमीर' भी यह चाहता है, कि उसमें हर अच्छा सोवियत लेखक प्रकाशित हो?"

वह बताते हैं।

मैं पूछता हूँ।

वह फिर बताते हैं।

मैं फिर पूछता हूँ।

हमारी बातचीत एब्सर्ड थियेटर का नाटक जान पड़ती है।

जबकि इस दौरान बाहर बराबर बर्फ़ गिरती रही है।

क्या यह वही बर्फ़ है, वही सड़क, जिस पर मैंडलश्टाम अपनी पत्नी के साथ भटकते हुए एक घर से दूसरे घर में आश्रय खोज रहे थे?

"हर जाति यातना से एक निजी और मौलिक नाता जोड़ लेती है।"

यह सुबह मेरे भीतर कितनी अँधेरी है :

बर्फ़ गिरना बन्द हो गई है। लेकिन सारा मॉस्को पिछले दिनों की बर्फ़ से अब भी पूरा सफ़ेद है।

आज सहसा मौसम खुल गया। सारा मॉस्को धूप में चमक रहा है। मैंने सोने की कोशिश की। बहुत विचित्र गड्डमड्ड-से सपने। सैर के लिए बाहर चला आया। रूसी चेहरे। एक बूढ़े यहूदी-से दिखनेवाले सज्जन, सफ़ेद धवल दाढ़ी। वह एक महिला के साथ चले जा रहे थे, जो उतनी ही बूढ़ी थी। क्रेमलिन के सामने दो छोटे गिरजे, जिन्हें देखकर मुझे भारतीय दूतावास के निकट अठारहवीं शताब्दी का गिरजा याद आया, जहाँ दोस्तोएव्स्की प्रार्थना करने जाया करते थे, जब वह पीटर्सबर्ग से मॉस्को आते थे।

क्रेमलिन से एक गली ऊपर जाती है, जिसके दोनों ओर उन्नीसवीं शती के मकान बसे हैं। वे धनी व्यापारियों की हवेलियाँ थीं। बीच में तंग, सँकरी गलियाँ जिन पर मैली बर्फ़ की परतें जमी थीं।

एक लड़की बहुत ही चकित आँखों से मुझे देख रही थी। वह एक वृद्ध महिला के साथ जा रही थी। जब मैं लौट रहा था, वे दोनों मुझे फिर दिखाई दिये। क्या वह उसकी माँ थी—चकित आँखोंवाली लड़की की? अजनबी शहरों में हम लोगों के बारे में कितनी कहानियाँ गढ़ते हैं, जबकि अपने शहरों में नहीं। जबकि अजनबी लोग वहाँ भी दिखाई देते हैं। इसका क्या कारण हो सकता है?

क्या मैं इन तेज़ी से बीतते, भागते, मिटते रूसी क्षणों को बाँध सकता हूँ? किसी पैटर्न में, उनकी काली छायाओं को एक 'रिलीफ़' की तरह उस जीवन की पार्श्वभूमि पर खींच सकता हूँ, जो मैंने इस शहर में बिताई हैं?

कल सारी शाम होटल में अकेले बिताई। रात को सोते हुए सपनों का अनर्गल ताँता-सा लगा रहा। इन दिनों कैसे ऊबड़-खाबड़ सपने आते हैं! सुबह बहुत जल्दी उठ गया। टेबल-लैम्प जलाया और चिट्ठियाँ लिखीं।

होटल के कमरे का छोर, नंगा अकेलापन एवं गूँगी क़िस्म की विक्षिप्तता का एहसास।

क्या इस युग में यात्रा-संस्मरण लिखे जा सकते हैं? जो मेरा समय है, वहाँ कुछ भी एक जैसा नहीं रहता—न दिखनेवाला दृश्य, न देखनेवाला द्रष्टा।

कीव

होटल के बाहर जिप्सी परिवार : चेहरे-मोहरे हमारे ही जैसे। भिखारी नहीं जान पड़ते थे, किन्तु पहरावे में बहुत गए-बीते, ठंड में ठिठुरते हुए। हज़ारों साल पहले हमारे देश से आए होंगे। किन-किन देशों की यात्रा करते हुए यहाँ पहुँचे होंगे! जब चेकोस्लोवाकिया में था,

तो वे अक्सर सड़कों पर दिखाई दे जाते थे। प्राग की एक पब में जहाँ मैं भोजन के लिए जाता था, वहाँ एक भारी, स्थूलकाय हँसती हुई जिप्सी लड़की अपनी माँ के साथ आती थी। दोनों ही बहुत हँसमुख थीं। माँ मज़ाक़ में मुझसे कहती थी, "हम तुम्हारे देश से ही आए हैं... मेरी लड़की से शादी कर लो, तो वह भी तुम्हारे साथ हिन्दुस्तान चली जाएगी।" लड़की खिलखिलाती हुई हँसती रहती थी...।

बाहर यूक्रेनियन चेहरे बिलकुल ग्रामीण किसानों जैसे दिखाई देते हैं, जिन्हें पिछले वर्षों के अन्धाधुंध औद्योगिकीकरण ने अपनी ज़मीन से उखाड़कर शहरों में ला फेंका है। शायद ही कोई कल्पना कर सके कि रूस में समूहीकरण के अभिशाप ने किसानों की पूरी एक पीढ़ी को कितनी निर्ममता से उन्मूलित कर दिया है...! स्तालिन के लेबर-कैम्पों से कहीं अधिक व्यापक पैमाने पर रूसी कृषक-समाज का विनाश हुआ है। उनके मानसिक संस्कारों पर जो ज़ख़्म पड़े हैं, वह एक अलग त्रासद घटना है। आश्चर्य है, जॉन बर्जर ने अपनी पुस्तक 'पिग-अर्थ' में जहाँ यूरोप के अन्य देशों में किसानी संस्कृति के विनाश के भयावह परिणामों का इतना मार्मिक विवेचन किया है, वहाँ रूस में होनेवाले 'जेनोसाइड' का कोई उल्लेख नहीं किया—क्या अपने वामपक्षीय दुराग्रहों के कारण?

संयोग से मुझे इसी डायरी के पन्नों में जॉन बर्जर का वह उद्धरण भी मिल गया जो दिल्ली में मैंने उनकी पुस्तक से टीपा था। वह सोवियत व्यवस्था के समाजवाद पर उतना ही लागू होता है, जितना पूँजीवादी देशों पर। वह लिखते हैं : "पूँजीवाद की यह ऐतिहासिक भूमिका रही है, जिसकी ऐडम स्मिथ और मार्क्स ने कल्पना भी नहीं की थी कि वह इतिहास को ही नष्ट कर देता है। यह भूमिका वह किसानों को नष्ट करने में पूरा करता है, क्योंकि किसानों का ही एक ऐसा वर्ग है, जो परम्परा को क़ायम रखता है। अतीत का बोध इतिहास की चेतना से जुड़ा होता है। पूँजीवाद अतीत से जुड़ी हर शृंखला को तोड़ देता है।

पूँजी इसी तरह अपने को सुरक्षित रख सकती है कि वह अपने को अनवरत पुनरुत्पादित करती रहे, उसका मौजूदा यथार्थ उसकी भावी सम्पूर्ति पर निर्भर करता है। यही पूँजी का 'मेटाफ़िज़िक' है जो अपने को उपभोक्तावाद में परिणत कर लेता है। यह वह सिद्धान्त है, जो किसानों को पिछड़ा हुआ वर्ग मानकर चलता है। किसान-जीवन के तंतुजाल में पैठकर उसे उन्मूलित कर देता है, उन्हें शहरों की तरफ़ धकेल देता है, जहाँ वे झुग्गी-झोंपड़ी में रहने के लिए विवश होते हैं, अपने अतीत-बोध से वंचित हो जाते हैं और समय के साथ-साथ वे अपने समस्त कर्मकांडों, पर्व-अनुष्ठानों को भूल जाते हैं, जो कभी उनकी जीवन-प्रणाली को सातत्य प्रदान करते थे। इस तरह हम देखते हैं कि जिसे हम इतिहास में 'प्रगति' का नाम देते हैं, वह स्वयं इतिहास को नष्ट कर देती है।"

हेनरी फोर्ड का यह कथन ग़लत नहीं था : "इतिहास बकवास है।" इतिहास के प्रति फोर्ड और स्तालिन के दृष्टिकोणों में कोई अन्तर नहीं था।

बुदापेस्त

हम कल लूकाच का घर देखने गए थे। घर नहीं, उसे अपार्टमेंट कहना ज़्यादा उचित होगा। जिस 'लिविंग रूम' में वह बैठते थे, उसकी खिड़की से डेन्यूब दिखाई देती है। बाहर सड़क से मोटरगाड़ियों के ट्रैफ़िक की आवाज़ें भीतर आती हैं। दूर बुदा की धूमिल धुंध में लिपटी पहाड़ियाँ दिखाई देती हैं। नदी पर स्टीमर अलसाए खड़े हैं। खिड़की के सामने ही लिबर्टी ब्रिज दिखाई देता है।

मैं यह समूचा दृश्य लूकाच के कमरे की खिड़की से देख रहा हूँ। यह दृश्य कमोबेश वैसा ही है, जैसा वह देखते होंगे। यह कमरा ही उनका स्टडी रूम भी था। चारों तरफ़ किताबों के स्टैक्स दिखाई देते हैं। किनारे पर काठ की एक लम्बी-चौड़ी मेज़ रखी है।

एक कुर्सी दूसरे कमरे की ओर मुड़ी है, जो उनकी लाइब्रेरी थी। दूसरी दीवार के सहारे एक सोफ़ा दिखाई देता है, जहाँ वह लिखने के बाद आराम करते थे। सोफ़े के ऊपर दीवार पर एक सुन्दर युवती का चित्र लगा है—उनकी पत्नी का, जब वह जवान थीं। वह फ़िज़िस्ट थीं, और पहले विवाह से उनकी दो सन्तानें थीं। दो फ़ोटो बाद के वर्षों के भी वहाँ लगे थे जिनमें वह काफ़ी वृद्ध दिखाई देती हैं।

लूकाच के बिना समूचा अपार्टमेंट ही बहुत बूढ़ा और विषादपूर्ण जान पड़ता है। सारा घर उनकी पुरानी पुस्तकों और पांडुलिपियों के पुरालेखागार में परिणत कर दिया गया है। एक अधेड़ और अस्त-व्यस्त-सी स्त्री, जो आधी पागल-सी दीखती है, हमारी गाइड है। वह हमें लूकाच द्वारा लिखे हुए कुछ पुराने काग़ज़ दिखाती है, जिसमें एक पत्र भी है, जो उन्होंने प्रथम महायुद्ध से पहले लिखा था। उसने बताया कि लूकाच के काग़ज़ों का पूरा एक बक्सा पश्चिमी बर्लिन के बैंक के लॉकर में बन्द था। लूकाच ने अपने जीवनकाल में उसे लेने से इनकार कर दिया। उनकी मृत्यु के बाद हंगरी सरकार ने उसे पश्चिमी जर्मनी से ख़रीद लिया। बक्से में उनकी कुछ पुरानी पांडुलिपियाँ मिलीं, जिनमें कुछ ऐसी भी थीं, जो अभी तक प्रकाशित नहीं हुई थीं।

महिला ने हमें एक अजीब घटना सुनाई—लूकाच और काफ़्का के बारे में। यह सब जानते हैं कि लूकाच टॉमस मान के यथार्थवादी लेखन को काफ़्का की आत्मपरक फ़ंतासियों से कहीं अधिक महत्त्वपूर्ण मानते थे, किन्तु हंगरी में 1956 के सोवियत-विरोधी विद्रोह के बाद जब लूकाच को रूमानिया में देश-निकाला दे दिया गया और आधी रात के समय एक कासल में ले जाया गया तो वहाँ उन्हें हर चीज़ विचित्र जान पड़ रही थी—आधी रात की घड़ी, विदेशी भूमि, पुराने राजाओं का महल और वह एक राजबन्दी। कहते हैं, लूकाच ने तब बुड़बुड़ाते हुए कहा था : "अब मुझे कोई सन्देह नहीं रहा कि काफ़्का यथार्थवादी थे।"

लूकाच बुदापेस्त के इस अपार्टमेंट में 1945 के बाद बराबर रहे थे—सिवा उन छह महीनों के जो 1956 में उन्हें रूमानिया के कासल में बिताने पड़े। जाने से पहले हमने एक बार, अन्तिम बार उनकी लाइब्रेरी की किताबों को देखा—अधिकांश पुस्तकें जर्मन में थीं। हेगेल, मार्क्स, लुसियन गोल्डमैन के नाम कुछ किताबों की पीठ पर दिखाई दे गए। उनकी अपनी पुस्तकें भी वहाँ रखी थीं। मुझे याद आया, बरसों पहले रामकुमार ने लूकाच से इंटरव्यू इसी कमरे में लिया होगा—किताबों के बीच, खिड़की से डेन्यूब और बुदा की पहाड़ियों को देखते हुए...।

नीचे ज़ीने पर अब भी उस बिल्डिंग में रहनेवाले अन्य लोगों के नामों के साथ एक छोटी-सी साधारण प्लेट पर उनका नाम भी लिखा है : 'जॉर्ज लूकाच'।

एक छोटे-से सिनेमा हॉल में यांचको की फ़िल्म 'एलेग्रो बारबारो' देखी—हॉल में बहुत कम लोग थे। बाहर आए तो बादल छँट गए थे और ठिठुरती धूप निकल आई थी। मार्गरेट ब्रिज पार करके हम टापू पर चले आए। बरसों पहले ग़रीबी के दिनों में हम प्राग से यहाँ आए थे। अपने साथ सूखी सलामी, मछली और मांस के टिन लाए थे ताकि दुकानों से कुछ न ख़रीदना पड़े—इसी टापू पर लोगों की आँखों से छिपकर हमने झाड़ियों के पीछे अपनी भूख मिटाई थी।

यूरोप में ग़रीबी की कितनी यादें हैं। वियना से लंदन आते हुए जब मैंने दो दिन से कुछ नहीं खाया था, सिर्फ़ ब्लैक कॉफ़ी पीकर सारी यात्रा पूरी की थी। चैनल पार करते हुए स्टीमर पर लोगों को बियर पीते, सैंडविच खाते हुए देखता था तो वह दुनिया का सबसे अलौकिक और दुर्लभ आनन्द जान पड़ता था। नॉर्वेजियन कथाकार नुट हैम्सन का उपन्यास 'भूख' पढ़ते हुए मेरा विश्वास और भी पक्का हो गया कि बिना भूखे रहे कभी भूख को नहीं जाना जा सकता,

जैसे बिना फैक्टरी में काम किये मज़दूर की थकान को नहीं जाना जा सकता, जिसका सत्य सिमोन वेल ने जाना था।

कल रात हंगरी कवि ओतो उर्वान के साथ बिताई। वहाँ हमारे मित्र और कथाकार मिहाई भी आए थे। आयोवा के इंटरनेशनल राइटिंग प्रोग्राम में मिहाई उसी वर्ष आए थे, जब मैं वहाँ गया था। हम दोनों एक ही अपार्टमेंट में अगल-बग़ल रहते थे। वह जब सुबह स्वीमिंग पूल में तैरने जाते थे, मैं उपन्यास लिखता था। जब शाम के समय वह अपने टाइपराइटर पर कहानियाँ लिखते थे, मैं अपने कमरे में खिड़की के बाहर गिरती हुई बर्फ़ देखता था। उन दिनों कभी सोचा भी नहीं था कि एक दिन मैं उनसे उनके शहर बुदापेस्त में मिलूँगा।

मिहाई ने भोजन के समय एक अजीब घटना सुनाई। वह कुछ वर्ष पहले सांस्कृतिक विनिमय के प्रोग्राम के अन्तर्गत भारत आए थे—वापस हंगरी पहुँचने पर उन्होंने भारत के सम्बन्ध में यात्रा-संस्मरणों की पुस्तक प्रकाशित की थी। भारतीय दूतावास के सांस्कृतिक सचिव (पता नहीं वह कौन महान देशभक्त थे) ने उस पर आपत्ति उठाई कि उनके अनेक संस्मरण 'भारत-विरोधी' हैं। उन्होंने हंगरी सरकार को यह धमकी भी दी कि मिहाई जैसे लेखकों को भविष्य में वीसा नहीं दिया जाएगा।

क्या हमारे देश के दूतावासों ने 'समाजवादी' देशों से यही सबक़ सीखा है?

28 अप्रैल, 1980

कल हम कासल गए थे। कैथेड्रल में प्रार्थना हो रही थी—हम भी पीछे आकर खड़े हो गए। कुछ देर बाद बाहर आए, तो कासल के पीछे छोटी, सँकरी गलियाँ दिखाई दीं। एक चौड़े-से एवेन्यू पर टहलने निकले,

जिसके बिलकुल सामने बुदा का शहर दिखाई देता था। एवेन्यू के दोनों तरफ़ चेस्टनट पेड़ों की क़तार, जिन पर वसन्त के नये पत्ते आना शुरू हो गए थे। हम अपनी इंटरप्रेटर एमी से बातें करते रहे—वह बुज़ुर्ग महिला हैं। बहुत कोमल साफ़ चेहरा है। अविवाहित हैं। वह अपनी माँ के साथ रहती थीं, जो अपने पति से अलग हो गई थीं। उनका पति—एमी के पिता—प्रेस में प्रिंटर थे और वियना में जब उनकी मृत्यु हुई, वह बिलकुल अकेले थे। उनकी माँ की मृत्यु भी कुछ वर्ष पहले हो गई और अब वह अपने तीन कमरेवाले फ़्लैट में अकेली रहती हैं। उनके एकमात्र रिश्तेदार उनके अस्सी वर्ष के बूढ़े चाचा हैं, जिनसे वह बहुत स्नेह करती हैं। हर रविवार की शाम को वह एमी के घर डिनर के लिए आते हैं।

कभी-कभी सोचता हूँ, इस यात्रा में हमें जिन इंटरप्रेटर महिलाओं की जीवन-गाथा सुनने को मिली है, उन पर अलग से पूरा एक उपन्यास लिखा जा सकता है—यह उपन्यास उनके देशों के इतिहास और नियति का सबसे जीवन्त और प्रामाणिक दस्तावेज़ होगा।

यह बुदापेस्त में हमारी पहली सुबह थी, जब बहुत दिनों की बारिश के बाद आकाश का नीला टुकड़ा दिखाई दिया था। बादलों का जमघट अब भी था, लेकिन बीच-बीच में धूप निकल आती थी। मौसम का लाभ उठाने सैकड़ों टूरिस्ट और लोकल निवासी कासल के आसपास घूमते दिखाई दे जाते थे। डेन्यूब अब भी धुंध में डूबी थी और उस पर जितने पुल थे, वे प्राग की याद दिलाते थे। दोनों शहर एक-दूसरे से कितना मिलते-जुलते हैं!

कुछ अन्तिम स्मृतियाँ : नेशनल गैलरी में कारोली फेरेनीस के असाधारण चित्र, कासल की पहाड़ियाँ, पुराने बग़ीचे और फ़व्वारे जिन्हें देखकर ऑस्ट्रियन कवि त्राकल की कविताएँ याद हो आती थीं। एक दुपहर रेस्तराँ में बैठे हुए सड़कों पर लोगों को चलते हुए देखकर लगा,

जैसे मैं पहले भी कभी यहाँ आया हूँ—हवा में डोलते चेरी के वृक्ष और वह कॉटेजनुमा घर, जहाँ हम इतने दिन बुदापेस्त में रहे थे। वह होटल नहीं, किसी पुराने नवाब का क़िला जान पड़ता था। क़िले के पीछे एक बाग़ था, घने पेड़ों से घिरा हुआ, बीच में संगमरमर की एक मूर्ति खड़ी थी और बादाम के वृक्ष। यहीं पर वह मुझे एक कहानी सूझी थी, एक छोटे-से देश का दूतावास, जहाँ सिर्फ़ तीन या चार लोग काम करते हैं। कुछ ऐसा संयोग होता है कि उनकी सरकार यह भूल जाती है कि कहीं किसी देश में उनका यह दूतावास है। बरसों से उनकी कोई ख़बर नहीं लेता। वे धीरे-धीरे यह भी भूल जाते हैं कि वे किस देश के प्रतिनिधि बनकर यहाँ आए थे। बूढ़े राजदूत हर शाम अपने कर्मचारियों के साथ बैठते हैं और शराब पीते हुए याद करने की कोशिश करते हैं कि यहाँ आने से पहले वह कहाँ थे।

यह कहानी है या हमारी आत्मकथा?

धुंध से उठती धुन

दिल्ली—मनाली—मणिकर्ण : 1980-84

21 जून, 1980

मैं तीन दिन पहले लौट आया हूँ।

पहली बार 'मो-ब्लांक' से अपनी डायरी शुरू कर रहा हूँ। यह पेन मैंने अनन्तमूर्ति के आग्रह पर हाइडलबर्ग में ख़रीदा था। मैं उसकी महँगाई देखकर झिझक रहा था, जैसे इतने क़ीमती पेन से लिखने का मुझे कोई अधिकार नहीं। फिर मैंने अपने को फुसलाते हुए अनन्ता से कहा कि इस क़लम को ख़रीदने की सज़ा यही है कि इससे कोई झूठा शब्द नहीं लिखा जाना चाहिए—इच्छा होने पर भी नहीं।

मुझे लगता है, अन्य चीज़ों की तरह मैं इसे भी देर-सबेर खो दूँगा, लेकिन इसके खोने का वियोग जीवन भर रहेगा।

कभी-कभी मुझे लगता है, मानो लोगों, चीज़ों, ऑब्जेक्ट्स से मेरा सम्पर्क टूटता जा रहा है—वे मेरी 'छुअन' से बाहर होते जाते हैं; जितना बाहर होते जाते हैं, उतना वे मेरे प्रतिकूल होते जाते हैं और मैं उनके प्रति उदासीन होता जाता हूँ। कल जब मैं उनके घर जा रहा था, मैंने जून की धूप में चमकते पेड़ों, सुर्ख़ लहकते फूलों को देखा। बस की खिड़की से एक के बाद एक बँगले आते थे, चले जाते थे—उन्हें देखकर मेरे भीतर कुछ भी नहीं उपजा, सिर्फ़ एक अजीब-सा आश्चर्य हुआ कि यहाँ लोग रहते होंगे, एक वर्ष से दूसरे वर्ष तक। जीने का बुख़ार और भय, कभी न ख़त्म होता हुआ, सिर्फ़ मृत्यु में अन्त होता हुआ, हड्डियों का बंडल जो बिजली के क्रेमीटोरियम में किरकिराता हुआ ध्वस्त हो जाता है, किसलिए?

ओंप्रकाश जी की मृत्यु कुछ महीने पहले हुई थी। यह सोचना असम्भव जान पड़ता है कि उनके घर जाऊँगा और वह नहीं होंगे।

26 जून, 1980

मैं शायद मनुष्य को उसकी यातना से छुटकारा दिलाने के लिए कुछ न कर सकूँ किन्तु मुझे उन झूठी विचारधाराओं के भीतर अपनी आत्मा को स्वच्छ रखने का कोई अधिकार नहीं जो मनुष्य को उसकी यातना से मुक्ति दिलवाने का दावा करती हैं और उसे और भी लम्बा करती जाती हैं।

इतिहास को मनुष्य से बाहर रखना मनुष्य की प्रकृति को झुठलाना है। मनुष्य का जन्म इतिहास में ज़रूर हुआ है किन्तु उस अर्थ में नहीं जिसमें मार्क्स या सार्त्र प्रयुक्त करते हैं; चूँकि समय पहले से ही 'मौजूद' था जब मनुष्य का समय में आविर्भाव हुआ, उसके प्रति सचेत होना ही आत्मचेतना की शुरुआत है। इतिहास में उपजी यह 'आत्मचेतना' ही है जो मनुष्य को अन्य जीवों से विशिष्ट बनाती है—विशिष्ट सिर्फ़ इसलिए

नहीं कि वह आत्म के प्रति सचेत होता है बल्कि इसलिए भी कि वह पहली बार आत्म के परे परमात्म की झलक पाता है—उसी तरह, जैसे वह इतिहास-समय के बीच रहकर काल की अनन्तता को देख लेता है।

18 अगस्त, 1982

कल रात स्वामी आए। वह लगभग एक महीना मेक्सिको, अमेरिका और यूरोप की यात्रा करके लौटे हैं। पश्चिम से बहुत अधिक दुखी और आक्रांत जान पड़े। एक गहरी कटुता का भाव। इस बार शायद पाज़ भी उन्हें ज़्यादा अच्छे नहीं लगे। पाज़ ने उन्हें बताया कि अब वह पुनः यूरोप की युक्तिपरक (रेशनलिस्ट) परम्परा की ओर मुड़ रहे हैं; वह स्पेन में बसना चाहते हैं। स्वामी ने कहा कि 'मुझे तो यूरोप सुअरों का बाड़ा जान पड़ता है।' मैंने कहा कि कम-से-कम उन्होंने जीने की एक सम्पूर्ण व्यवस्था का निर्माण किया है, लेकिन उसे कोई 'अर्थ' देने में असमर्थ रहे हैं—अर्थहीन व्यवस्था। लेकिन मैंने यह भी कहा कि हम यहाँ भारत में अर्थों की व्यवस्था (सिस्टम ऑफ़ मीनिंग्स) में तो रहते हैं लेकिन कोई ऐसी सामाजिक व्यवस्था नहीं बना पाए हैं जिनमें ये अर्थ अपनी प्राणवत्ता ग्रहण कर सकें। अगर वहाँ (पश्चिम में) मनुष्य अर्थविहीन जीवन जीने के लिए अभिशप्त है, तो यहाँ हम जीवनविहीन अर्थों में रहने के लिए; इसीलिए मुक्ति का रास्ता कहीं नहीं है—न उनके लिए, न हमारे लिए।

20 अगस्त, 1982

आज ही वर्जीनिया वुल्फ़ की डायरी का दूसरा खंड समाप्त किया। लिखा कुछ नहीं, दिन भर उसे ही पढ़ता रहा। एक पूरी संयमित ज़िन्दगी लेकिन लिखने के पन्ने पर असाधारण जोखिम उठाने का साहस,

पागलपन के दौरों के बीच अपने को सँभालने, अन्धाधुंध अँधेरे में भागती हुई विक्षिप्त चेतना को दोबारा से पटरी पर लाने की अद्‌भुत क्षमता जो आख़िर तक आते-आते भले ही टूट गई हो, किन्तु जिसने उन्हें बीस वर्षों में ऐसी 'स्पेस' दी जिसमें उन्होंने तीन सबसे महत्त्वपूर्ण उपन्यास लिखे, सैकड़ों लेख और समीक्षाएँ, जिन्हें आज भी पढ़ते हुए उनके हल्के-फुल्के अन्दाज़ में कहे गए पारदर्शी वाक्यों का जादू अजीब ढंग से रिझाता है; उनकी 'कॉमन रीडर' एक मॉडल है, कैसे एक लेखक अपनी 'सोच' में उतना ही जीवन्त और प्रयोगशील हो सकता है जितना अपनी कल्पना में। शायद ही किसी लेखक ने फार्स्टर और प्रूस्त के बीच इतना पैना तुलनात्मक विश्लेषण किया हो जितना वर्जीनिया वुल्फ़ ने...। अकारण नहीं कि हेमिंग्वे अपनी शेल्फ़ में हमेशा 'कॉमन रीडर' रखते थे।

लेकिन उनका लिखना? उन्हें पढ़ते हुए लगता है, जैसे वह एक वाक्य से दूसरे वाक्य की ओर कुछ वैसे ही जाती हैं, जैसे कोई बनैली चिड़िया पेड़ की एक टहनी से दूसरी टहनी पर—बीच में पता नहीं, कितना अन्तराल लाँघ जाती है, बिजली की कड़क-सा कोई भूला-सा अर्थ अँधेरे में कौंधता है और फिर लोप हो जाता है। शायद ही कोई लेखक अपने लिखने के प्रति इतना समर्पित था। उनकी निष्ठा फ्लॉबेयर की याद दिलाती है लेकिन फ्लॉबेयर की तरह उनका 'संन्यासी जीवन' नहीं था। लिखना उनके लिए एक 'धुन' था—दोनों अर्थों में ही, जहाँ वह एक 'आब्सेशन' होता है और गाने की धुन की तरह भी जो चौबीसों घंटे उनके दिमाग़ में घूमती रहती थी चाहे—वह लिखती सिर्फ़ सुबह के कुछ घंटों में ही थीं। फ्लॉबेयर अगर धूनी रमाए लेखक थे तो वर्जीनिया वुल्फ़ एक ऐसी लेखिका थीं, जो अपनी धुन के पीछे भागती रहती थीं।

अन्तिम वर्षों में उन्होंने अपने जीवन का एक संक्षिप्त-सा 'लेखा' दर्ज किया था—ज़िन्दगी का एक टुकड़ा जिसे पढ़ते हुए अनायास मेरी

आँखें इन वाक्यों पर अटक गईं जो मेरे विचार में, उनके जीवन और कला के 'फ़लसफ़े' को सबसे सुन्दर और सटीक शब्दों में व्यक्त करते हैं।

वह दैनिक जीवन में होनेवाली साधारण घटनाओं की तुलना 'रुई के सूत' से करते हुए कहती हैं, "लिखते हुए मुझे सबसे अधिक आनन्द तब आता है जब मैं यह खोज लेती हूँ कि किस चीज़ का सम्बन्ध किससे है, एक सही दृश्य खिंच जाता है और चरित्र अपने में पूरा हो जाता है। यहीं से मेरा फ़लसफ़ा शुरू होता है, कम-से-कम यह ख़याल हमेशा मेरे साथ चलता है कि 'रुई के सूत' के पीछे कोई पैटर्न छिपा है और हम, यानी हम सारे मनुष्य, उससे जुड़े हैं कि सारी दुनिया एक कलाकृति है और हम इस कलाकृति का एक अंश हैं। हैमलेट या बीथोवन का 'कुआर्टरेट' इस 'महाकाय', जिसे हम दुनिया कहते हैं, का ही सत्य बखान करते हैं। लेकिन शेक्सपियर नहीं हैं, बीथोवन नहीं हैं और ईश्वर तो निश्चय ही नहीं है; सिर्फ़ हम हैं जो शब्द हैं, हम ही संगीत हैं। हम ही असली पदार्थ हैं—और जब मैं यह देखती हूँ तो मुझे शॉक-सा लगता है।"

अगर तुम दो-तीन गिलास पीने के बाद किसी महान लेखक का टेक्स्ट पढ़ रहे हो तो अचानक वह एक व्यापक और वृहत्तर अर्थ में आलोकित हो उठता है; ज़रा कल्पना करो, कितने सैकड़ों सूर्य उस लेखक की कल्पना को आलोकित करते होंगे जिसने एक बूँद छुए बिना उसे बिलकुल शान्त और ठंडे भाव से लिखा होगा...।

27 अगस्त, 1982

जब मैं पीछे मुड़कर देखता हूँ तो लगता है, पिछले अनेक वर्षों से साहित्य मेरे ध्यान के केन्द्र में रहा है; दो और चीज़ें जो मुझे कहीं गहरे

में उद्वेलित करती रही हैं, वे राजनीति और धर्म रही हैं लेकिन वे मुझे उद्वेलित तभी करती हैं जब किसी-न-किसी रूप में साहित्य के क्षेत्र से टकराती हैं। मैं राजनीति में बहुत दूर नहीं जा सका, क्योंकि एक सीमा के बाद वह मुझे आत्मशून्यता के खोखल में धकेल देती है और धर्म की गहराई में उतरने से अपने को रोकता रहा, क्योंकि अन्ततोगत्वा उसकी 'अन्तिमता' (एंडनेस) मुझे एक गहरी वीरानी में डाल देती है, हालाँकि जब यही शून्यता और वीरानी राजनीति और धर्म से उठकर साहित्य में प्रवेश करती हैं तो कहीं गहरे आत्मानुभव का अंग जान पड़ती हैं... मैं यह दर्ज करना चाहूँगा कि रामकृष्ण परमहंस मेरे कितने ही निकट क्यों न हों, उनकी समाधि का आत्मविभोर करता हुआ विराट कालातीत सत्य मुझे रवीन्द्रनाथ ठाकुर के काव्य में चखना होगा, जैसे असीम और अनन्त की झलक मुझे सीमोन वेल की अपेक्षा टॉल्स्टॉय के युद्ध और शान्ति के पन्नों में ही मिल सकेगी। विचित्र बात यह है कि मुझे वही साहित्य अभिभूत करता है, जिसमें राजनीति (बाह्य यथार्थ) और धर्म (आत्म और परम आत्म का बोध) का समावेश होता है; इसीलिए सार्त्र की तुलना में कामू और हरमन हैसे की तुलना में टॉमस मान मुझे कहीं ज़्यादा महान और अपने प्रिय कलाकार जान पड़ते रहे हैं।

23 सितम्बर, 1982

सितम्बर की शाम, बड़ा तालाब।

देखकर दु:ख होता है कि देखा हुआ व्यक्त कर पाना, डायरी में दर्ज कर पाना कितना हताशा का काम है; कैसे व्यक्त कर सकते हो उस आँख भेदती गुलाबी को, जो बारिश के बाद ऊपर से नीचे उतर आती है, एक सुर्ख़ सुलगती लपट जिसके जलने में किसी तरह की हिंसात्मकता नहीं, सिर्फ़ भीतर तक खिंचा, खुरचा हुआ आत्मलिप्त रंग;

तालाब को वह बाँटता है, एक छोर बिलकुल स्याह नीला, दूसरा लहूलुहान और शहर का आबाद हिस्सा तटस्थ दर्शक की तरह ख़ामोश सूर्यास्त की इस लीला को देखता है; पाट का पानी भी एक सपाट सलेट है—वहाँ कोई हलचल नहीं—जैसे रंग न होना भी हवा का न होना है, लेकिन यह भ्रम है। सच में यह हिलता हुआ तालाब है—एक अदृश्य गुनगुनी हवा में काँपता हुआ और पानी की सतह पर खिंचते बल एक बूढ़े डंगर की याद दिलाते हैं जो बार-बार अपनी त्वचा को हिलाता है और एक झुर्री दूसरी झुर्री की तरफ़ भागती है—काली खाल पर दौड़ती हुई सुर्ख़ सलवटें जो न कभी बहती नदी में दिखाई देती हैं, न उफनते सागर में, हालाँकि इस घड़ी यह तालाब दोनों से नदी के प्रवाह और सागर की मस्ती को उधार में ले लेता है लेकिन रहता है तालाब ही—सूर्यास्त के नीचे डूबी झील। मैं घंटों उसे देखते हुए चल सकता हूँ, एक नशे की झोंक में, और तब अचानक बोध होता है—अँधेरा, गाढ़ा, गूढ़ मध्य प्रदेशी अन्धकार, जिसमें पलक मारते ही सब रंग आतिशबाज़ी की फुलझड़ी की तरह ग़ायब हो जाते हैं और फिर कुछ भी नहीं रहता, सब तमाशा ख़त्म। रह जाती है एक ठंडी शान्त झील, उस पर असंख्य तारे और उनके जैसे ही मिनिएचरी अनुरूप, पहाड़ी पर उड़ते चमकते धब्बे—भोपाल के जुगनू।

लेकिन यह डायरी तीन दिन बाद की है। कैसे हम उसे खो देते हैं जो एक शाम इतना जीवन्त स्पन्दनशील, मांसल अनुभव था—इज़ इट दि मिस्ट्री ऑफ़ पासिंग टाइम ऑर दि ट्रुथ ऑफ़ इटर्नल डाइंग?

18 अक्तूबर, 1982

अपने लेखन से गहरा असन्तोष—इसे क्या नाम दिया जाए? आईने में धूल की परत, जिसमें कुछ धुँधली, गड्डमड्ड छायाएँ हिलती दिखाई देती हैं, जिनके भीतर से मैं पिछले कई दिनों से यथार्थ का कोई ठोस

खाँचा निकालने की कोशिश कर रहा हूँ और अब तीन महीनों के काम के बाद जो सामने दिखाई देता है, वह है काठ के निर्जीव शब्द जो किसी 'इमोशन' की तरफ़ नहीं जाते। भावना से सूखे, रिक्त पन्नों का ढेर। उन्हें पढ़ते हुए मेरे भीतर एक खोखल-सा खुलता जाता है। एक बोझिल-सा दबाव—क्या है यह?

और अब?

लिखता जाऊँ, जब तक असीम मरुस्थल की रेत से अनुभूति की एक बूँद न निकाल पाऊँ?

जब तक हम यह न जान पाएँ कि हम 'लिखने' से क्या पाना चाहते हैं, तब तक हम काग़ज़ की ख़ाली स्पेस में एक वाक्य से दूसरे वाक्य तक निरर्थक भटकते रहते हैं।

रमण महर्षि से बातचीत :

प्र. : "मौन क्या है?"

रमण महर्षि : "वह स्थिति जो वाक् और विचार का अतिक्रमण कर सके, मौन है। वह ध्यान है जिसमें कोई मानसिक हरकत नहीं होती। मन को काबू में लाना, यही ध्यान (मेडीटेशन) है। गहरा ध्यान एक ऐसा 'कथन' है जो चिरंतन है। मौन हमेशा मुखरित होता है; वह 'भाषा' का चिरंतन प्रवाह है जिसे हम बोलकर तोड़ देते हैं; शब्द इस मूक 'भाषा' में बाधा डालते हैं। व्याख्यान व्यक्तियों को घंटों मनोरंजित कर सकते हैं, बिना उनका रत्ती भर सुधार किये, जबकि मौन चिरंतन रहता है और समूची मानव-जाति के लिए कल्याणकारी सिद्ध होता है। बोले हुए वचन उतने मुखर नहीं होते, जितना मौन होता है। मौन अनवरत रहता है... कौन-सी भाषा उससे बेहतर हो सकती है?"—पता नहीं, लेखक रमण महर्षि के इस कथन पर क्या कहेंगे, लेकिन विटगेंस्टाइन इसे पढ़कर अवश्य ही आह्लादित हो जाते।

क्या हम बीते हुए दिन को दृश्यों में व्यक्त कर सकते हैं? इच्छा तो यह होती है कि इन पल-छिन बदलते दृश्यों को एक 'पैटर्न' में गूँथा जा सके, समूचे दिन की एक कहानी बन सके। यह वही डेस्पेरेट इच्छा है जो दुनिया में 'एक ईश्वर' को खोजती है, जो उसे कोई ऑर्डर, कोई अर्थ, कोई संगति दे सके। ऐसा होता नहीं।

जैसे कल शाम सैर करते हुए मैं बार-बार हवा में हिलते पेड़ों और अपनी डायरी के बारे में सोचता रहा। हवा में झिरझिर करते पेड़, जो कारन्त जी के बँगले के पीछे सर्किट हाउस के समानान्तर जानेवाली सड़क पर दिखाई देते हैं। सोचा, घर वापस लौटूँगा तो इसके बारे में लिखूँगा। फिर आकाश में रोशनी का एक छोटा-सा घेरा दिखाई दिया, वह चाँद रहा होगा, जो बादलों के पीछे दुबका हुआ टिमक रहा था... फिर मैं उसे भूल गया और कुछ और सोचने लगा। जब सड़क के दूसरे छोर पर आया तो सचमुच चाँद दिखाई दिया, एक-तिहाई कटा हुआ और बादल कहीं न थे। फिर वह रोशनी क्या छलना थी या सोच के बीच अचानक बादल पिघल गया था जिसे मैं न देख पाया था?

लौटते हुए मैं घर की ओर न जाकर उलटी तरफ़ चलने लगा, छोटे तालाब के किनारे, जहाँ धोबियों की झोंपड़ियाँ हैं और उनके सामने खड़ी समृद्ध कोठियाँ। मुझे सैर करते हुए मकानों के अन्दरूनी झरोखे, बाग़ के फरफराते पेड़, गेट पर खड़े चौकीदार—सब एक स्वप्निल दृश्य-सा दिखाई देता है; भोपाल एक स्वप्न? हर शाम यह शहर अपनी कोई नई 'तरफ़' खोल देता है, जैसे हम बचपन में बाइस्कोप देखते थे।

सड़क पर चलते हुए मैंने देखा, मैं छात्राओं के होस्टल के सामने से गुज़र रहा हूँ। भीतर एक वाटिका थी, बहुत घने वृक्षों का कुंज। वे शायद खाने के बाद वहाँ खड़ी थीं, हँस रही थीं, हवा उनकी हँसी मेरे पास तक ले आती थी। तालाब के पीछे शहर के घरों से किसी लाउडस्पीकर

पर कोई फ़िल्मी धुन हवा में तैरती हुई पास आती थी। मुझे खटका हुआ; एक लड़का कहीं से आया और मुझे घूरता हुआ सामने से निकल गया। उसकी जिज्ञासा स्वाभाविक भी थी। वह शायद हैरान हो रहा था, मैं कौन हूँ जो कभी झील को देख रहा हूँ, कभी आसमान को, कभी चलने लगता हूँ, कभी ठहर जाता हूँ, लड़कियों के होस्टल के सामने, हालाँकि वे कहीं बहुत दूर थीं; मैं सिर्फ़ उनकी हँसी सुन सकता था...।

और अब यह सब बीते हुए कल की 'कहानी' मेरी डायरी में कितनी विपन्न, कितनी दयनीय जान पड़ती थी; लेकिन एक चीज़ रह जाएगी, और वह शायद इन असमर्थ शब्दों की समय पर एकमात्र विजय है कि जब मैं बरसों बाद डायरी के इस पन्ने को पढ़ूँगा तो सहसा यह शाम अतीत की राख झाड़कर उठ खड़ी होगी। कहेगी—देखो, यह वह चाँद है जो तुमने हमीदिया कॉलेज के ऊपर देखा था, ये वे पेड़ हैं जो उस शाम सर्किट हाउस के अँधेरे में लहरा रहे थे और वह हँसी—वह अब तुम न भी सुन सको—उसकी एक महीन सुदूर गूँज तो है जो मैं अपने साथ ले आई हूँ—और देखो यह चमत्कार कि तुम्हारी स्मृति में उनकी हँसी अब भी कमसिन और कुँआरी है जबकि वे अब तक न जाने कितने बच्चों की माँएँ और घर की बहुएँ बन चुकी होंगी।

11 दिसम्बर, 1982

एक घुटा-दबा हुआ अवसाद, जिसका कोई कारण नहीं है, सिवाय इसके कि हर चीज़ मुझे किसी आतंक के घेरे में घसीट लाती है और मैं किसी धुँधले से घर के कुएँ में बैठा रहता हूँ। आज सुबह साढ़े चार बजे मैं जाग गया; अकेलापन मैंने पहले भी अनुभव किया है लेकिन ऐसा नहीं, मानो यह उसकी सम्पूर्ण और चरम स्थिति हो; क्या इससे कोई मुक्ति नहीं? मैं उससे इस तरह बँधा हूँ, जैसे कोई कुत्ता किसी ज़ंजीर से बँधा

होता है और ज़ंजीर किसी खम्भे से। वह भौंकता है, भौंकता है, फिर थककर रिरियाने-सा लगता है, अपने भीतर एक घायल पशु की तरह पीड़ा भोगना, पीड़ा भोगता हुआ एक पीड़ित जानवर...।

लोग, दुनिया, सब बुझे-बुझे क्लान्त-से दिखाई देते हैं, जैसे मैं किसी क्लोरोफ़ार्म भरे आवरण के नीचे जी रहा हूँ। हर आवाज़ एक आरी की तरह नसों, हड्डियों को चीरती हुई निकल जाती है। मस्तिष्क बुरादे की फूली गेंद-सा जान पड़ता है। धुंध, कोहरा और एक अजीब तरह का शोक। ज़ुबान सूखे चमड़े-सी जान पड़ती है और मुँह एक खोखल, दिन की सीलन भरी हवा को सोखता हुआ; एक अस्पताली दिन, एक कारागृही दिन जहाँ दुनिया एक सूखी-सिकुड़ी-सी पपड़ी जान पड़ती है। दुनिया? ज़रूर इस दुनिया से अलग कोई जगह होती होगी जहाँ मरने की इच्छा उग सकती है। मृत्यु उस 'दूसरी जगह' जाने की आकांक्षा है, जो वह नहीं है, जिसके भीतर हम रहते हैं, न वह है जो हमारे भीतर है।

जब तक तुम्हारा सम्पूर्ण अस्तित्व अर्थ की कामना नहीं करता, तब तक तुम एक मृत व्यक्ति हो। मुश्किल यह है कि जब तक मृत्यु का स्पर्श नहीं मिलता, तब तक हम अर्थ की कामना नहीं करते।

पुश्किन को उद्धरित करते हुए ब्रॉडस्की :
इस ख़ाली मुक्त दुनिया में वहीं जाओ, जहाँ तुम्हारा मुक्त मन चाहता हो। तुम्हें मूर्ख के निर्णय और हृदयहीन भीड़ की दहाड़ को सुनना पड़ेगा, किन्तु तुम्हें वही रहना होगा, जो तुम हो। यह एक कवि का अन्तिम कर्तव्य है, अच्छा लिखना, वही लिखना, जो भाषा निर्देशित करती है। जब ऐसा करने में समर्थ होगे तब तुम्हारा सन्तोष ही तुम्हें रास्ता दिखाता रहेगा और जब असमर्थ होगे तो पीड़ा सहनी होगी; लेकिन पीड़ा तो लेखन का प्रतिमान है।

एक स्वप्न :

उसने मेरी ओर देखा और कहा—बस, भाई, मेरे पास यही है। अगर लेना चाहो तो बताओ, वरना अपना रास्ता नापो।

मैंने कहा—मुझे कब आना पड़ेगा तो बोला—कल सुबह ब्रेकफ़ास्ट के बाद और मैंने पूछा—ब्रेकफ़ास्ट कब ख़त्म होगा तो उसने कहा—हमारे यहाँ दो ब्रेकफ़ास्ट होते हैं, तुम दूसरे के बाद आना, क़रीब दस बजे। मुझे कौन-सी किताब पढ़नी होगी, मैंने पूछा। उसने सिर उठाया, हवा में एकटक देखने लगा, फिर अचानक उसे याद आया, मैंने कुछ पूछा है। इसके बारे में चिन्ता न करो, उसने कहा, हमारे पास एक लाइब्रेरी है, तुम जो चाहो, उसमें से छाँट सकते हो। अच्छा, दैन टुमारो, उसने मुझसे छुटकारा पाने के लिए मेज़ के ऊपर से हाथ उठाया और मैं वहाँ से चला आया।

28 जुलाई, 1984

तीन दिन पहले 25 जुलाई की शाम को सुरेश के साथ सिंगरौली की ट्रेन में...सुबह कटनी पहुँचे। नौ घंटे की लम्बी यात्रा। बहुत धीमी ट्रेन, हर छोटे-से स्टेशन पर रुकती हुई। शुरू में काफ़ी नीरस फैला मैदान, बिलकुल सपाट। बहुत क़रीब से दिखनेवाले सहयात्री, उन महिलाओं से बिलकुल अलग जो भोपाल से कटनी तक हमारे साथ आई थीं। जब वे कटनी पर उतरीं तो तुर्गनेव की कहानी याद हो आई; जब हम कोई बहुत सुन्दर चेहरा देखते हैं, जिसे फिर कभी नहीं देख पाएँगे, तो एक अजीब, गहरी उदासी मन को घेर लेती है। ट्रेन की यात्रा में अपने बर्थ पर लेटे हुए कितनी बातें याद आती हैं...!

सिंगरौली, एक जलाशय, जहाँ पानी रिहन्द नदी के बाँध से आकर जमा होता है। चारों तरफ़ विंध्याचल की शृंखलाएँ, कोमल और विनम्र, जिनमें हिमालय की कोई गर्वोन्नत भव्यता नहीं है।

कोयला खदानों के मज़दूरों के क्वार्टर देखे। कोई कल्पना नहीं कर सकता कि दस-पन्द्रह वर्ष पहले यह इलाक़ा पूरा जंगल था जहाँ आदिवासी अपने पेड़-पौधों, वन-जन्तुओं के साथ रहते थे। आज भी लोकस्मृति में उनके स्वच्छ, सुन्दर, साफ़-सुथरे झोंपड़ों की छवि सुरक्षित है। सिंगरौली को बैकुंठ माना जाता था, देवताओं का आवास-स्थल। आज वहीं कोयलों से अटी ट्रकें धूल उड़ाती हुई दिखाई देती हैं।

9 नवम्बर, 1984

कमरे के दरवाज़े से पूरा चाँद दिखाई देता है, लगभग सम्पूर्ण। शायद आनेवाली शरद पूर्णिमा का चाँद यही है, जो हर रात एक-एक इंच बढ़ता जाता है।

शरद पूर्णिमा...नीली हल्की हवा। छत, मेरी कुर्सी। मैं इन दिनों अँधेरा होते ही छत पर आ बैठता हूँ। सोचने के लिए बीते दिन हैं। तीन दिन पहले मल्लिकार्जुन मंसूर को सुना...पाँच मिनट बाद ही मैं उनसे बँध गया। वे मुझे एक बूढ़े जादूगर-से लगे लेकिन जादू की ट्रिक नहीं, आत्मा से बहता संगीत। दो दिन बाद भीमसेन जोशी और किशोरी अमोनकर को सुना। किशोरी के गायन में कुछ बहुत ही असाधारण क्षण, मन को दूर तक भेदती आवाज़, लेकिन उसमें पंडित जी की सहज निरासक्ति नहीं है। क्या हम एक उम्र के बाद कला से सम्पूर्णत्व ही पाना चाहते हैं; अगर वह एक इंच कम हो, तो निराशा एक गज़ बढ़ जाती है? क्या इसीलिए ख़ुद अपने रचनाकर्म में, दिन-पर-दिन, हताशा बढ़ती जाती है? महीनों के अन्तराल के बाद उपन्यास फिर शुरू किया; हर रोज़ सुबह ख़ाली पन्ने के सामने बैठता था; आज सिर्फ़ कुछ वाक्य लिख पाया। एक शुरुआत तो है।

आजकल सुबह परमहंस के 'गॉस्पल' पढ़ता हूँ और शाम को कामू का उपन्यास 'A Happy Death'।

मनाली : 19 नवम्बर, 1984

सुबह देवदारों पर धूप गिरती है। मेरे बिस्तर के सामने ही काँच की खिड़की है। दो दिन बीत गए हैं।

एक पर्दा-सा गिर गया है, मेरे और मन के बीच। मैं उसके परे कुछ भी नहीं देख पाता। दिल्ली छोड़ने के पीछे यह आकांक्षा थी कि मैं इस पर्दे के पीछे उसे देख पाऊँगा जहाँ मैं आज हूँ।

कल दोपहर हिडम्बा मन्दिर के नीचे लेटा रहा। आँखें पहाड़ों पर जाती हैं, फिर ख़ाली-सी लौट आती हैं। मन्दिर के पीछे जंगल हैं, उनके परे डूंगरा गाँव। मैं चलते-चलते काफ़ी दूर निकल गया। दो-चार झोंपड़ों के नीचे एक पहाड़ी नाला बह रहा था। एक विदेशी परिवार—आदमी, स्त्री, बच्चा—कपड़े धो रहे थे।

मन्दिर के सामने चाय का ढाबा; एक हँसमुख पहाड़न, दो बच्चे। वह मुझसे हवाई जहाज़ के बारे में पूछती रही, उसने उसे कभी नहीं देखा था। उसे काफ़ी आश्चर्य हुआ, जब मैंने उसे बताया कि उसमें सौ-डेढ़ सौ लोग बैठ सकते हैं।

"क्या वह लारी से भी बड़ा होता है?" उसने पूछा।

उसकी बड़ी बहन दिल्ली रहती है। दिल्ली कैसे?

—मैंने पूछा। एक मेले में दिल्ली का कोई व्यापारी उसकी बहन की सुन्दरता पर मोहित हो गया, दोनों दिल्ली भाग गए।

तीन महीने के बाद वह ब्याह करके गाँव आई, "मेरा बाप अगर मेरी इतनी जल्दी शादी नहीं करता तो मैं भी किसी बड़े शहर में होती।"

मनाली की औरतें, बहुत साफ़ उजली हँसी, शहरी स्त्रियों का कोई कपट-छलावा नहीं। भिखारिनें भी मुस्कराते हुए हाथ फैलाती हैं। कौन दिल्ली के उस बदमाश व्यापारी के भाग्य पर ईर्ष्या नहीं करेगा? अज्ञेय की पंक्ति याद आई : 'काँगड़े की छोरियाँ—कुछ काली-कुछ भोरियाँ।' वह मनाली के बारे में क्या लिखते?

सुबह उठा तो लगा, वह पर्दा वैसा ही है—मैला, पिछली रात के सपनों से लदा हुआ। यहाँ हर रात बहुत अजीब-से सपने आते हैं और सुबह तक याद रहते हैं। हर शाम अकबर और उनकी बेटी रईसा होटल आते हैं। हम रम पीते हैं। रईसा बहुत बीमार रहती हैं, बराबर एक नर्वस तनाव बना रहता है। हम देर तक बातें करते रहते हैं और जब वे चले जाते हैं तो मैं एक गहरा बोझ लिये लेट जाता हूँ। मैं यहाँ क्यों आया हूँ?

उसके बाद लम्बी रातें और दुःस्वप्न। अगर मैं लिखता रहूँ तो क्या पर्दा उठ जाएगा?

21 नवम्बर, 1984

एक दिन और रुक गया। मनाली में, मन रमने लगा है। जर्जर धुँधुआते तिब्बती ढाबे, सँकरी गलियाँ, दुकानों के आगे आलुओं के बोरे, जो मृत जानवरों के लोथड़ों की तरह एक-दूसरे पर लेटे दिखाई देते हैं—देवताओं की घाटी?

पता नहीं, तिब्बती पूजा-स्थलों में घूमते हुए क्यों इतनी बेचैनी-सी महसूस होती है? बुद्ध की एकान्त कल्पना और बौद्ध भिक्षुओं को देखकर जो शान्ति मिलती है, वह उनके मन्दिरों में नहीं। कुछ घुटा-घुटा-सा लगता है। मॉनेस्टरी की बात अलग है। यहाँ मन्दिरों की दीवारों पर गहरे सुर्ख़ रंग के 'धार्मिक' चित्रों, पट्टों, तांत्रिक बिम्बों को देखकर मन ठहरता नहीं, भटकता है। आज भी मैं इस रहस्य को नहीं समझ सका कि कैथोलिक गिरजों या मस्जिदों में घूमते हुए जो धर्म भावना जागती है, वह बौद्ध या हिन्दू मठ-मन्दिरों में नहीं जबकि हिन्दू धर्म-ग्रंथों, वेद हो या उपनिषद्, और बुद्ध के वचनों को पढ़कर जो शान्ति मिलती है, वह मुस्लिम या ईसाई धर्मग्रंथों को पढ़ते हुए नहीं।

फिर भी दूर से मन्दिरों के ऊपर उड़ती हुई पताकाओं, झंडियों, हवा में तिरते घंटियों के स्वर को सुनते हुए एक गहरा स्वच्छ सुखद अनुभव होता है।

कल अचानक उदासी का पर्दा उठ गया। लम्बी, साठ किलोमीटर की दुर्गम टेढ़ी-मेढ़ी पहाड़ी सड़कों पर बस में हिचकोले खाता हुआ अचानक वह चमकता हुआ हीरा दिखाई दिया था—मणिकर्ण। चारों ओर पथरीले, नंगे पहाड़, बीच में कलकल करती हुई पार्वती की धारा और पहाड़ी के सिरहाने, सटे हुए झोंपड़े। बस की खिड़की से मैं एकटक उस अभूतपूर्व चमत्कार को देखता रहा, जो पिछले चार दिनों की अवसन्न मन:स्थिति को एकाएक चीर गया था।

राम के मन्दिर में पुजारी आग्रह करते रहे कि मैं वहीं भोजन करूँ, किन्तु मेरा मन तो गुरुद्वारे की लंगर में अटका था। मेरे लिए मणिकर्ण शिव-पार्वती का नगर नहीं, गुरु नानक का पुण्य स्थल बनकर रह गया था। कुछ तीर्थों के नाम कैसे कुछ संतों की स्मृति से जुड़ जाते हैं!

लेकिन इतिहास की स्मृति भी कितनी सशक्त होती है! पहले जो गुरुद्वारों में पवित्र स्वच्छता का एहसास होता था, उसकी जगह अजीब भय की छाँह घिर आई थी। लंगर में खाना खाते हुए मैं बराबर गुरु नानक के सौम्य, सहृदय, पुलकते चेहरे को देखता रहा। नीचे गर्म पानी के सोते से बराबर धुआँ ऊपर उठ रहा था। बाहर आया तो गुरुद्वारे के एक महंत महात्मा ने मुझसे मृदु स्वर में पूछा, "आप रात को रुकेंगे? बहुत-से कमरे हैं, आपको कोई तकलीफ़ नहीं होगी।"

एक बार इच्छा हुई, रुक जाऊँ। इतनी सुन्दर आरामगाह कहाँ मिलेगी? पहाड़, नदी, पार्वती-शिव, गुरु नानक, पौराणिक स्मृति और इतिहास और प्रकृति का इतना सुन्दर संगम फिर दुर्लभ होगा; फिर याद आया, अपना बोरिया-बिस्तर तो मैं मनाली में छोड़ आया हूँ। "फिर कभी आऊँगा तो बहुत दिन ठहरूँगा," मैंने उनसे कहा और अपने से भी।

मणिकर्ण के बाज़ार में हिप्पी लड़के-लड़कियाँ दिखाई दिये। पहले उन्हें देखकर ईर्ष्या होती थी, अब उनकी सूनी ख़ाली आँखों को देखकर गहरी उदासीनता उपजती है। वे खोए हुए जीव-प्राणी जान पड़ते हैं। गूँगे, लक्ष्यहीन और अन्तहीन व्यर्थता में डूबे हुए। गरम पानी के कुंड के पास एक साधु दिखाई दिये। मुझे देखकर बोले, "कुछ मिल सकता है?"

मैंने पूछा, "लंगर में खाना नहीं खाया?"

"नहीं, भोजन नहीं, चरस-वरस के लिए कुछ पैसे दीजिए।"

"कहाँ मिलेगी चरस?" मैंने कुछ उत्सुकता दिखाई तो झट से बोले, "पैसे दीजिए, अभी लाता हूँ।"

लगता है, यहाँ साधुओं, हिप्पियों और दुकानदारों के बीच पैसा और चरस का व्यापार लगातार चलता रहता है—क्या तभी ढाबों में बैठे विदेशी इतने ख़ाली और खोए-से दिखाई दे रहे थे?

बस में लगभग सभी विवाहित जोड़े चुपचाप एक-दूसरे का हाथ पकड़े बैठे हुए। लड़कियों की बाँहें लाल दकदक करती चूड़ियों से लदी हुई और लड़के तीन पीस-सूट में सजे-धजे। मेरी सीट के आगे एक बहुत ही कम उम्र के नवविवाहित दम्पती—रास्ते भर दोनों एक-दूसरे के प्रति उदासीन स्टीरियो का तार कानों में लगाए हुए अपने में मगन।

22 दिसम्बर, 1984

वर्ष के अन्तिम दिनों में मैं यह डायरी फिर शुरू करना चाहता हूँ। बीच में कितना कुछ बीत गया। इंदिरा गांधी की हत्या, दिल्ली का भयानक हत्याकांड और अब भोपाल की गैस दुर्घटना—दोस्तों को टेलीग्राम, चिट्ठियाँ। अब मुझे अपने जापानी मित्र की बात याद आती है कि हिरोशिमा के बारे में कोई कविता या उपन्यास लिखना क्यों मुश्किल है।

कुछ ऐसी यंत्रणाएँ हैं जिनके व्याकरण को केवल वे समझ सकते हैं जो उन्हें भुगतते हैं—दूसरों के लिए वह अज्ञात लिपि है। फार्स्टर ने कहीं लिखा था : "हम वर्जीनिया वुल्फ़ के ऋणी हैं, क्योंकि उन्होंने एक ऐसे युग में हमारा ध्यान संवेदन के महत्त्व की ओर दिलाया था, जिसमें बर्बरता बरती जाती है और आदर्श बघारे जाते हैं।"

मैं समझता हूँ, जब हम अकेले रहते हैं, तो इन संवेदनों को दर्ज करने का मौक़ा मिलता है; यही एक मुआवज़ा है, जो लेखक को अपने अकेलेपन के लिए मिलता है। अधिकांश समय हम एक धुंध में रहते हैं। जिसे वर्जीनिया वुल्फ़ या प्रूस्त जैसे लेखक भेद देते हैं, उसे भेदकर उसके भीतर से जीवन्त फड़कते-फड़फड़ाते संवेदनों को लाते हैं, जैसे वे जीवित तितलियाँ हों! अपनी क़लम की नोक उनमें भोंककर काग़ज़ पर लाते हैं, लेकिन इतनी सफ़ाई से कि उनके पंखों को ज़रा भी चोट नहीं पहुँचती। वे वहाँ अपने रंगों के पूरे गौरव में आ बैठती हैं—काग़ज़ पर वैसी ही जीवित, जैसी जब वे बाहर हवा और धुंध में उड़ रही थीं...।

दो ताल

भोपाल : 1981-83

26 मई, 1981

मैं यह डायरी एक लम्बे अन्तराल के बाद शुरू कर रहा हूँ। सोचता हूँ, इसे मेरी पिछली डायरियों से कुछ अलग होना चाहिए। न मन का दस्तावेज़, न दैनिक मनःस्थितियों का लेखा-जोखा। सिर्फ़ एक मैं, स्वयं अपने को अंकित करता हुआ। मेरी अरसे से यह तमन्ना रही है, कि मैं आगे न जाऊँ। जो है, जो मिला है और जिसे खो दिया है, उसे समेट सकूँ, गोद सकूँ, खोद सकूँ। तब तक खोदता जाऊँ, जब तक भीतर दबे सारे खरे-खोटे सिक्के बाहर न निकल आएँ...। आख़िर हर आदमी अपनी अर्जित करेंसी को ही इस जन्म में—मृत्यु के साथ भुना सकता है।

6 जुलाई, 1981

मेरी कहानी अभी तक अधूरी पड़ी है। जुलाई का महीना शुरू हो चला है। बारिशों के बीचवाले दिन। घर से निकलता हूँ, तो मन रुक-सा जाता है। पहाड़ी पर उठा हुआ शहर। बाईं ओर मज़दूरों की झोंपड़ियाँ, दाईं तरफ़ भोपाली स्काईस्क्रेपर। दोनों के बीच शहर का सौन्दर्य—दबा हुआ, ग़रीब पहाड़ी पर उठा हुआ। नीचे छोटी झील, बीच में पुलिया, बाणगंगा की चमकती धार और मैं—एक से दूसरी तरफ़ जाता हुआ। हिन्दुस्तान में किसी शहर का 'भूगोल' तत्काल, इतनी जल्दी पहाड़ की याद नहीं दिलाता, जितना भोपाल का ऊँचे-नीचे गिरता लैंडस्केप। मैं एक शाम झील के किनारे दूर तक चला गया था, हल्के झुटपुटे में। दिन भर बारिश हुई थी, झील में आधा धड़ डूबे मछुआरे खड़े थे—शान्त, कोई हलचल नहीं। मैं मुड़ा और तब मुझे पुराना शहर दिखाई दिया—सूर्यास्त के बौराये रंगों में सुलगता हुआ, जैसे शहर की छतों के पीछे आग की लपटें उठ रही हों! बहुत पहले मुक्तेश्वर में इसी तरह के अलमस्त सूर्यास्त देखे थे, लेकिन उनके रंग बिलकुल अलग थे—एक-दूसरे की मस्ती में पागल।

एक महीना गुज़र गया, पर अभी तक स्थिर नहीं हो पाया हूँ। सोचा था, हर सुबह घर में काम किया करूँगा, किन्तु अभी तक ऐसा सम्भव नहीं हो पाया है। मेरे भीतर कुछ हो रहा है, जो अपने में अन्धा है, और जिसे मैं स्वयं नहीं देख पाता।

कल शाम शाहजी घर आए थे। बहुत देर तक 'अनुभव के फ़ॉर्म' के बारे में बात करते रहे। हर अनुभव अपने एक अनोखे और अद्भुत फ़ॉर्म में जन्म लेता है—हमारी देह और दुनिया के जोड़ से आकृति ग्रहण करता हुआ। दुनिया में मनुष्य की कहानी एक ही है, किन्तु मनुष्य की दुनिया एक-दूसरे से कितनी अलग! एक और अनेक के बीच तनाव भी,

साम्य भी, इसीलिए हर श्रेष्ठ कलाकृति (जैसे टॉल्स्टॉय की 'युद्ध और शान्ति') द्वैत और अद्वैत के बीच चक्कर लगाती है—एक पेंडुलम की तरह, इसी में उसकी 'यूनिवर्सीलिटी' का रहस्य छिपा है और उसकी विशिष्टता का भी।

8 जुलाई, 1981

कहानी लिखते समय महसूस होना कि तुम मृत्यु के इस ओर से ज़िन्दगी को देख रहे हो, इन समस्त खंडित टुकड़ों को याद करते हुए जिनसे तुम्हारी ज़िन्दगी की 'संरचना' बनी है—उन्हें तरतीब देना, जो दरअसल जीने के क्षणों की तरतीब नहीं है, बल्कि एक ऐसा प्राइवेट पैटर्न है, जो तुमसे पहले के और चारों तरफ़ फैले के संसार को एक अनूठी अर्थवत्ता में बाँधता है। एक आर्कीटाइप्स छवियों का जाला, जिसे हर कहानी अपने भीतर तानती है। मैं उस जाले के भीतर हूँ। जितना भीतर हूँ, उतना सच है। मेरा सच नहीं, उस कहानी का सच, जिसके भीतर मैं हूँ।

15 जुलाई, 1981

कल दुपहर हम रायसेन की दरगाह देखने गए। एक स्वच्छ, खुली, सफ़ेद दरगाह, कोई भी थका हुआ पथिक यहाँ घड़ी-दो घड़ी बैठ सकता है। यहाँ सब इच्छाएँ पूरी होती हैं। क़ब्र के सामने जब मैंने अपनी इच्छाओं को टटोला, तो कुछ भी याद नहीं आया जो दिवंगत पीर से माँग सकूँ। एक सफ़ेद-सा शून्य और विषाद। फिर धीरे-धीरे जैसे सूखी लकड़ियों से एक छोटी-सी इच्छा की लौ बाहर निकली—एक हिचकिचाती, स्वार्थी इच्छा—जब तक मैं भोपाल में हूँ, एक ठीक-सा उपन्यास लिख सकूँ...।

...

मुझे कलाकार पर एक निबन्ध लिखना चाहिए, उसके लक्ष्य, दर्शन, दक्षता के बारे में नहीं, बल्कि समाज में उसकी कैसी, क्या भूमिका होनी चाहिए, उसके बारे में एक स्पष्ट, सुचिन्तित वक्तव्य होना चाहिए। हमारे समय में एक 'कलाकार' होने का क्या मतलब है? मुझे लगता है, आधुनिक कलाकार, जो सचमुच में आधुनिक है, अपने में दो नितान्त परस्पर-विरोधी तत्त्वों को मिलाता है (या उसे मिलाना चाहिए)—एक छोर पर कलाकार की सम्पूर्ण स्वायत्तता जो उसकी स्वतंत्रता का ही दूसरा नाम है, दूसरी तरफ़ बहुत-सी भूमिकाओं को सम्पन्न करने की क्षमता, पिछले युग में जिसे एक पादरी और प्रिंस सार्वजनिक जीवन में निभाता था। कलाकार के नाते उसे सिर्फ़ कलाकार नहीं होना है, बल्कि उसे अपनी 'वोकेशन' से वह अधिकार प्राप्त करना है, जिसके द्वारा वह दूसरों की अन्तरात्मा का रक्षक बन सके, जिसे आज राजनीति के कॉमीसारों अथवा धर्म के मसीहाओं ने अपने ताले में बन्द कर रखा है।

इससे बढ़कर डिप्रेसिंग बात क्या हो सकती है कि ईश्वर को मनुष्य की 'इमेज़' में देखा जाए—इससे कहीं अधिक साफ़-सुथरी अवधारणा 'निराकार' की है। मुझे लगता है कि आधुनिक कला वहीं सबसे अधिक आध्यात्मिक है, जहाँ वह सम्पूर्ण रूप से अमूर्त और निराकार है, जहाँ उसने मनुष्य को अपने फ्रेम के बाहर कर दिया है...क्या यह महज़ संयोग था कि बीसवीं शती के सबसे आध्यात्मिक कलाकार अमूर्त थे—कैन्डेंस्की, पॉल क्ले, ब्रांकुसी, ब्राक?

19 जुलाई, 1981

कल रात मैं ध्रुपद संगीत सुनकर रवीन्द्र भवन से बाहर निकला। मेरा मन एक चीख़ती, बुलाती हुई विह्वलता से भरा हुआ—देह, स्वर, आत्मा के बीच खिंची, तनी उठती हुई व्याकुलता जो मैंने ध्रुपद से पाई है, इन दिनों, और मैं भीतर ही भीतर चमत्कृत हो उठता हूँ कि जिस संगीत का 'व्याकरण' मैं बिलकुल नहीं जानता, वह मुझे इतना झटके से झिंझोड़ सकता है और तब मैं सोचने लगता हूँ कि 'जातीय स्मृति'—जहाँ तक इस देश का प्रश्न है—सबसे ज़्यादा भारतीय संगीत में धँसी है। क्या यही कारण नहीं है कि कला के 'आधुनिक आन्दोलन' ने भारतीय संगीत को नहीं के बराबर छुआ है? पश्चिम में ऐसा नहीं है। वहाँ किसी कम्पोज़ीशन को आधुनिक अनुभव के तले आज भी 'इंटरप्रेट' किया जा सकता है। एक कंडक्टर का बाख़ दूसरे कंडक्टर के बाख़ से बिलकुल भिन्न हो सकता है क्योंकि बाख़ या बीथोवन की रचनाएँ स्वयं समय के भीतर से 'अनन्त और शाश्वत' को स्पर्श करती हैं, इसलिए उनका अर्थ भी कहीं-न-कहीं समय से अनुकूलित होता है, लेकिन भारतीय संगीत एक ठहरे हुए अनुभव-कोटर में वास करता है, जिसे आज के गायक बाहर से न लाकर (आधुनिक काल की रोशनी में) स्वयं उस कोटर में जाते हैं, जैसे कोई गाइड टॉर्च लेकर किसी प्रागैतिहासिक गुफा में ले जाता हो, बिलकुल अँधेरे कोटर में, 'देखो यह है वह, यह और यह...' वह रोशनी डालता रहता है और उसके श्रोता उसके साथ हो लेते हैं, उसके साथ एक हो जाते हैं—रोशनी के साथ, अँधेरे के साथ, उस शेषनाग के साथ जो कोटर में कुंडली मारकर बैठा है। गायन तब हमें उन भावनाओं में नहीं बींधता (जैसे पश्चिमी संगीत करता है) जो हमारे भीतर हैं, बल्कि हमें उत्प्रेरित करता है कि हम उन्हें इस तरह संकेन्द्रित कर सकें, कि पूरी तन्मयता के साथ उस कोटर में जा सकें जहाँ संगीत का सत्य छिपा है...।

यह सब कुछ सोचता हुआ जब मैं बाहर आया तो देखा, भोपाल के आकाश में चाँद निकल आया है। बारिश के बाद का धुला हुआ चाँद, पूरा और साफ़। न्यू मार्केट की रोशनियाँ एक कोने में झिलमिला रही थीं। दूसरे कोने में—नीचे—झील निस्पन्द पड़ी थी। मैंने पुलिया पार की और कुछ दूर तक झील के साथ-साथ चलता रहा। मैं प्रार्थना कर रहा था कि भोपाल-आवास में मुझे कुछ ऐसी ही एकाग्र, एकनिष्ठ स्थिरता प्राप्त हो सके, जो अभी कुछ देर पहले संगीत सुनते हुए मिली थी—समय की समयहीन गति, तलहीन ताल, जो ईश्वर की लय है, मनुष्य के भीतर।

कल इंटरवल में रावत जी से बात हुई। शास्त्रीय संगीत में उनकी गहन रुचि है—ज्ञान तो है ही। भारतीय संगीत पर बात करते हुए उन्होंने एक महत्त्वपूर्ण लेकिन ऊपर से थोड़ी अन्तर्विरोधी बात कही। इन दिनों उनका स्वास्थ्य ठीक नहीं रहता, किसी भी 'टेंशन' से दूर रहते हैं। कहने लगे, 'देखिए, लोगों का ख़याल है, भारतीय संगीत मन के तनाव को दूर करता है। यह भ्रांति है। मैं जब उसे सुनता हूँ, तो मेरी टेंशन बहुत बढ़ जाती है। एक बात और, जब मैं लगातार संगीत सुनता हूँ, तो मैं लिख नहीं सकता, क्योंकि भारतीय संगीत भीतर के समस्त द्वंद्वों को घोल देता है। वह हमें द्वंद्वहीनता की अद्‌भुत स्थिति में डाल देता है, जबकि कविता की शुरुआत ही किसी द्वंद्व का सामना करने से होती है।" (शब्द हूबहू ये न भी हों, आशय लगभग यही था।) द्वंद्वहीनता की अवस्था में कुछ भी लिखना निरर्थक और फ़ालतू जान पड़ता है, यह बात मुझे सच जान पड़ी है।

किन्तु घर लौटने पर मुझे अन्तर्विरोध का एहसास हुआ। यदि भारतीय संगीत में हमें द्वंद्वहीनता की स्थिति से साक्षात्कार होता है, तो फिर उसे सुनते हुए टेंशन क्यों? तब तो भीतर एक शान्त, सन्तुलित भाव जागृत होना चाहिए, जो हमें सब तनावों से मुक्त रख सके। किन्तु कुछ देर सोचने पर मुझे यह अन्तर्विरोध कुछ सतही जान पड़ा। जब हम तनावभरा जीवन जीते हैं,

तो तनावहीन स्थिति की ओर जाते हुए (भारतीय संगीत को सुनते हुए), एक ऐसी अवस्था में लीन होते हुए, जहाँ सब तनाव ख़त्म हो जाते हैं—क्या यह प्रक्रिया अपने में एक अनूठे और अद्वितीय तनाव को नहीं जगाती? संगीत सुनते हुए हम तनावमुक्त नहीं होते बल्कि उस रास्ते पर चलने लगते हैं जो हमें द्वंद्वहीनता की दिशा में ले जाता है—और यह रास्ता अपने में अ-पहचाना है, हर क़दम पर हमें एक-एक रस्सी अपने भीतर के खूँटों से छुड़ानी पड़ती है, झटकों का उन्माद, अलग होने की सुखद पीड़ा, मुक्ति की चकराहट, यह पुरानी टेंशन की स्थिति न हो, तो भी सन्तुलित स्थिरता की स्थिति भी नहीं है—छुटी हुई रस्सी का हवा में देर तक थरथराते रहना, क्या रावत जी का 'टेंशन' से यह मतलब तो नहीं था?

"हम हमेशा वास्तविक दुःख कल के लिए स्थगित कर देते हैं, फिर हम भूल जाते हैं—और दुःख से बच जाते हैं।"

सात दिनों की बीमारी। अजीब दिन।

दिन भर बारिश होती रही। शाम को जैसे बादल ही फट पड़ा हो। बिजली चली गई, और मैं और रमेश देर तक अँधेरे में बात करते रहे। क्यों हमारे यहाँ 'अध्यात्म' कवि की ऊर्जा पर बोझ बन जाता है। पंत पर भी अरविन्द का प्रभाव विनाशकारी सिद्ध हुआ जबकि निराला ने रामकृष्ण परमहंस और तुलसीदास को कितना सहज, उच्छल ढंग से अपनी काव्यात्मा में सँजो लिया था। इलियट की कैथोलिक आस्था उनकी कवि-यात्रा की अनिवार्य परिणति जान पड़ती है—कोई आरोपित दर्शन नहीं। उनकी अन्तिम लम्बी कविता 'फोर कुआर्टेट्स' शायद बीसवीं सदी की सर्वश्रेष्ठ 'आध्यात्मिक कविता' है, जो हमारे युग की मरुस्थली यातनाओं को कितने प्रखर, पीड़ित आलोक में अभिव्यक्त कर देती है। और येट्स? वह जितना बूढ़ा होते गए, उतना होते गए,

उतना ही किसी धार्मिक दर्शन की शरण में जाने से इनकार करते गए, जबकि ब्लेकियन अर्थ में उनका 'पर्सनल रिलीजन'—या कहें 'रिलीजन ऑफ़ द सेल्फ़'—सबसे अधिक उनकी काव्यात्मक मेधा को उज्ज्वल बनाता रहा। क्यों हमारे देश में—अध्यात्म हो या मार्क्सवाद—एक लेखक को बुरी तरह जड़ीभूत कर लेता है? शायद इसलिए हमारे यहाँ कला पहले से ही दर्शन, सिद्धान्त, धर्म की अनुगामिनी रही है (सब नहीं, अधिकांश) और कलाकार का कर्तव्य उसे उन चौखटों में और अधिक फँसाना नहीं, बल्कि उनसे मुक्त करवाना है ताकि वह अपनी सृष्टि, अपना धर्म, ईमान, अपना दर्शन अपनी शर्तों पर निर्माण कर सके।

बारिश के दिनों में हमेशा चेख़ॅव की कहानियाँ याद आती हैं, पानी में भीगे, बूँद-बूँद टपकते पेड़ों की डालें, धुँधली-सी रोशनी, ज़िन्दगी के बारे में एक अजीब-सी उदासी...।

क्या रूसो का यह कथन सही है : 'स्मृति कल्पना का अभाव है? जिन चीज़ों को हम प्रतिदिन देखते हैं, उनमें हमारी कल्पना नहीं, बल्कि हमारी स्मृति काम कर रही होती है?'

25 जुलाई, 1981

कल रात (सुबह-सुबह) चार बजे ही आँख खुल गई। बहुत देर तक घोर निराशा में अँधेरे को ताकता रहा। सोचता रहा, मेरे पास वह सब कुछ है, जिसकी मुझे आकांक्षा थी। शान्ति, अकेलापन, अपना घर—लेकिन मैं क्या कर रहा हूँ? मुझे अपने को समेटना चाहिए, हर दिन जैसा वह आता है, उस पर अपने को पूरी संलग्नता से केन्द्रित कर देना चाहिए। मेरी मन:स्थिति के अनुकूल यहाँ सब कुछ है। सिर्फ़ मैं ही उसके प्रतिकूल हूँ।

"सबसे बड़ा मूल्य यह नहीं है कि हम क्या करते हैं, बल्कि वह जो है, जो खुलता है। किसी चीज़ का मूल और निष्कर्ष समय में निहित नहीं है—बल्कि वह जो कालहीन है। वर्तमान में, जो शाश्वत है। सबसे अन्तिम और सबसे ऊँचा सत्य हमारी नैतिक अवधारणाओं में नहीं, दार्शनिक मान्यताओं में रहता है, गुण के मूल्यांकन में नहीं, बल्कि तत्त्व के अन्वेषण में। प्रयत्न में नहीं आराधना (मेडिटेशन) में।

"सत्य को प्राथमिकता अवश्य दो, लेकिन हमेशा प्रेम के दायरे में।"

एक लेखक के लिए आध्यात्मिक सुरक्षा की इच्छा उतनी ही घातक हो सकती है जितनी भौतिक सुख पाने की आकांक्षा। लेखक के लिए हर शरणस्थल एक गड़हा है, एक बार उसमें गिरे नहीं, कि सृजन का निर्मल आकाश हमेशा के लिए लुप्त हो जाता है। इस अर्थ में प्रेमचन्द एक आदर्श थे, अन्तिम उपन्यास और कहानियों में वह सब शरणस्थलों—गांधीवाद, मार्क्सवाद (जैसा वह जानते थे) छोड़ते गए। चेख़ॅव की तरह प्रेमचन्द को किसी आध्यात्मिक या धार्मिक विकल्प ने कभी मोहित नहीं किया। यथार्थ—सूखा, क्रूर, निर्मम भारतीय यथार्थ में ही रमना-खपना उनका धर्म था।

"स्मृति कल्पना का अभाव है। हर दिन हम चीज़ों को देखते हैं, उसमें कल्पना नहीं, स्मृति सक्रिय रहती है।"

7 अगस्त, 1981

आज रमेश के साथ देर तक 'उपन्यास' के बारे में बातचीत होती रही। बातों में कब गोएटे का ज़िक्र चला आया, पता नहीं चला। इलियट क्यों उन्हें अपने से इतना दूर मानते थे [हालाँकि अन्तिम वर्षों में इलियट ने गोएटे के सम्बन्ध में अपने विचार बदले थे, जो उनके उस वक्तव्य

से पता चलता है, जो उन्होंने जर्मनी में दिया था—और जो अब उनके निबन्धों में संगृहीत है—(1994)]?

इसका कारण यह था कि गोएटे के यहाँ 'सिन' का कोई मतलब नहीं था। पाप का बोध हमेशा मनुष्य की खंडित अवस्था से उत्पन्न होता है, सम्पूर्णता के बहिश्त से बहिष्कृत होने पर—जबकि गोएटे का इस तरह के 'पाप-बोध' में कोई विश्वास नहीं था। उनके लिए मनुष्य, प्रकृति और अन्य जीवों के बीच कोई अलगाव माने नहीं रखता था—वह सृष्टि की अखंडित, अद्वैत समग्रता और उसकी सार्वभौमिक प्राणवत्ता में विश्वास रखते थे। वह मनुष्य को उतना ही कौतूहल से देखते थे, जितना पौधों को। वह जीव-प्राणियों की सहज समझ (इंटेलिजेंस) में विश्वास करते थे, जो तर्क-बुद्धि (रीज़न) की आतंककारी तानाशाही के बिलकुल विपरीत थी। यह तर्क-बुद्धि का मोहपाश ही था, जिसमें फाउस्ट फँस गया था। गोएटे उन समस्त सिद्धान्तों को ठुकराकर चले थे जिन पर उन्नीसवीं शती ने अपने आदर्श खड़े किये थे—विज्ञान, प्रकृति पर विजय पाने की लालसा, प्रगति में अन्धविश्वास। दो शब्दों में कहें तो तर्क-बुद्धि द्वारा प्रकृति का औपनिवेशीकरण। गोएटे ने यूरोपीय मनुष्य की तर्क-बुद्धि के भीतर अपना 'टाइम बम' रखा था ताकि मनुष्य के अहं को विस्फोटित करके उसे प्रकृति का सहज सान्निध्य प्राप्त हो सके।

रूसो और गोएटे—किसी को इन दोनों का तुलनात्मक विश्लेषण करना चाहिए। वे दोनों एक-दूसरे से इतना दूर होने के बावजूद कितना एक-दूसरे के निकट थे!

19 सितम्बर, 1981

एक दिन हम मर जाएँगे। फिर उस 'पूँजी' का क्या होगा, जिसके बारे में हमें भ्रम है कि हमने उसे लिखने से अर्जित की है। हम जो अपनी ज़िन्दगी

में एक मील खो देते हैं, उसे एक इंच पा लेना चाहते हैं, अपने लिखने के काग़ज़ पर—और यह ईमानदारी से खोई हुई ज़मीन को पाने का प्रयास भी नहीं है। क्योंकि हमारा—मेरा—जीना न तो मृत्यु के आतंक से संचालित होता है, न उस पश्चात्ताप से जो टॉल्स्टॉय को लिखने के लिए प्रेरित करता था। मैं एक बर्फ़-सी जमी हुई उदासीनता में जीता हूँ, जो ऊपर से काव्यात्मक दिखाई देती है, किन्तु जो असलियत में गति का ड्रामा अवरोधित कर देती है, जहाँ फ़ैसला लिया जाता है, पाप किया जाता है और उसकी असहनीय पीड़ा भोगनी होती है। मैं इससे बचकर निकलना चाहता हूँ। जो आदमी कीचड़ से बचकर निकलना चाहता है, कविता उसके पास नहीं आती, क्योंकि कविता अपने भीतर के नाटक और दु:स्वप्नों से उत्पन्न होती है—उदासीनता से नहीं। उदासीनता मृत्यु है। एक दिन ऐसा आएगा कि हम अपने को बचाते-बचाते अचानक देखेंगे कि बचाने की कोशिश में सब कुछ गँवा दिया है। यह ज़िन्दगी का हमारे लिखने से सही प्रतिशोध होगा—न कम, न ज़्यादा। सही...।

30 अक्तूबर, 1981

शाम को टहलने निकल जाता हूँ। भोपाल। मैं अपने घर के पीछे सँकरी गलियों में चलता जाता हूँ। मैं उपन्यास के बारे में सोचता हूँ, और तब सहसा एक खुली जगह मेरे आगे खुल जाती है। पेड़ों की लम्बी क़तार, एक लम्बी काली भुतैली छाया, शान्त और विक्षिप्त। किन्तु असली विक्षिप्तता मकानों में बसती है, जो एक लाइन के बाद दूसरी लाइन तक खिंचे जाते हैं, कमरों से आती रोशनियाँ, मोटर गैराज, दीवारों पर खिंची तसवीर और इससे ज़्यादा पागलपन की और क्या चीज़ हो सकती है कि चौकीदार ख़ाकी पोशाक पहने किसी गेट के आगे खड़ा है?

मैं चलता जाता हूँ।

मैं कुछ करता हूँ जो दिल्ली में नहीं कर सकता था। मैं अँधेरे में 'मार्च' करता जाता हूँ, एक क़दम, फिर दूसरा क़दम, फिर तीसरा क़दम। देह-गति से शुद्ध दैहिकता कुछ वैसी ही सांत्वना देती है, जैसे मैं शून्य की ख़ाली हवा में तैरता चला जा रहा हूँ। भोपाल ने मुझे यह दुर्लभ उपहार दिया है—शून्यता का बोध। मैं चलता हूँ और बराबर चले जाता हूँ और चलता हुआ बराबर अपने उपन्यास के बारे में सोचता जाता हूँ। तुम्हें क्या कोई ख़ास चीज़ परेशान कर रही है? कुछ भी तो नहीं, मैं उत्तर देता हूँ। फिर उपन्यास के बारे में ही क्यों? उससे क्या हल होनेवाला है? वह किस विराट प्रश्न का प्रत्युत्तर होगा?

27 नवम्बर, 1981

सुबह।

हेनरी मिलर के उपन्यास 'ट्रॉपिक ऑफ़ कैंसर' के अन्तिम पन्ने अभी पढ़कर समाप्त किये हैं। एक हिला देनेवाला अनुभव, जो महज़ साहित्यिक, एस्थेटिक अनुभव से कहीं ज़्यादा ऊँचा, कहीं ज़्यादा गहरा है। वह हमें जैसे कहीं अपने अस्तित्व की सीमाओं के परे ले जाता है। लगता है, जैसे हमने कहीं शुद्ध और शीतल जल की झील में स्नान किया हो, ताज़ी चमकीली हवा में गहरे तक साँस लिया हो! उपन्यास का अन्तिम वाक्य पढ़ने के बाद इच्छा होती है कि हम इस दुनिया में एक लम्बी और अकेली सैर के लिए बाहर निकल पड़ें...।

31 दिसम्बर, 1981

साल का आख़िरी दिन।

कल सारी दुपहर बाहर बिताई।

भीमबेटका की काली और सफ़ेद चट्टानी गुफाएँ। लाखों साल पहले के 'शिकारियों' के घर, रेखाएँ; जानवरों, आदमियों की क्षणभंगुर गति जो पत्थरों पर आज भी चलायमान है, भागती हुई शाश्वत गति। जैसे किसी पुरानी बावड़ी में झाँककर हम अपना अक्स देखते हैं, कुछ वैसे ही, काल की काली बावड़ी में कला हमें उनके अक्स में अपने को दिखाती है। पेड़, सुर्ख़ छालों की उखड़ी खाल, डालों के पोर पर जानवरों के नंगे खुर। पता नहीं कैसे, गुफा में अकेले घूमते हुए मुझे अन्तोनियोनी की शुरू की फ़िल्म 'Le Avanture' की याद हो आई...एक भूगोली प्रतीक उस लड़की का जो नदी, चट्टानों और अपने दुःख के असीम विस्तार में लोप हो जाती है और यही उसका 'एडवेंचर' है।

बहुत अच्छे दोस्त, जिनके साथ भीतर का बुझा, तुड़ा-मुड़ा बचपन मुद्दत बाद धूप में आया। दुपहर को जिन पी। सर्दियों की धूप, जिन, हँसी और दूर से सुनाई देती मवेशियों की घंटियाँ। पीछे भीमबेटका की चट्टानें। मैं कुछ दूर टहलने निकल गया। बहुत बड़े काले पत्थरों पर लेटा, वे अब भी दुपहर की धूप से गर्म थे। एक टूटा हुआ भग्न क़िले की फाँक जैसा आकाश। नीचे दूर अथाह जंगल। पेड़ों का झूमता नीला सागर, हवा में हौले-हौले हिलोरें लेता हुआ।

हल्का-सा अँधेरा, शाम। महुआ के लिए एक जने को गाँव भेजा, तो वह वहीं अटक गया। मनजीत ने टहनियाँ, घास, पत्ते इकट्ठा करके ढेर बनाया। कुछ ही देर में आग की लपटें उठने लगीं। आग का देखना भी कैसा ज़िद्दी नशा है, आँखें उठती नहीं। मैं अपनी अधूरी लिखी कहानी के बारे में सोचने लगा। क्या कहानी का अन्त आग से सुलगाकर सुलझाया जा सकता है?

चिन्ता शुरू ही हुई थी कि जीप आ पहुँची, गाँव से लाया हुआ ताज़ा महुआ। गाड़ी की हेडलाइट्स में वह स्कल्पचर देखा,

जो स्वामी और मनजीत ने जोड़कर बनाया था। पत्थरों के ठूँठ पर बाँस की चिप्पियाँ, आकाश के क्षितिज पर एक सलीब की तरह खड़ी हुई, जिसके नीचे मनजीत बावा बिलकुल एक क्राइस्ट की तरह दिखाई दे रहा था।

महुआ ख़त्म! सब एक बार फिर शुरू। नीचे गाँव में पहुँचे, महुआ की तलाश में। आख़िर देवराज की सलाह पर हम 'मेन रोड' से हटकर कहीं बहुत भीतर खेतों के बीच चलते रहे। कहाँ रुकें, कब रुकें, कुछ पता नहीं। अचानक सरदार जी ने मेरा कन्धा पकड़कर ऊपर की ओर संकेत किया।

सारा आकाश तारों से अटा था। भोपाल के आसपास इतने तारे उग सकते हैं, यह चमत्कार-सा जान पड़ा। फिर महुआ आया। हल्का गुनगुना-सा, गर्म भट्ठी से ताज़ा-ताज़ा निकला हुआ। किन्तु मैं अब तक होश से चिपका था और उसे छोड़ना नहीं चाहता था। बहुत देर तक आकाश को देखता रहा। तारे, पूरा चमकता आकाश। दूर-दूर तक फैले खेत। महुआ में भीगे दोस्त, गाँव के झोंपड़े, पता नहीं कितनी देर वहाँ बैठे रहे।

वापस लौटते हुए जितेन्द्र नींद में बेहोश, खुर्राटों में लथपथ। मैं कुछ दूर हल्की नींद में तैरकर किनारे पर आया, तो भीतर एक याद कचोटने लगी, जो सारी शाम भीतर थी और अब ठिठुरते हुए बाहर निकल आई थी। पहली बार पता चला, कि हिन्दुस्तान में ऐसे सुखद दिनों में लड़कियों का न होना सबसे ख़ाली चीज़ है, जिसे कोई नहीं भर सकता—न महुआ, न तारे, न आग। ये सब अपने में सुन्दर हैं—लेकिन कितने अधूरे और सूखे! शायद इसीलिए हम इतना हँसते हैं, पीते हैं, थककर सो जाते हैं।

आज वर्ष का अन्तिम दिन है, किन्तु वह मेरे लिए कल पूरा हो गया।

12 जनवरी, 1982

हम कितना चाहते हैं कि जो हम लिखें, हमारे मित्र उसे पसन्द करें, जबकि मित्र ही ऐसे लोग हैं, जिनसे हम सबसे अधिक डरते हैं।

क्या दुनिया उजाड़ हो गई है—या वह अब भी अपनी महिमा में गौरवान्वित है, सिर्फ़ उससे—ईश्वर चला गया है?

कैसा लगेगा, यदि ज़िन्दगी के अन्तिम चरण में किसी व्यक्ति को अचानक एहसास हो कि अब तक का जीवन एक नींद में था, जिससे वह अभी-अभी जागा है?

...

जब मैं कोई पत्ता झरता हुआ देखता हूँ, तो कहीं भीतर एक हल्का-सा रोमांच उमगने लगता है। वह अपने झरने में कितना सुन्दर दिखाई देता है, अपनी मृत्यु में कितना ग्रेसफुल। आदमी ऐसे क्यों नहीं मर सकता—या ऐसे क्यों नहीं जी सकता?

सारा दिन बीमारी में बीता और शान्ति में। सुबह थोड़ा-सा काम किया और सुख महसूस किया। दुपहर के समय गाढ़ी नींद आई। जागने पर खिड़की के शीशे से पत्तों के बीच डूबते सूरज को देखा। इस छोटी-सी बीमारी ने पिछले दिनों की दुश्चिन्ताओं को बुहार-सा दिया। क्या बीमारी किसी 'सॉल्वेंट' का-सा काम करती है, जिसमें हमारा 'मैं' घुल जाता है और हम दुबारा से इस दुनिया में नई साँस लेने आते हैं—मानो देह का बुख़ार आत्मा के ज्वर को अपने में समा लेता है और उसे हल्का और मुक्त छोड़ देता है!

अकेलापन सहनीय है, अच्छा भी है, अगर वह बराबर बना रहे और बाहर दुनिया में जाने का प्रलोभन उसके सातत्य को न तोड़ सके, क्योंकि जब तुम अपने अकेलेपन को अकेला छोड़कर दुनिया में लौटते हो,

तो वह कुछ इस तरह से घायल दीखता है, जैसे हमने बाहर जाकर उससे विश्वासघात किया हो—और फिर उसके साथ सुलह करने में बहुत समय ख़र्च करना पड़ता है।

अधिकांश समय यह बात मुझे सालती रहती है कि जो मैं लिखता हूँ और जैसी ज़िन्दगी जीता हूँ, उनके बीच कितनी गहरी खाई है! अगर मैं इन दो खंडित टुकड़ों को अपने में नहीं जोड़ सकता, तो कम-से-कम यह तो कर सकता हूँ कि मेरे 'सेल्फ़' का वह भाग जो लिखता है, उसके लिए दु:ख उठा सके, जो जीता है।

3 फ़रवरी, 1982

आज सुबह शायद डायरी का मौसम है। बाहर बादल भी हैं और रोशनी की सम्भावना। पता नहीं, दिन चढ़ते वक़्त किसकी जीत होगी?

मैंने यह लिखा ही था कि बाईं खिड़की से सूरज दिखाई दिया—और यह लिखते ही वह फिर बादलों में ग़ायब हो गया। ये 'झड़' के दिन हैं। बारिश न भी हो तो भी शहर एक साँवली रोशनी में टिमटिमाता है। आजकल अजीब सपने आते हैं—ख़ास कर उन लोगों के बारे में, जो कभी बहुत पहले पास थे और अब कहीं बहुत नीचे चले गए हैं। मुझे लगता है, सपनों में हमें वही चीज़ें, चेहरे याद आते हैं, जिनकी पीड़ा इतने नीचे दबी है कि उन्हें सिर्फ़ नीचेवाली चीज़ ही पकड़ पाती है, जो घाव अभी ताज़े हैं, सतह पर तिरते हुए, उन्हें सपने अलग छोड़ देते हैं।

आज मैंने अख़बार में पढ़ा कि वे लोग जो अकेले रहते हैं, उन्हें दिल की बीमारी होने की आशंका अधिक रहती है, जबकि बात उलटी होनी चाहिए। ठीक वही लोग, जो लोग अकेले रहते हैं, उनका दिल विश्राम कर सकता है। किन्तु शायद यही कारण है कि वह मृत्यु की कामना भी करता है।

मुझे भोपाल की ये शामें बहुत ही प्यारी लगती हैं; मन थोड़ा ऊपर भी हो, तो भी दिमाग़ साफ़ रहता है, चमकीले सोच का चाक़ू अँधेरे में चमकता है और मैं अपने अकेले कमरे में अपने बारे में, ज़िन्दगी के बारे में, किताबों के बारे में सोचता रहता हूँ; सबसे बड़ा धीरज मुझे अपनी 'रात्रि वाटिका के मौन' से मिलता है, यह मौन उतना ही विनम्र और छोटा है, जितनी यह वाटिका। मैं उन पुस्तकों के बारे में ख़ुशी से सोचता हूँ जो रात के खाने के बाद मैं पढ़ूँगा, अपने बिस्तर पर ढक-लपेटकर लेटा हुआ, मच्छरों के गुंजन और ट्रैफ़िक की हल्की आवाज़ों के बीच। कभी-कभी कोई मित्र भी आ जाता है, जब लोहे का दरवाज़ा अँधेरे में थोड़ा-सा खनखनाता है और मुझे अपने दरवाज़े के पास आते पैरों की आहट सुनाई देती है और फिर कोई धीरे से दरवाज़ा खटखटाता है और मैं सोचता हूँ, यह कौन हो सकता है?

अकेले आदमी की प्रतीक्षा-घड़ी कुछ ऐसी ही होती है।

पिछली रात बाख़ सुना। मैंने दरवाज़ा खोल दिया था, कुर्सी बिलकुल दहलीज़ के पास खींच ली थी। पेड़ बिलकुल निश्चल खड़े थे—चमकीले अँधेरे में शान्त और आत्मतल्लीन। बाख़ को सुनते हुए अँधेरे में बाग़ के पेड़ों और झाड़ियों को देखना—ऐसा सुख कब नसीब होता है?

कल दुपहर धूप में बैठा हुआ मैं विटगेंश्टाइन के जीवन के बारे में उनके एक मित्र के संस्मरण पढ़ रहा था। अचानक मुझे अपने भीतर पवित्रता का इतना उज्ज्वल बोध हुआ, जैसे कहीं ताज़े पानी के सोते ने मेरी सूखी तपती आत्मा को नहला दिया हो। आज गांधीजी के पत्र पढ़ने को मिले, जो उन्होंने चम्पारण से एक छोटी अंग्रेज़ बच्ची को लिखे थे। उन्हें पढ़ते हुए कुछ वैसी ही निष्कलंकता का एहसास हुआ जो कल वि. को पढ़ते हुए हुआ था।

मुझे ये तीन व्यक्ति क्यों इतना अभिभूत करते हैं? क्यों उनके बारे में सोचते हुए मुझे अपना आपा इतना दरिद्र, इतना कड़ा, इतना कीचड़ में सना जान पड़ता? शायद इसलिए कि तीनों के ही विटगेंश्टाइन, गांधीजी, सिमोन वेल के जीवन और चिन्तन के बीच कोई खाई नहीं थी। उनका व्यक्तित्व एक साफ़, अकम्पित लौ की तरह मेरे भीतर के पाप और अँधेरे को काट जाता है। मेरी कोई प्रार्थना है तो यही (मैंने आज तक सच्चे मन से कोई मनोकामना नहीं माँगी, सिवाय इसके) कि मैं अपने लेखन और जीवन को वैसे ही पवित्र और एकाग्र साधना में समर्पित कर सकूँ, उतनी ही सम्पूर्ण और अबाध रूप में—जैसी उनमें थी।

"हर स्थिति, नहीं, हर क्षण का अनमोल महत्त्व है, क्योंकि वह समूचे शाश्वत का प्रतिनिधित्व करता है।" गोएटे एकरमान से बात करते हुए।

24 फ़रवरी, 1982

आज लगा, जैसे मैं किसी गुफा से बाहर निकल आया हूँ, अपने को किसी लम्बे दुःख की ज़ंजीर से छुड़ाकर मैं दुबारा इस घर में दाख़िल हुआ हूँ। उल्लास की पतली पगडंडी मेरे भीतर है और मैं उस पर चल रहा हूँ, सुन सकता हूँ, जो बाहर हो रहा है—हवा में फ़रवरी के पत्तों का गिरना, मेरे पिछवाड़े आँगन में आम का पेड़ हर रोज़ अपने नीचे पत्तों का हरा तालाब छोड़ जाता है और जब मैं उसे पार करता हूँ तो करारे पत्ते पापड़ों से चट-चट चटखते हैं। हवा न ठंडी, न गर्म, बसन्त के आने की ख़बर देती हुई और मेरे लॉन की धूप जो अमरूद के पेड़ों की डालों से छनकर आती है और भीगी घास, बच्चों का शोर—कहीं कोई है जो हमें पानी में डालकर फिर बाहर निकालता है, अच्छी तरह निचोड़ता है, फिर हमें हल्का और सफ़ेद छोड़कर रस्सी पर टाँग देता है और हम अपनी मैल से मुक्त इतराते हुए हवा में फरफराने लगते हैं...।

'अन्ना कैरेनिना' को पढ़ते हुए अचानक ख़याल आया कि मुझे एक लेख लिखना चाहिए—मनुष्य के उपन्यासों में जानवरों का स्थान... टॉल्स्टॉय की घोड़े पर रची कहानियाँ, उनके उपन्यासों में पक्षियों का उल्लेख, शिकार करते हुए कुत्तों के विचित्र हाव-भाव (जो तुर्गनेव की 'शिकारी कथाएँ' में भी देखे जा सकते हैं), काफ़्का के बीटल, छछूँदर, कीड़े और स्नेल, बोर्ख़ेस के जादुई जन्तु, प्रेमचन्द के बैल और रेणु, जिनके उपन्यास तो जानवरों और पक्षियों की बोलियों का पूरा चिड़ियाघर हैं। उपन्यास पढ़ने के बाद कुत्ते का बाख़, बाख़, बाख़ देर तक पीछा करता रहता है। जिस लेखक के उपन्यासों में प्रकृति और पशु शुरू से ही ग़ायब हैं—वह हैं दोस्तोएव्स्की!

29 मार्च, 1982

मेरा आँगन खड़-खड़ करता है और मैं लिखता हुआ पत्तों का गिरना सुनता रहता हूँ। मुझे ये दिन सपने-से लगते हैं। तितीरी चकाचौंध धूप और बार-बार उसाँसती हुई हवा। मैं कला परिषद् जाते हुए अपने बुख़ार और शहर की धूप में एक 'स्लीप-वॉकर' की तरह घिसटता जाता हूँ, फिर नीचे पत्थरों में रास्ता बनाता हुआ बाणगंगा के पुल को पार करता हूँ—बाणगंगा, जहाँ दोपहर को लोग नहाते हैं, कपड़े धोते हैं, अपनी ट्रकें, गाड़ियाँ नहलाते हैं—दूर फैली धूप में नंग-धड़ंग शरीर और मिचमिचाती ऊँघती, जादू की बकरियाँ, कंचे खेलते हुए बच्चे, जुआ खेलते जवान, जो किसी-न-किसी बच्चे को पहरेदारी के लिए दूर बिठा देते हैं, ताकि पुलिस को देखते ही उन्हें ख़बर कर सकें...अपने दफ़्तर के अधखुले-से मैं यह देखता हूँ।

हर रोज़, इसी समय...।

28 सितम्बर, 1982

कल रमेश और ज्योत्स्ना से राम की कहानियों के बारे में चर्चा हुई। रमेश ने उन कहानियों के 'अवसाद' की ओर संकेत किया, जो पाठक पर सांगोपांग छा जाता है। मैं सोचने लगा। राम की कहानियाँ जिस अवसाद को जन्म देती हैं, उसकी जड़ में भीषण क़िस्म की निस्संगता है, निष्क्रियता नहीं, सिर्फ़ एक पथराया-सा ठहराव, जो स्थिरता न होकर सिर्फ़ 'अवरोध' है, सब कुछ बीच में रुका हुआ जैसा है, एक हिन्दुस्तानी शहरी मध्यवर्गीय जीवन के बड़बोलेपन और उद्देश्यहीन कर्मण्यता के नीचे जो शून्य की तरह बसा होता है। वह इन चेहरों पर भी है, जो राम के शुरुआती चित्रों के चेहरों पर दिखाई देता है। वह तटस्थ मुद्रा को नहीं, निस्संग उदासीनता (उदासी नहीं) को व्यक्त करता है। तटस्थता के पीछे एक संकलिप्त निर्णय है। निस्संगता में सिर्फ़ स्वीकृति है, आगे से पीछे रहना नहीं, बल्कि पीछे की निस्संगता में रहना, जो किसी भी 'करने' की क्रिया को सन्देह से देखता है। रमेश ने कहा कि राम की कला का यह गुण केवल कहानी की भाव-व्यंजना में ही नहीं, उनकी कहानियों की गद्य-त्वचा में भी प्रवेश करता है, निस्संग गद्य—सम्पूर्ण रूप से अनाटकीय—जो मेरे विचार में उनकी कहानियों को रीढ़ की हड्डी की तरह आधार देता है। यही कारण है कि उनकी कहानियों में कुछ न होता, घटता हुआ भी—जीवन के महीन, सूक्ष्म ब्योरों के कारण वे इतना सजीव और मार्मिक बन जाती हैं, जबकि उन्हीं की शैली में लिखी अन्य लेखकों की कहानियाँ ख़ाली दिखाई देती हैं क्योंकि उन्हें आधार देनेवाला परिवेश ग़ायब रहता है, सिर्फ़ शब्द आते हैं...'उदास' शब्द 'उदासी' की जगह नहीं ले सकता।

धर्म और राजनीति में जो एब्सोल्यूट (सर्वशक्तिमान) है, वही कला और मानवता के विरोध में है। प्रकृति 'एब्सोल्यूट' नहीं है, अगर है,

तो वह उसे अपने विभिन्न रूपों, विविध रंगों में प्रकट करती है। ईश्वर अगर है तो वह हर व्यक्ति की विशिष्टता में वास करता है।

इस अर्थ में 'मानव समाज' एक ऐतिहासिक अवधारणा न होकर धार्मिक चेतना का प्रतीक है क्योंकि उसमें व्यक्ति की विशिष्टता ही केन्द्र में है। जिस समाज में व्यक्ति का अवसान होता है, वह न मानवीय, न धार्मिक समाज रह पाता है। ईश्वर अगर शक्तिमान है, तो कला इसके विपरीत उस परमशक्ति को असंख्य रूपों में अभिव्यक्त करती है—जहाँ ईश्वर का होना ही अप्रासंगिक हो जाता है, किन्तु क्या यह ईश्वर की परम और अन्तिम आकांक्षा नहीं है कि उसे 'अप्रासंगिक' करार कर दिया जाए?

11 दिसम्बर, 1982

सुबह साढ़े चार बजे ही उठ गया। गहरा विषाद, जिसमें अकेलेपन का छोर नहीं दिखाई देता। यह सोचना भयानक लगता है कि कोई आदमी हर सुबह इतने उखड़े उजाड़पन के साथ उठे—एक के बाद दूसरा दिन बिना किसी मुक्ति की आशा के। उसके साथ ऐसा बँध जाए, जैसे एक कुत्ता ज़ंजीर से बँधा है, वह भौंकते-भौंकते हलाट हो जाता है, फिर थक-हारकर रिरियाने लगता है—एक पशु की मूक और असहनीय पीड़ा...।

कैथरीन मैंसफील्ड के जर्नल और पत्र पढ़ते हुए...मैं सोचने लगा, अपनी बीमारी और यातना के क्षणों में भी वह अपने पति को लिख सकती थीं : "डार्लिंग, मैं तुमसे प्रेम करती हूँ...तुम अपना उतना ही ध्यान रखो, जितना तुम चाहते हो कि मैं अपना ध्यान रखूँ।"

मुझे उनसे कितनी ईर्ष्या होती है कि वह इस दुनिया में किसी को तो यह लिख सकती थीं। इससे कितनी शान्ति मिलती है।

प्रेम करने की असमर्थता—चाहना रहते हुए भी—शायद सबसे बड़ा पाप है, जिसका कोई प्रायश्चित्त नहीं।

"आत्माओं को पेंट नहीं किया जाता," सिज़ाँ ने एक बार किसी युवा कवि से कहा था। "पेंट देहों को किया जाता है और जब पेंटिंग में देह ठीक से रूपान्तरित हो जाती है, तब देह के हर अंग की आत्मा, अगर ऐसी कोई चीज़ है, चमचमाने लगती है।"

आत्मा की विपन्नता, अपनी विषण्ण रोशनी में सिहरती हुई, सिर्फ़ एक फूँक मारकर उसे बुझाया जा सकता है, राख का ढेर।

वह यह आत्मा है, वह राख, जो आत्मा में रोशनी की चिंगारी ढूँढ़ रहा है—पंजाब, वह स्वयं कब का राख बन चुका है। अब वहाँ सही अँधेरा भी नहीं है, जो रोशनी के बुझ जाने के बाद आता है। सिर्फ़ एक उदास, बासी-सा आभास, जिसे शायद—मृत्यु के उपरान्त जीने का बहाना कहते हैं।

31 दिसम्बर, 1982

इस वर्ष के आने से पहले के ये दो दिन।

इस मन:स्थिति में नये वर्ष के बारे में सोचना अजीब जान पड़ता है। बीते हुए वर्ष के बारे में सोचता हूँ तो कुछ दिन अमरकंटक के याद आते हैं—कुछ वे दिन, जो जर्मनी और लंदन में बिताए थे, पुतुल से मिलना और हानिया का घर—रेड वाइन पर लम्बी बातचीत।

उत्तेजना और आह्लाद के क्षण—ऊपर-नीचे जाते हुए—पर ऐसा कुछ नहीं था जो 'अच्छी ज़िन्दगी' की लय क़ायम रख सके। भोपाल में अकेलापन है—लेकिन एकान्त का पवित्र-बोध नहीं। ऐसा बोध, जिससे मैं अपने को भीतर से 'संगृहीत' कर सकूँ। अपराध की यह कोंचती

भावना कि यहाँ रहकर मुझ पर इतना सार्वजनिक पैसा ख़र्च होता है, जिसे मैं 'डिजर्व' नहीं करता—न अपने काम से, न अपनी उपस्थिति से। व्यर्थता का बोध—कभी-कभी इतना तीखा कि मन होता है कि जो एक अन्य वर्ष मुझे यहाँ रहने के लिए दिया गया है, उसे स्वीकार न करूँ।

लेकिन दिल्ली? और उसके आगे?

19 जनवरी, 1983

प्रूस्त के सबसे मार्मिक पृष्ठ जब वह होटल में अपनी शादी को याद करते हैं—याद करने के बारे में—जो अतीत में है—और कहीं हमारी देह और आत्मा में छिपा है। मैंने इतनी गहन, पैनी, पारदर्शी अन्तर्दृष्टि किसी लेखक में नहीं देखी। वह एक के बाद एक 'अन्तर' के छिलके कतरते जाते हैं, बिलकुल एक सर्जन की स्कैपल की तरह और इसमें वे न केवल आधुनिकों को पीछे छोड़ जाते हैं, बल्कि मुझे लगता है, होमर और शेक्सपियर के समकक्ष बन जाते हैं।

14 फ़रवरी, 1983

आज शाम नसरीन आई थी। अपने भाई की मृत्यु की चर्चा करते हुए फूट-फूटकर रोने लगी। वह सिर्फ़ अट्ठाईस वर्ष का था। मोटर की दुर्घटना के कारण। फिर अचानक नसरीन चुप हो गई। आँसुओं के भीतर से मुझे देखते हुए बोली, "डोंट यू थिंक निर्मल, देयर इज़ सम लार्जर ऑर्डर?" तब मैं नहीं समझा।

अब ख़याल आता है कि इतने असहनीय शोक में 'ऑर्डर' के बारे में सिर्फ़ नसरीन ही सोच सकती थी।

26 फ़रवरी, 1983

इतने दिन बीत गए; अब महीने का अन्त आ पहुँचा। फ़रवरी का महीना भी एक खिलौना ही होता है, एक बार फुदका—और बस, चाभी ख़त्म! लेकिन इस छोटी-सी छलाँग में वह कितना सलोना है! इन्हीं दिनों सर्दी की काली कड़कड़ाहट मद्धिम पड़ जाती है। धूप पर चमकीली तहें जम जाती हैं। एक पीला पर्दा-सा है, जिसके परे मैं रवीन्द्र भवन के पेड़ों के पत्ते झरता देखता हूँ। पीली, चमचमाती तितलियों-से वे एक झड़ी में गिरते जाते हैं। इन्हीं दिनों गुनगुनी हवा चलती है, थोड़ी-सी ठंड को अपने हाशियों पर लिये हुए, लेकिन जिसमें आनेवाली गर्मियों का सन्देश भी छिपा है, हवा जो प्राग और दिल्ली में ऐसी ही उदास ग़मगीनी लेकर आती थी, छूटे घर की याद की तरह, दुःख या विषाद नहीं, सिर्फ़ एक हल्का धीमा-सा अवसाद, एक खरोंच। फ़रवरी जो इन सबको अपने साथ लाता है और ख़ुद इतनी जल्दी हाथ से छूट जाता है...।

कल रात मुझे लगा, जैसे चिन्तन की ज़मीन पर मेरा यह सूखा समय है। पिछले कई महीनों से मैंने कोई निबन्ध या लेख नहीं लिखा, किसी सेमिनार में पेपर नहीं पढ़ा। मेरे लिए यह सिर्फ़ कहानी लिखने का मौसम है। हर रोज़ मैं उसी ज़मीन पर हल चलाता हूँ, जहाँ अरसे से मैं नहीं गया था और अब वह धरती कितनी उर्वरा हो गई है। क़लम की नोक लगते ही अनेक ऊबड़-खाबड़ पौधे और पत्थर, जंगली फूल, उपेक्षित जड़ी-बूटियाँ निकल आती हैं; साफ़ या गँदले पानी के सोते फूटने लगते हैं। चिन्तन की ज़मीन इस दौरान मेड़ के परे ख़ाली और सुनसान पड़ी रहती है—उन खेतों की तरह, जिन्हें किसान एक सीज़न के लिए ख़ाली छोड़ देते हैं। एक दिन मैं वहाँ जाऊँगा और देखूँगा कि इस बीच उसकी मिट्टी में कैसी ज़िन्दगी आई है। सिर्फ़ एक बात मुझे मालूम है कि अब

उसमें से वैसे निबन्ध नहीं उगेंगे, जैसे मैंने 'शब्द और स्मृति' और 'कला का जोखिम' में लिखे थे। वह तराई की धरती थी। आनेवाले निबन्धों की ज़मीन शायद किसी पहाड़ पर होगी, जिस पर कुछ भी बोने, उपजाने के लिए मुझे ऊपर चढ़ना होगा। ऐसे क्षण आते हैं—कहानियाँ लिखते हुए या गोएटे, शूमाखर, शेक्सपियर पढ़ते हुए, कि मैं नहीं, वे ही मुझे सहारा देते हुए ऊपर ले जा रहे हैं। ऐसा कभी-कभी कमलेश से बात करते हुए भी महसूस होता है, जब कभी वह भोपाल आते हैं।

मुझे काम करना चाहिए, लेकिन मैं अचानक कहानी छोड़कर इस डायरी की शरण में आ गया हूँ, शायद इसलिए कि इन दिनों मेरे भीतर जो रह-रहकर उमग आता है, वह मेरी कहानी के भीतर नहीं समा सकता, हालाँकि यह कहानी उसी उठी हुई, उत्तप्त चेतना की बेचैन बुख़ार में तपती सतह पर चल रही है। लेकिन इस क्षण मैं कहानी के बारे में नहीं, इस भीतर की अजीबोग़रीब उथल-पुथल में ही ये पंक्तियाँ दर्ज कर रहा हूँ। मुझे आभास होता है कि मैंने भोपाल व इन पिछले महीनों की अँधेरी सुरंग में कहीं रोशनी देख ली है—अभी नहीं—वह बहुत दूर है लेकिन दिशा दिखाई देती है।

कल शाम P.U.C.L...की मीटिंग में मेरा क्षीण विश्वास कुछ और पक्का हो गया। क्या मैं अपने लिखने का निजी, प्राइवेट धंधा इस सार्वजनिक, लेकिन मेरे लिए बहुत आत्मीय और अनुकूल कर्तव्य से जोड़ पाऊँगा? मुझे अपने पर विश्वास और दूसरों की यातना (यह विश्वास उस यातना को कितना कम करेगा, मालूम नहीं) के भीतर उसके दर्शन करने होंगे, जो ईश्वर न भी हो, मेरा वह अंश है, जिसे अभी तक मैं उपेक्षित करता आया हूँ—मेरी अन्तरात्मा? मुक्तेश्वर में बारिश और आँधी की शाम जिसे मैंने अधमरा पाया था, क्या वह आहत चिड़िया अब कुछ हिलने-डुलने लगी है? यह एक चमत्कार से कम नहीं होगा कि मैं उसमें ज़िन्दगी

की हरकत भर पाऊँ, क्योंकि यह वही विशिष्ट और विलक्षण चीज़ है, जिसे मैं अपने साथ धरती पर लाया था।

3 अप्रैल, 1983

मैं आज 56 का हो गया।

भीतर सुबह से ही एक गहरा अवसाद घिर आया है।

यह दिन भी भोपाल में गुज़ारना था।

कुछ लेख, दो मुकम्मिल कहानियाँ, एक अधूरी कहानी—बस, इतना ही।

चेख़ॅव याल्टा में बीमार थे, गुलाब लगाते थे, नाटक और कहानियाँ लिखते थे। बहुत कम बोलते थे। अकेले रहते थे। 'A lady with a dog' जैसी कहानी वही और वही लिख सकते थे। पता नहीं, आज के दिन वह क्यों इतना याद आ रहे हैं!

पिछले वर्ष में अन्तिम दिनों के रहस्यमय चिह्न—signs and signals—वे मुझे दिखते रहे हैं। सच पूछो तो मेरे साथ कुछ अच्छा घटा, तो सिर्फ़ वही। वे उन दोस्तों की तरह हैं, जो कन्धे पर हाथ रखकर कहते हैं—चलें?

मैं चलने के लिए तैयार बैठा हूँ।

अगर हम अपने को उन पर छोड़ दें, तो वे हमें सच्चाई के रास्ते पर ले जाएँगे, चाहे वह कितनी भयावह क्यों न हो। हमारे जीने के अदृश्य पहरेदार। जब हम पीछे छूट जाते हैं, प्रलोभन में फँस जाते हैं, नशे और निद्रा में अपने को खो देते तो वे पीछे मुड़कर आते हैं, धीरे से हमें हिलाते हैं—चलें?

वे हमेशा से वहाँ हैं।

6 अप्रैल, 1983

जन्मदिन को गुज़रे तीन दिन बीत गए। मैं अभी तक अपने को बढ़ती हुई उम्र की 'माँगों' का सामना करता हुआ कतराता हूँ। शायद 'कतराना' शब्द ठीक नहीं है। मैं अपने को सुन्न-सा पाता हूँ—उन सब चीज़ों द्वारा विमूढ़ित, जो मेरे साथ और मेरे इर्द-गिर्द घट रही हैं। इस वर्ष जो चीज़ बार-बार मुझे आक्रांत करती रही, वह न मेरे लेखन की समस्या थी, न मेरे व्यक्तिगत अकेलेपन का संत्रास—बल्कि अपने समूचे जीवन का पोर्ट्रेट। वह अजीब ढंग से धुँधला होता जा रहा है, जैसे आईने पर भाप चढ़ने के कारण कुछ दिखाई देता है, कुछ नहीं, और इच्छा होती है कि तौलिये से एकबारगी उस काँच को पोंछ दिया जाए ताकि मैं साफ़-साफ़ अपने को देख सकूँ। जैसे डोरियन ग्रे अपना बिगड़ता जीवन अपनी बदलती पोर्ट्रेट में देखते थे।

यों देखा जाए, तो गुज़रा वर्ष मेरे लिए अपेक्षाकृत अधिक शान्तिमय रहा। उतनी बेचैनी और आत्म-प्रताड़ना नहीं रही, जितनी पिछले कुछ वर्षों में घुन की तरह खाती थी।

लेकिन अपने लिखने की धुरी मैं अभी तक नहीं बना पाया और यह शायद सबसे अधिक शोक और शर्म की बात है क्योंकि मुझे वे सभी सुविधाएँ प्राप्त थीं, जिनके लिए एक अभावग्रस्त लेखक तरसता है—एक घर, नियमित आय, सुन्दर और शान्त शहर, एक नॉर्मल मनःस्थिति में जीने की स्थिरता। इस देश में ऐसी सुविधाएँ कितने लोगों को मिल पाती हैं? कहीं यही चीज़ तो मुझे बर्फ़ के लोंदे की तरह नहीं जमा देती, जो ऊपर ठोस, साफ़ और स्थिर दिखाई देता है और वहीं भीतर ही भीतर पिघलता हुआ ख़ाली होता जाता है!

पहले भी आराम था, लेकिन वह इतना खटकता नहीं था, किसी नंगे ग़रीब बूढ़े को सड़क के किनारे मूँगफलियाँ बेचते हुए देखकर आगे निकल जाता था। अब तुरन्त एक शर्म की भावना कोंचने लगती है,

शायद इसलिए भी कि पहले कभी दिल्ली के सुरक्षित घेरे से बाहर रहने का मौक़ा नहीं मिला था, जहाँ अपने देश की खुली हालत को खुली आँखों से देखा जा सके, कुछ वैसे ही जैसे यूरोप में वर्षों रहने के बाद जब दिल्ली लौटा था, तो अचानक एक 'झटका'-सा लगा था, जहाँ फटीचर बसों के दरवाज़ों से बच्चों को लटकते हुए देखा था, जैसे मैं अपने शहर और उसके निवासियों को नई आँखों से देख रहा हूँ। कम्यूनिस्ट पार्टी में रहकर हम सिर्फ़ 'आगे' की तरफ़ देखते थे, आसपास या नीचे की तरफ़ नहीं। शायद ही किसी कम्यूनिस्ट ने गांधी की तरह भारत की ग़रीबी को देखा हो।

भोपाल से बाहर निकलते ही खेत दिखाई देते हैं, गाँवों की झोंपड़ियाँ, नई खड़ी होती हुई फैक्टरियाँ और छोटे क़स्बों के दरिद्र, झिलमिलाते बाज़ार, नंग-धड़ंग धूल से सने भागते हुए बच्चे। मुझे इन दिनों बार-बार स्वीडिश अर्थशास्त्री मिर्डल की याद आती है जिन्होंने कहा था कि भारत में उत्पादन काफ़ी है, प्रचुर साधन है, लोग मेहनत भी करते हैं, किन्तु सारी व्यवस्था ऐसी है, जहाँ इन साधनों का सन्तोषजनक, न्यायोचित उपयोग और वितरण नहीं हो पाता। इन दिनों लोहिया जी की पुस्तक को पढ़ते हुए उनकी यह बात बहुत ठीक लगी कि पश्चिम के समृद्ध देशों में एक वर्ग और दूसरे वर्ग के बीच उतनी असमानता नहीं, जितनी भारत जैसे ग़रीब देशों में है—और यह एक विडम्बना है कि जो देश जितना ही विपन्न होता है, उसका धनिक वर्ग उतना ही अधिक क्रूर, सनकी और हृदयहीन होता है। यदि किसी देश की अर्थ-व्यवस्था चीख़-चीख़कर अपने को बदलना चाहती है तो वह भारत की है। जब कभी मैं बाहर निकलता हूँ, तो अपने देश के अपूर्व सौन्दर्य को देखकर एक विचार बार-बार आता है—हमने अपने इस देश को किस तरह गिद्धों की तरह नोच डाला है!

यह मौसम नहीं आएगा फिर

दिल्ली—पंचमढ़ी—रानीखेत : 1987-95

28 सितम्बर, 1987

आज शाम पार्टी है। रामू अमेरिका जा रहे हैं—एक साल के लिए। वह दिल्ली में उन कम, बहुत कम मित्रों में से हैं, जिनसे खुलकर वार्तालाप होता था। उनके न होने से ख़ाली शामों का सिलसिला शुरू होगा।

यह ठीक है। मैं यही चाहता हूँ। सर्दियाँ शुरू हो रही हैं। रिकॉर्ड है; अनपढ़ी, अधपढ़ी किताबें हैं और सबसे अधिक, अधलिखा अधूरा उपन्यास...।

कहानी चल रही है। मैं इतनी अधूरी चीज़ों के बीच हूँ कि यह सोचकर घबराहट होती है कि उनका अन्त कहाँ और कैसा होगा, मुझे कहाँ ले जाकर छोड़ेगा।

श्रीकान्त की अन्तिम किताब पढ़ते हुए बहुत बेंचैनी होती है। वह कितने ऊँचे-नीचे स्तरों पर चढ़ते-उतरते रहते थे, कोई हिसाब है?

न्यूयॉर्क के अस्पताल में लेटे हुए, नलियों से जुड़े हुए, सूइयों से बिंधे हुए, पट्टियों से बँधे हुए...मैंने उनका नाम लिया, तो कहीं दूर-सुदूर से आए और आँखें खोल दीं। मैंने उनका हाथ दबाया, वह देखते रहे... उन्होंने मृत्यु को थका डाला, मृत्यु ने उन्हें। आख़िर दोनों ने हथियार डाल दिये। उनकी मृत्यु एक तरह का शान्ति-समझौता था...सीज़ फ़ायर के अदृश्य काग़ज़ पर दोनों के हस्ताक्षर थे!

बोर्ख़ेस की कविताएँ, एक ऋषि अँधेरे में ताकते हुए, उन सब छायाओं के समकालीन, जो इस धरती पर रेंग रही थीं—एक दृष्टिहीन द्रष्टा! एक असाधारण कवि...!

3 अक्तूबर, 1987

दुःख : अन्तहीन डूबने का ऐन्द्रिक बोध, साँस न ले पाने की असमर्थता, जबकि हवा चारों तरफ़ है—जीने की कोशिश में तुम्हारी मदद करती हुई...। तुम ख़तरे की निशानी के परे जा चुके हो, और अब वापसी नहीं है...।

11 अक्तूबर, 1987

जब वह पचास वर्ष का हो गया, तब उसने लगभग घर से बाहर जाना बन्द कर दिया। उसे दुपहरें अच्छी लगती थीं। वह अपने कमरे में बैठा रहता, खिड़की से आकाश को देखता रहता—अवसन्न और सूनी, हवा में चीलें मन्द गति में उड़ती रहतीं। पीला, अवसाद-भरा सूरज दिखाई देता।

खाने के बाद वह छोटी-सी नींद लेता, उठने पर आँखें धोता, फिर अलमारी से पुस्तकों को निकालने लगता। उसकी प्रिय पुस्तक थी : 'लाइफ़ ऑन अर्थ', जिसे वह अक्सर पढ़ता था। उसके फ़ोटोग्राफ़ भी

उसे बहुत अच्छे लगते थे। कीड़े, जानवर और पक्षियों को देखता, जिन्हें पहले कभी नहीं देखा था और उसे आश्चर्य होता कि मनुष्य उनके बीच कितना अकेला प्राणी है।

जैसे ही सूरज धीरे-धीरे ढलने लगता और छतों पर रोशनी मन्द पड़ने लगती, वह रसोई में जाकर चाय बनाता। यह वही रसोई थी, जहाँ बरसों पहले उसकी माँ खाना बनाया करती थीं। बरामदा भी वही था, जहाँ वह कुर्सी पर बैठी रहा करती थीं। वहीं से उन्होंने उसे आख़िरी बार देखा था।

जब सर्दी बढ़ जाती, वह अपना लैम्प जला लेता। यह टेबल-लैम्प भी उसके भाई ने उसे उपहारस्वरूप दिया था। यह 'दो वक्तों के मिलने' की घड़ी होती, जब वह अपने मित्रों को पत्र लिखता, जो अब काफ़ी सुदूर देशों में रहते थे। वह थक जाता। वह कमरे से निकलकर अपनी छत पर आ जाता। आकाश पर तारे छितरे होते। गली में खेलते बच्चों की आवाज़ें सुनाई देतीं। नुक्कड़ की दुकान में एक लूले टेलर मास्टर, जिनकी एक टाँग नहीं थी, अब भी अपनी सिंगर मशीन पर ध्यानमग्न होकर झुके रहते।

वह गिलास में अपनी ड्रिंक बनाता। क्या संगीत का समय आन पहुँचा? इस तरह दिन बीत जाता है और वह रात के आने की प्रतीक्षा करता है।

यह भयानक है, जब लेखक लिखना बन्द कर देता है। उसके पास दुनिया को दिखाने के लिए कुछ भी क्या नहीं रहता, सिवा अपने चेहरे के? कहते हैं, पहले ज़माने में जापानी अपना 'चेहरा खो' देते थे (लूज़ वन्स फ़ेस), तो आत्महत्या कर लेते थे। यदि वह लेखक, जो लिख नहीं पाता, अपने जीवन का अन्त कर डाले, तो उसका कारण बिलकुल उलटा होगा—अपना चेहरा दिखाने के अलावा उसके पास कुछ नहीं रहता!

23 अक्तूबर, 1987

सर्दी का दिन। मैं धोबी से कपड़े लेने गया। बीच रास्ते में धूप में झिलमिलाता पार्क। हवा में झूमते हुए पेड़, जिन्हें देखकर सर्वेश्वर जी याद हो आए। बहुत पहले मैं और स्वामी उनके साथ कनॉट प्लेस के गलियारों में चल रहे थे...ऐसी ही हवा थी। हम दोनों ने सर्वेश्वर जी से कहा, आप अपनी वही दो लाइनोंवाली कविता सुनाइए—कौन-सी? पेड़ों के बारे में। हवा में तो हिलते हैं सिर, यह मौसम नहीं आएगा फिर!

कपड़ों की अलमारी खोलते हुए याद आया, वात्स्यायन जी इन्हें 'सीज़न के दिन' कहते थे। जब मैं लौट रहा था, फलवाले की टोकरी पर उड़ती धूल का गुब्बारा देखा; वह उससे बेख़बर बहुत प्रसन्न दिखाई दे रहा था।

ऐसे दिनों में लगता है, जीना, सिर्फ़ जीना, सिर्फ़ साँस लेना, धरती पर होना, चलना, सिर्फ़ देखना—यह कितनी बड़ी ब्लैसिंग है : अपनी तकलीफ़ों, दुःखों, अधूरे, गड़बड़ कामों के बावजूद...और तब हमें उन लोगों की याद आती है, जो इतने बड़े थे और जिन्हें इतनी छोटी-सी नियामत भी प्राप्त नहीं है, जो धरती पर रेंगती हुई चींटी को उपलब्ध है! हम जीने के इतने आदी हो गए हैं कि 'जीवन' का चमत्कार नहीं जानते। शायद इसी शोक में प्रूस्त ने कहा था : "अगर आदत जैसी कोई चीज़ नहीं होती, तब ज़िन्दगी उन सबको अनिवार्यतः सुन्दर जान पड़ती, जिन्हें मृत्यु कभी भी घेर सकती है—यानी उन सबको, जिन्हें हम 'मानव-जाति' कहते हैं।"

5 नवम्बर, 1987

हेनरी मूर की प्रदर्शनी।

मैं उस घड़ी की प्रतीक्षा में हूँ, जब मैं शुरू सर्दी के किसी उजले दिन में अकेला उनके साथ रह सकूँगा। उनके बीच रह सकूँगा।

अभी वह कहीं नहीं है।

मैं अपने कमरे में सुरक्षित महसूस करता हूँ—सुरक्षित और आश्रित! हालाँकि वह बेचारा दिल वैसे ही सिहरता है, जैसे नौ बरसों पहले सिहरता था। मैं सोचता था, अब मैंने उससे छुटकारा पा लिया है, उस भयावह अनुभव की स्मृति से, जब आत्मा में भय का मरियल, धूल भरा, कसैला स्वाद लरजता रहता था—नहीं, भय नहीं, एक त्रास, तुड़ी-मुड़ी संत्रस्त तारों से निकलता हुआ 'चैम्बर म्यूज़िक', जो सतत मेरे भीतर की नसों में गाता रहता था और फिर एक विस्फोट की परिणति में एक क्रिसेंडो में फूटने लगता था और जिसे अपने भीतर दबाए मैं शहर में घूमता था, लोगों से मिलता था, चेहरों को देखता था...।

मैं लौट आता हूँ। अपने कमरे में सुरक्षित...हालाँकि मेरा दिल एक बदहवास पिल्ले की तरह चीख़ता रहता है—अपने को किसी ऐसी जंज़ीर से छुड़ाने के लिए तड़पता है, जो कहीं नहीं है—नहीं है—क्या इसीलिए चीख़ता है?

क्या प्राइवेट भयों का एक शब्दकोश, एक एनसाइक्लोपीडिया तैयार किया जा सकता है जहाँ अगर भय का शब्द आए, तो लिखा हो : इस 'संत्रास' के नीचे देखिए और आतंक का शब्द आए तो इसे...?

पंचमढ़ी : 14 अप्रैल, 1988

'चालीस बँगला', जिसे 'हॉली डे होम' कहा जाता है। मैं पन्द्रह नम्बर कमरे में ठहरा हूँ।

सामने अमलतास का पेड़ है। उसके जामुनी फूल नीचे फ़ुटपाथ पर बिखरे रहते हैं। हवा चलती है, तो परीक्षाओं के दिन याद आते हैं, एक टीस-सी उठती है, जैसे कोई मरी हुई चीज़ हवा के साथ एक जीवित घाव को छेड़ते हुए आगे बढ़ जाती है...क्या है यह—परीक्षाएँ? प्रेम? प्रेम की परीक्षाएँ?

एक बंगाली विवाहिता लड़की...वह झूले पर बैठी है

मैं रेस्तराँ के गलियारे में नाश्ता ले रहा हूँ। न उसे अपने पति की परवाह है, न मुझे अपनी ठंडी होती कॉफ़ी की...।

महुआ के पेड़ के नीचे ही झूला डोल रहा है।

दिन भर कैंटोनमेंट बैंड की उदास, हवा में झूमती धुन सुनाई देती है। अंग्रेज़ी राज के दिनों में—जो मेरे बचपन के दिन थे—शिमला के रिज पर हर शनिवार को स्कॉटिश बैंड मार्च करता हुआ अपनी धुनें बजाता था। कुछ वर्ष पहले जब सत्यजित राय ने पथेर पांचाली के गाँव में उस बैंड को मार्च करते हुए दिखाया तो मुझे आश्चर्य हुआ कि हम लोगों के अंग्रेज़ी राज के बिम्ब एक जैसे ही हैं—जिसमें स्कॉटिश 'पाइपर्स' की स्मृति सबसे पुरातन है।

क्या हम अपने 'जीवन' को प्राचीन कह सकते हैं? देखो, यह एक प्रागैतिहासिक टुकड़ा है—गड़हे के भीतर से एक खंडित मूर्ति की तरह कुदाली की नोक पर चिपका हुआ...।

'चालीस बँगले' से पिपरिया जानेवाली पक्की सड़क, पहाड़ों पर छितरी हुई चट्टानें, हनुमान का मन्दिर, झींगुरों की एक अनवरत तान, लम्बा, हरा, भूरा वनप्रान्तर, अंबा देवी का मन्दिर, साइकिल पर आते हुए पार्ट-टाइम पुजारी, जो हर शाम आरती करने आते हैं और भोग लगाकर दुबारा पैडल मारते हुए अँधेरे में लोप हो जाते हैं...।

आकाश पर तारे, पहले ध्रुव तारा, फिर आँख झपकते ही दूसरे अनजाने, अज्ञात तारों का जमघट, कहाँ देखा था पहले, रानीखेत के आकाश पर, जब मैं आधी रात को डॉ. सिंह की कॉटेज से बाहर निकलता था और भीतर एक तीर-सा बिंधा रहता था? अब वह तीर कहाँ है, और वह टीस, वह दिल का हौल? प्रूस्त का आतंक यह नहीं कि हम टीस को भूल जाते हैं, हम उस व्यक्ति के प्रेम को भी भूल जाते हैं, जिसने कभी शूल चुभोया था...।

जब मैं 'हॉली डे होम' पहुँचता, तो महुआ की गंध मेरी प्रतीक्षा में रहती—नारीगंध-सी नशीली। उसके पीछे अमलतास, यूक्लिप्टस की लहराती फुनगियाँ। हर पेड़ अपनी छतरी पर ढेरों तारे लेकर खड़ा रहता—निस्तब्ध, प्रतीक्षारत।

वे हमारे सामने के बँगले में रहते थे। पत्नी-पति या सिर्फ़ दोस्त? होशंगाबाद से आए थे। एक बार मुझे ड्रिंक पर बुलाया, एक अधेड़ आदमी, जो शराब का स्वाद भी भूल चुका था (क्या यह एक कहानी बन सकती है?)।

मुझे सहसा लगा, यह लड़का अपनी अनिश्चितता में, अपनी नर्वसनेस में—इस लड़की को खो रहा है। मुझे तब अपने बहुत-से मित्र याद हो आए जो महज़ अपनी ज़िद, अपनी अकड़, अपनी हिंस्र आक्रामकता में, अपने उन्मत्त पैशन में कितनी आसानी से लड़कियों को पा लेते हैं और उन्हें एक क्षण भी संकोच नहीं होता कि वे उन लड़कियों को अपने मित्रों से छीने ले रहे हैं, जो पराजित हो जाते हैं, पीछे हट जाते हैं, इसलिए नहीं कि वे कम 'पोटेंट' हैं, कम मर्द हैं, कम प्रेम करना जानते हैं बल्कि इसलिए कि वे 'नर्वस' हैं, अनिश्चित हैं, शंकाकुल हैं—इस बात में पूरी तरह आश्वस्त नहीं हैं कि उनमें इतना सामर्थ्य है कि किसी लड़की को सुखी बना सकें ('मैं तुमसे प्रेम करती हूँ, लेकिन सुनो, मैं तुम्हारे संग सिक्योर महसूस नहीं करती')। इसलिए जब दूसरे आदमी आते हैं, मज़बूत और मुखर, और अपनी धुन के पक्के, तो अनायास वे लड़कियाँ उनके साथ चली जाती हैं। उनसे विवाह करके अपनी गृहस्थी बसा लेती हैं, बच्चे जनती हैं, सब कुछ पा लेती हैं, जो कभी चाहती थीं...।

लेकिन कभी-कभी मैं सोचता हूँ कि किसी सूनी दुपहर में जब उनका पति अपने कोर्ट, फ़र्म या दफ़्तर में होता है और बच्चे स्कूल जा चुके होते हैं—ये लड़कियाँ अवश्य खिड़की से बाहर झाँकते हुए, या पलंग पर ऊँघते हुए या कोई पुराना गुरुदत्त की फ़िल्म का गाना सुनते हुए

(जो कहीं दूर ढाबे के रेडियो से उनके कमरे में चला आता है) सोचती होंगी उन लड़कों के बारे में—जो काफ़ी कच्चे थे, काफ़ी अनिश्चित और चुप्पे-से, दुर्भाग्यवश आत्मग्रस्त, जिन्हें कभी शादी से पहले उन्होंने किसी शाम के झिलमिले में चूमा था—जल्दी, घबराए-से होंठ चेहरे पर आए नये उदास रोयों पर, और आँखें और साँसें और आँखें...

वे सो जाती हैं। खिड़की बन्द करके लौट आती हैं।

क्या वे उन्हें भूल सकती हैं?

मेरे बरामदे के आगे झारखंडा का पेड़ है—उसके बैगनी रंग के फूल नीचे झरते हैं, उन पंखुड़ियों से मिलते हैं, जिनके ऊपर गुलमोहर लहलहाता है।

नायपॉल को पढ़ते हुए बहुत कम मन कहीं रुकता है। एक सनकी, रूखी, निस्संगता का विस्तार दिखाई देता है, लेकिन आज सहसा इन पंक्तियों पर आँखें ठिठक गईं। कैरीबियन द्वीपसमूह के अफ्रीकी निवासियों के बारे में वह लिखते हैं :

"खेतों में काम करनेवाले ये ग़ुलाम अफ्रीकी खेतिहर दो दुनियाओं में जीते थे। एक थी—दिन की दुनिया, जो श्वेत दुनिया थी। दूसरी रात की दुनिया थी, वह अफ्रीकी दुनिया थी, जादू, जीवात्माओं और सच्चे देवताओं की दुनिया। इस दुनिया में ये जर्जरित लोग, जो दिन के उजाले में दुरदुराए जाते थे। अचानक अपनी और दूसरों की आँखों में कायाकल्पित हो जाते थे। राजाओं, जादूगरों, जड़ी-बूटी के जानकारों में बदल जाते थे। पृथ्वी की समस्त शक्तियों के सम्पर्क में रहनेवाले सर्वशक्तिमान मानव...बाहर रहनेवाले उनके मालिकों की आँखों में अफ्रीकियों का निशा-जगत् एक नकली, शिशुवत् क्रीड़ा-ज़गत् जैसा जान पड़ता था। किन्तु अफ्रीकियों के लिए अकेली यह एक सच्ची दुनिया थी—एक ऐसी दुनिया, जिसमें श्वेत मनुष्य एक छाया और ग़ुलाम ज़िन्दगी एक माया जैसी जान पड़ती थी।"

इसी दुनिया के बारे में एक चित्रकार अर्नेस्ट ब्रेलवर ने कहा था : "हम खोए हुए अफ्रीका की स्मृति से अफ्रीकी कला को पुनर्जीवित नहीं कर सकते क्योंकि अब उसकी स्मृति भी खो गई है।"

27 अक्तूबर, 1988

हम आज सुबह मथुरा से लौटे। जमुना में ही उनकी अस्थियाँ बहाई थीं। अपने कमरे में लौटने के बाद इन पंक्तियों पर मेरी आँखें पड़ीं :

मिस्टर ईश्वर के बारे में यह अद्भुत बात है कि वह समस्त चीज़ों के केन्द्र में हैं, फिर भी वह हमसे बाहर प्रतीक्षा में खड़े हैं और भीतर आने के लिए दरवाज़ा खटखटा रहे हैं। हम उनके लिए दरवाज़ा खोलते हैं, वह दरवाज़ा तोड़कर भीतर नहीं आते। नहीं, वह बाहर खड़े हैं, प्रतीक्षा में खड़े हैं और दरवाज़ा खटखटा रहे हैं।

आस्ट्रियन चित्रकार कोकोश्का ने एक बार कहा था : "अकेलेपन के कारण ही मनुष्य ने समाज की अवधारणा की होगी। लेकिन इस विचार ने कि हर समाज एक यूटोपिया है, उसे दुबारा से अपने अकेलेपन में शरण पाने के लिए बाध्य किया होगा।"

आज शाम मैं अकेले में पढ़ता रहा, पहले टॉमस मान का 'डॉ. फाउस्टस', फिर कार्लोस विलयम की मर्मभेदी कविता 'लॉरेंस की मृत्यु पर' और अन्त में हायकू की ये तीन पंक्तियाँ—पता नहीं, लेखक कौन था? हिन्दी में अनुवाद कुछ ऐसा होगा :

साल का अन्त आ पहुँचा
मैंने अपने माँ-बाप से छिपाकर रखे थे,
सफ़ेद हो चले हैं मेरे बाल

यदि कोई मुझसे पूछे कि मैं लिखने से क्या कहना चाह रहा हूँ तो मैं कहूँगा, कि मैं अपनी निजी, प्राइवेट अनुभूति को एक ऐसे चरम बिन्दु तक खींच ले जाना चाहता हूँ, जहाँ वह 'सार्वजनिक कर्म' बने बिना भी, दुनिया की सतह पर एक प्रेत-छाया की तरह प्रकट होती रहे—कुछ-कुछ उन दिवास्वप्नों-सी, जिन्हें लोग सड़क पार करते हुए, बस की प्रतीक्षा करते हुए या सिर्फ़ अकेले में बैठे हुए देखते रहते हैं...।

प्रेम अन्तिम इल्यूज़न है। अजीब बात है, हिन्दू धर्म ने इस सत्य को पहचाना था। एक दूसरा भ्रम है—रीज़न! प्रेम और रीज़न के साक्षात् मूर्तिमान थे क्राइस्ट और सुकरात। दोनों ही लोगों के हाथों मारे गए। लोग उनके द्वारा संत्रस्त नहीं होना चाहते थे। क्या उन्हें शहीद कहा जाए—अपने ही भ्रमों का शहीद?

अगर प्रेम और रीज़न नहीं, तो धर्म? कर्तव्यों और दायित्वों का बोध, जिसके प्रति 'गीता' में श्रीकृष्ण ने अर्जुन को सचेत किया था।

एक अजीब-सा ख़याल कौंध गया : गांधी की मृत्यु उनके जीवन की तुलना में कितनी क्षुद्र थी, इतनी मूल्यवान ज़िन्दगी की इतनी कम मंजूरी? गांधी एक हिन्दू अस्तित्ववादी की तरह जिए और एक क्रिश्चियन शहीद की तरह मरे।

कन्याकुमारी में विवेकानन्द का अनुभव : उसके बारे में क्रिस्टोफर ईशरवुड लिखते हैं :

"जब वह प्रार्थना कर चुके, तब उन्होंने समुद्र की ओर देखा, जहाँ एक चट्टान खड़ी थी। उनके भीतर सहसा कुछ उपजा और वह समुद्र में कूद गए और तैरते हुए चट्टान की तरफ़ बढ़ने लगे। वहाँ पहुँचकर वह उस पर बैठ गए और देर तक ध्यान में खोए रहे। यह जीवन का ऐसा क्षण था, जब कोई व्यक्ति कुछ देर रुककर अपने को तौलता है, अपनी नियति के प्रति सचेत होता है। उन निर्णयों को स्वीकार करता है,

जो शायद अवचेतन में पहले से ही मौजूद थे; किन्तु जिन्हें अभी तक पहचाना नहीं गया था..."

"यह (कला) कोई सौन्दर्यवादी कर्म नहीं है। यह एक तरह का जादू है जो हमारे (कलाकारों) और इस अजनबी प्रतिकूल दुनिया के बीच मध्यस्थ की तरह क्रियाशील रहता है। हम इसके द्वारा एक ऐसी शान्ति पा लेते हैं, जो हमारे आतंक और आकांक्षाओं को मूर्तिमान कर लेती है।" पिकासो ने ये शब्द अपनी प्रेमिका फ्रांसिस जिलो से कहे थे—कला के उद्देश्य के बारे में और अपनी बात इस तरह समाप्त की थी : "यथार्थ एक नहीं, अनेक हैं और उन सबको समेटने का अन्त—अँधेरे में होता है।"

हम क्यों कुछ कविताओं, कलाकृतियों की तरफ़ बार-बार लौटते हैं? क्या देखते हैं उनमें कि जितनी प्यास बुझती है, उतनी बाक़ी बची रह जाती है, फिर लौटते हैं, चले जाते हैं? क्या उनका कोई 'मतलब' है, जो बार-बार हाथ से छूट जाता है और हम उसे पाने दुबारा-तिबारा उनके पास लौटकर चले आते हैं? गेब्रियल जोसियोवत्सी इसका उत्तर इलियट की कविताओं में ढूँढ़ते हैं :

"यह तथ्य कि विद्यार्थियों की अनेक पीढ़ियाँ उनकी (इलियट की) कविताओं पर मनन-चिन्तन करती रही हैं, क्या यह नहीं दर्शाता कि इन कविताओं का अवश्य ही कोई अर्थ निकलता होगा? लेकिन ज़रा कल्पना कीजिए, अगर उनका कोई अर्थ न निकलता हो? अगर ये कविताएँ सिर्फ़ तनाव का क्षेत्र हों, अर्थ की वाहक नहीं, तब? उन्हें पढ़ते हुए सिर्फ़ यह महसूस हो कि आपने लम्बी घास में सिरसिराते हुए किसी साँप की चमक देखी थी और कुछ नहीं? हमने सिर्फ़ कुछ हिलता हुआ देखा था, फिर सब कुछ शान्त, निस्तब्ध एक दर्शक की तरह हम उसके साक्षी थे, जो अच्छा था, लेकिन फिर वह कहीं खो गया—और हम उसे पाने के लिए दुबारा पढ़ते हैं, उन कविताओं को, जहाँ हमने उसे खो दिया था!"

रानीखेत क्लब—सुबह : 14 जुलाई, 1995

रात सोते हुए बारिश की किर-किर सुनाई देती रही। अभी चाय बनाकर दरवाज़ा खोला है। सामने देवदारों की तिरछी ढलान है। दो दिन पहले जब हम विपिन के घर से लौट रहे थे, तब सहसा पूर्णिमा का चाँद दिखाई दिया—ऐसा चाँद, जो चाँद की तरह नहीं दीखता था, इतना बड़ा कि विश्वास नहीं होता था कि यह वही 'चन्दा मामा' हैं, जो दिल्ली के आकाश में इतने भोले और नन्हे दिखाई देते हैं। एक भुतैली-सी रोशनी उनके आसपास फैली थी। लेकिन पड़ोस के पेड़ अँधेरे में थे। एक विचित्र, ऐब्नॉर्मल-सी चाँदनी, जंगल के पेड़ों के भीतर छाया सन्नाटा, जैसे त्राकल की कविता का परिवेश हो...।

यहाँ चाँद की अनेक शक्लें दिखाई देती हैं; बादलों के पीछे कभी-कभी सिर्फ़ एक पीला-सा आलोक-वृत्त दिखाई देता है, हमें छिपा संकेत देता हुआ कि मैं यहाँ हूँ।

क्लब एक कंकाल-सी दिखाई देती है; दस साल पहले उसकी लाइब्रेरी और 'बार' 'शॉर्ट सर्किट' से जल गई। बहुत साल पहले मैं कभी-कभी इस क्लब की लाइब्रेरी में रखी सौ-डेढ़ सौ साल पुरानी किताबें देखने आता था और फिर 'बार' में बियर पीने बैठ जाता था। रानीखेत की क्लब कभी 1862 में स्थापित हुई थी। सौभाग्य से क्लब का एक हिस्सा बच गया, जहाँ डायनिंग रूम, बिलियर्ड टेबल और रसोईघर है। डाइनिंग रूम में कुछ पुराने फ़ोटो रखे धुएँ में काले दिखाई देते हैं, जिन तक आग की लपटें नहीं पहुँच पाई थीं।

सामने टेनिस कोर्ट है। हर सुबह, जब दिन साफ़ होता है, और धूप निकली होती है, टेनिस की गेंद की ठक-ठक कमरे तक सुनाई देती है। क्लब में सिर्फ़ रहने के लिए यादें कहाँ हैं, आजकल हमारे अलावा वहाँ कोई नहीं रहता, बाक़ी कमरे ख़ाली पड़े रहते हैं।

कल ही विपिन से पता चला कि पुराने मैनेजर ने जानबूझकर क्लब की लाइब्रेरी को जलाया था। वह ग़बन के कुछ काग़ज़ नष्ट करना चाहता था। क्या ऐसा सम्भव है? इस छोटे-से पहाड़ी हिल स्टेशन पर हर व्यक्ति दूसरे के भेदों, कारनामों, रहस्यों से परिचित है—बिलकुल रिक्याविक की तरह।

विपिन के साथ बिताई एक सुन्दर दुपहर। उनका घर 'राय एस्टेट' में है, यहाँ कभी इलाहाबाद के लेखक रहते थे—श्रीपत राय, नेमिजी, अश्क। रामकुमार की भी रानीखेत से पहली मुलाक़ात इसी जगह से हुई थी...रिचर्ड और रती भी यहीं रहते थे। कैंटोनमेंट से नीचे और बाज़ार से कुछ ऊपर यह जगह काफ़ी अलग-थलग-सी है। सामने ही मोटर-रोड जाती है, अल्मोड़ा की दिशा में। हिन्दी साहित्य में रानीखेत का योगदान! मुझे प्रकाशचन्द गुप्तजी के एक पुराने लेख का ध्यान आता है, जिसमें उन्होंने राम की कहानियों के बारे में लिखा था : "रामकुमार पेरिस और रानीखेत के कथाकार हैं!"

कल चौबटिया गए थे। वेस्ट व्यू होटल के बाग़ में एक दुपहर कॉफ़ी पी थी। बियर नहीं देते। वेटर ने बताया कि लाइसेंस इतना महँगा होता है कि उन्होंने बरसों पहले बार बन्द कर दी है।

इला जी यहीं ठहरती थीं।

रास्ते में झूलादेवी का मन्दिर आया। मन्दिर की दीवारें चारों तरफ़ घंटियों से लदी हुईं। सुन्दर प्रतिमा गौरी की—पता नहीं, कितनी पुरानी होगी। मन्दिर काफ़ी पुराना है; पहली बार मैं यहाँ चालीस वर्ष पहले आया था...तब पैदल ही चौबटिया गया था। अब पाँव इतना थक गए कि झूलादेवी से जीप लेनी पड़ी।

इतने वर्षों बाद भी झूलादेवी का मन्दिर एक साफ़, उजली स्मृति में ढका है; कुछ स्मृतियों के साथ क्यों इतनी सघन, अमिट-सी भावना जुड़ी रहती है, जो बिलकुल तर्कातीत है, या जिसका तर्क कहीं अँधेरे में

लुप्त है और वह केवल कुछ दृश्यों के सहारे ही प्रूस्त की Involuntary memory की तरह ही भूमिगत तहों से ऊपर आता है...चौबटिया की बस्ती को ही लो। रानीखेत के सबसे ऊँचे, वीरान स्थल पर बसे कुछ घर, एक स्कूल, दुकानें, कैंट का ट्रेनिंग सेंटर, सेब के बग़ीचे—सब कुछ जैसे चेख़ॅव की कहानी की याद दिलाते थे, जब मैं पहली बार वहाँ गया था। अब इतने वर्षों बाद जब मैं फिर इस बस्ती में आया, तो पास ही एक छोटे-से टीले पर चर्च दिखाई दिया—चारों तरफ़ पेड़ और घास का लॉन। लंच के बाद हम अख़बार बिछाकर वहीं लेट गए। पन्द्रह मिनट की इतनी गहरी नींद कि जब सहसा आँख खुली तो क्षण भर के लिए पता नहीं चला कि मैं कहाँ हूँ, किस आकाश तले लेटा हूँ। बादल, पेड़, चर्च सब जैसे बिलकुल किसी अजनबी लोक से वास्ता रखते हों—मेरी अब तक बिताई ज़िन्दगी के बाहर!

पन्द्रह मिनट की नींद में—मैं कहाँ था? रमण महर्षि जब 'डीप-स्लीप' की चर्चा करते हैं, तो क्या यह वही नींद थी, जिसमें 'मैं' कहीं न था?

लौटते हुए एक अजीब-सा विचार आया—चौबटिया की पहाड़ी वीरान बस्ती को देखकर मुझे चेख़ॅव की कहानी याद नहीं आई थी, बल्कि बरसों बीता वह क्षण याद आया था, जब वह मुझे चेख़ॅव की कहानी जैसी जान पड़ी थी : a memory at the second remove!

वर्माजी की कॉटेज देखने गए। बरामदे में एक बहुत सम्भ्रांत, 'भद्र' सज्जन दिखाई दिये। उनसे पता चला कि वह बीस वर्षों से यहीं कॉटेज के एक हिस्से में रहते हैं। मैंने उन्हें बताया कि एक समय जब वर्माजी जीवित थे, मैं उनकी 'अनैक्सी' में रहता था। कॉटेज के बारे में कुछ और जानकारी जाननी चाही, तो उन्होंने कहा कि चौकीदार हिम्मतसिंह ही हमें सब सूचना दे सकता है।

कॉटेज के नीचे ही हिम्मतसिंह का झोंपड़ीनुमा घर था। वह मुझे देखते ही पहचान गया—ठीक से पहचाना, पता नहीं चला,

लेकिन हाव-भाव से ऐसा ही लगा। उसी से पता चला कि वर्माजी की मृत्यु के बाद कॉटेज की देखरेख उनके पुत्र अखिल करते हैं। तीन-चार साल में एक बार आते हैं। किराये पर कॉटेज लेने की बात सुनकर उन्होंने बताया कि कॉटेज के एक हिस्से में बंगाली महोदय श्री सेन रहते हैं—अकेले। उनकी पत्नी का कैंसर से देहान्त हो चुका है। कॉटेज का दूसरा भाग मिल सकता है।

चाबी लेकर हिम्मतसिंह कॉटेज में आया—दूसरे हिस्से में एक बंगाली महिला खाना सेंक रही थीं। वह अपने पति के साथ एक महीने के लिए आई थीं—दो दिन बाद चली जाएँगी। कॉटेज अक्तूबर तक ख़ाली रहेगी।

बड़े कमरे में वर्माजी की पत्नी का फ़ोटो देखा—बहुत सुन्दर महिला—कहीं काल के परे ताकती हुई। कोई नहीं रहा न—वह, न वर्माजी। सामान उनका ही है—बिस्तर, पलंग, मेज़, किताबें, रसोई की क्रॉकरी, पर्दे। अब किरायेदार उनका इस्तेमाल करते हैं।

डॉ. सिंह की कॉटेज बन्द पड़ी थी। आवाज़ देने पर सिर्फ़ कुत्तों के भौंकने की आवाज़ सुनाई दी। सुना है, डॉ. सिंह मृत्यु से पूर्व अपनी कॉटेज अपने एक adopted पुत्र को दे गए थे। इसी कारण मिसेज़ सिंह के रिश्तेदार जोसेफ़ और उनके पिता, जो प्राइवेट हाउस में रहते हैं—उस पर मुक़दमा चला रहे हैं।

परसों चिलियानौला गए—रानीखेत से पाँच किलोमीटर की दूरी पर... टैक्सी में आठ-नौ लोग मछलियों की तरह भरे जाते हैं। एक मुसाफ़िर तो सचमुच ड्राइवर की गोद में बैठे थे, और ड्राइवर की आधी देह दरवाज़े के बाहर लटक रही थी। टैक्सी में एक महिला से परिचय हुआ। वह डॉक्टर थी। रानीखेत के अस्पताल में काम करती थी और अब चिलियानौला में अपने घर लौट रही थी।

चिलियानौला का सुन्दर टूरिस्ट बँगला—नीचे घाटी, पहाड़ी, गाँव, खेत फैले हुए। पूरा सन्नाटा। क्या यहाँ रहा जा सकता है?

लौटते हुए घनी, मूसलाधार बारिश।

कल शाम खाने के लिए कमरे से बाहर निकले, तो सारा आकाश तारों से झकाझक भरा था—बिलकुल वैसे ही तारों का जमघट, जो पहली बार देखकर चकित हो गया था। एक घंटे बाद भोजन के बाद लौटे, तो बादलों में अधिकांश तारे ढक गए थे—क्षितिज पर चाँद निकल रहा था, बादलों के भीतर से धीरे-धीरे बाहर सरकता हुआ—पूर्णिमा के बाद का चाँद ओवल आकार में मोदिलियानी के चेहरे-सा लम्बा, उदास, ग़मगीन, बीमार।

यह रानीखेत में हमारी आख़िरी सुबह है। सुबह अजीब से कुत्तों और उनके बच्चों को देखा—सफ़ेद खाल पर काले दाग़—क्या वे लोमड़ियाँ हो सकते हैं—ऐसे कुत्तेनुमा जानवर पहले नहीं देखे।

सुबह के बादल छँट गए हैं—नीला आकाश दिखाई देता है—कब तक नीला रहेगा? यह धूप-छाँहीं शहर है—पल-छिन में मौसम बदलता है...।

हम इसे छोड़कर जा रहे हैं।

बहता पानी निर्मला

महुए की मुस्कराहट

रायपुर—बस्तर : 14 अप्रैल, 1983

रायपुर की दुपहर : मिहिर जी के साथ। वह हमें शहर के भीतर गलियों की अज्ञात दुनिया में ले गए। कहते थे, मुजरा देखने चलो। ज्योति मेरे साथ है। कैमरा लटकाए है। पता नहीं, कब, कहाँ, फ़ोटो खींचते हैं। उनकी उजली मुस्कान सहारा देती है।

मुजरा, गौराबाई का। पूरी, पकी हुई, परिपक्व देह। मिहिर जी उसके नंगे पेट को छूकर कहते हैं, क्या बकरी की तरह बच्चे जनती हो!

गौराबाई हँसते हुए मिहिर जी की तोंद गुदगुदाती है।

"इस बार किसका है?" मिहिर जी पूछते हैं।

हँसती है।

"किस-किसके साथ करती हो?"

आसपास बच्चे मँडरा रहे हैं। अवसन्न दुपहरी की मंथर उदासी।

एक बच्चा कुनमुनाता हुआ गौराबाई के कन्धे छूता है। पैसा? धोती की आँटी से पैसा निकालकर देती है, "कुछ गाकर सुनाओ।"

गला साफ़ करने के लिए चाय मँगाती है। मिहिर जी मेरे और ज्योति के लिए बियर मँगाते हैं। लगता है, बाई को एक मुद्दत से जानते हैं। बार-बार उसके आँचल के नीचे अँगिया को छूते हैं और वह हँसते हुए उनका हाथ झटक देती है।

"क्यों अब मुझसे प्यार नहीं करतीं?" मिहिर जी नशे में आधे लेटे हैं। आँखें मुँदी हैं। "किस-किसके साथ सोती हो?"

"अरे, तुम मुँह न खुलवाओ। दूसरों के साथ फ़ोटो खिंचवाते हो, क्या हमें नहीं मालूम है?" स्वर में कोई शिकायत नहीं।

चौड़ा गोरा चेहरा। इतने बच्चे जनने के बाद भी (या शायद उसी के कारण) मांसल, गदराई देह, सेक्स अपील से अधिक लुभावनी नवाबी अन्दाज़ की ठसक। अद्भुत औरत।

चाय पीने के बाद कॉपी खोलती है, "कोई नई ग़ज़ल है?" सिर हिलाती है।

इस बीच साज़िन्दे आकर बैठ जाते हैं। एक बूढ़े मुसलमान हारमोनियम बजाते हैं। तबला पर संगत दे रहे हैं एक दूसरे महाशय। दोनों ही जैसे दुपहर की नींद से जागकर आए हों।

मिहिर जी नॉवेलिस्ट की तरफ़ एकटक देख रहे हैं।

"बस, प्रेमचन्द के बाद आप ही हैं।"

नॉवेलिस्ट एक नौसिखिया बालक की तरह फैली आँखों से गौराजान को देखता हुआ नहीं अघा रहा है।

ऊपर दीवार पर गौराजान की तसवीरें। जवानी के फ़ोटो। एक में काला चश्मा लगाए बैठी है—बहुत आकर्षक, कोई बरसों पहले का चित्र रहा होगा।

पहली ग़ज़ल। फिर दूसरी ग़ज़ल। मिहिर जी सिर पर दस का नोट घुमाकर उसे देते हैं और गौराबाई नोट को हारमोनियम के पास फेंक देती है।

फिर घूँघट काढ़कर नॉवेलिस्ट को देखती है। वह पसोपेश में बैठे हैं—अभी पैसे देने चाहिए या बाद में?

एक छोटी बच्ची आती है। मिहिर जी के साथ खेलती है। कुछ पता नहीं चलता, किसके बच्चे किसके हैं? दरवाज़े के पास दर्ज़ी मशीन चला रहा है—आसपास के कार्यकलाप से बिलकुल बेख़बर।

दुपहर बीत रही है।

मिहिर जी की बियर की बोतल ख़ाली पड़ी है और वह नशे की धुत्त हालत में गौराबाई को मंत्रमुग्ध भाव से देख रहे हैं, फिर हाथ उसकी साड़ी के भीतर डालते हैं और वह छुड़ा देती है।

"यहाँ सबके सामने क्या करते हो? भीतर आओ," हँसते हुए कहती है।

मिहिर जी उठ खड़े होते हैं।

"अब कब आओगे जी?"

"आएँगे जी, आएँगे!"

"और आप?" वह नॉवेलिस्ट को देखती है। दुपहर ढल रही है। साज़िन्दे उठ खड़े होते हैं।

मिहिर जी सीढ़ियाँ उतरकर गली में आ जाते हैं। झूमते हुए चल रहे हैं। कुछ क़दम चलकर एक मकान के चबूतरे पर एक स्त्री बैठी है। दूसरी तरफ़ देख रही है।

"क्यों री, यहाँ कैसे?" मिहिर जी रुक जाते हैं।

"अरे जाओ!" वह रूठती है।

"क्या बात है?"

"दो घंटे से गौराजान के पास बैठे हो—क्या हम नहीं जानते?"

मिहिर जी नॉवेलिस्ट और ज्योति की तरफ़ मुड़ते हैं। "चलो भाई, ज़रा इनके यहाँ भी हो लेते हैं।"

औरत चबूतरे से उतर जाती है। पीछे उसके बच्चों की क़तार। ज़ीना चढ़ती है। आधा अँधेरा कमरा। एक छोटी बच्ची मिहिर जी से लिपट जाती है।

"पापा, दो महीने हो गए!"

"दो महीने कैसे बेटी?" मिहिर जी बैठकर धीरे से लुढ़क जाते हैं।

"कैसे नहीं..." बच्ची कुनमुनाती है। सिर मुँड़ा है। बिलकुल सींक-सी देह। नॉवेलिस्ट को बहुत पहले देखी आशवित्स कैम्प की फ़िल्म याद आती है।

औरत मिहिर जी से कहती है, "चाय मँगवाएँ?"

"नहीं भाई, इन लोगों को बहुत देर हो रही है। फिर आएँगे।" उठते हैं, फिर लुढ़क जाते हैं।

"गौराबाई के तो दो घंटे बैठे रहे।"

औरत बेहद काली है। ढलती उम्र, लेकिन देह में आकर्षण है। एक लम्बी, छरहरी लड़की बहुत ही उदास चेहरा लिये भीतर आती है, सबको पान देती है।

बच्ची अब भी मिहिर जी के पेट पर चढ़ी है।

"पापा, अब कब आओगे?"

मिहिर जी लड़खड़ाते हुए आख़िर उठ खड़े होते हैं। नीचे उतरते हैं। हम उनके पीछे-पीछे। गली में आते हैं, तो एक घर के सामने वही बूढ़े साज़िन्दे दिखाई देते जिन्होंने गौराबाई के घर में हारमोनियम बजाया था। उनकी गोद में एक नन्ही-सी बच्ची है—बड़ी-बड़ी आँखों से हम सबको टुकुर-टुकुर देखती है।

गली के नुक्कड़ पर पहुँचकर मिहिर जी नॉवेलिस्ट से कहते हैं, "मैं चाहता हूँ, आप एक बहुत बड़ी चीज़ लिखें। आपने अब तक बहुत

छोटी-छोटी कहानियाँ लिखी हैं, ऐसी चीज़ों का असर नहीं होता। जी, कोई बहुत बड़ी चीज़। प्रेमचन्द के बाद सिर्फ़..."

नॉवेलिस्ट मुड़कर गली के दोनों ओर झुके छज्जों को देखता है, अप्रैल की मन्द धूप में चमकते हुए...कोई बड़ी चीज़? उसे लगा, वह अभी हाथ में आते-आते कहीं छूट गई है।

मिहिर जी के साथ दुपहर गुज़ारने के बाद मैं और ज्योति भाई रेस्ट हाउस चले आए। शाम होते ही काली आँधी, बारिश, हवा, धूल के थपेड़े। बारिश कुछ थमी, तो मैं सैर के लिए बाहर निकल गया। बड़े बँगले और लम्बे घास के लॉन। हर छोटे शहर में बड़े लोगों के बँगले बड़े शहर जैसे ही होते हैं।

रात को बस द्वारा कोंडा गाँव में पहुँचे...सुबह साढ़े तीन बजे। ट्रक से गढ़-बेंगाल को रवाना...क़रीब छह बजे वहाँ पहुँचे; गढ़-बेंगाल का गाँव नारायणपुर और कोंडा गाँवों के बीच में है।

समूचे गाँव में पिछले दिन की आँधी की करामात दिखाई दी... जगह-जगह पर अंबियों के टूटे-गिरे पेड़ सड़क और खेतों में औंधे पड़े हुए। गाँव में सिर्फ़ चौदह सौ लोगों की आबादी। मिट्टी के घर। सूखी धरती। साल में धान की सिर्फ़ एक फ़सल। सलफी और महुआ के पेड़। गाँव के नीचे एक छोटा-सा तालाब। ऊपर पत्थरों का टीला। एक उदास-सी दिखनेवाली पहाड़ी, गाँव के आँचल पर टिकी हुई, जिसकी अवसादपूर्ण छाया झोंपड़ों की छतों पर गिरती है।

हमने अपना बोरिया-बिस्तर गाँव के 'घोटुल' में जमा कर दिया।

रात को ग्रामनिवासियों का नृत्य हुआ। बहुत ही नक़ली और निराशाजनक, जैसे सिर्फ़ हमें दिखाने को किया हो, बिना किसी मन और इच्छा के हुई।

रात को हम बाहर ही सोए। बार-बार बिजली चमकती थी, लेकिन बारिश नहीं हुई।

सुबह मास्टर जी से गाँव के निवासियों के बारे में बातचीत हुई; उन्होंने बताया, इस गाँव में अधिकांश संख्या मूर्या आदिवासियों की है, हालाँकि माडिया जाति के लोग भी रहते हैं। दोनों के बीच अन्तर पूछने पर उन्होंने बताया कि माडिया लोगों में अपराध-घटनाएँ बहुत होती हैं। अभी तक दोनों को अलग-अलग से पहचानने का अवसर नहीं मिला।

दूसरे दिन सुबह चन्द्री से मिलने का अवसर मिला। हम उसकी झोंपड़े में गए, तो पता चला, वह बुख़ार में सो रहा है। किसी ने कहा, "पिछली रात बहुत पी गया होगा।" कल गाँव में मेला भी लगा था, शायद यह भी एक कारण हो।

हम उसके झोंपड़े में मिट्टी के फ़र्श पर बैठ गए। रसोई का चूल्हा भी वहीं था, खाने-पकाने के बर्तन-भाँड़े भी वहीं रखे थे। छत के आर-पार तार लगा था, जिस पर अनेकं घरेलू चीज़ें लटक रही थीं। आख़िर कुछ देर प्रतीक्षा के बाद चन्द्री बाहर आया। कृशकाय नंगा बदन, बीमारी, श्रम और थकान से झुलसा हुआ। लेकिन चेहरे पर एक बहुत भोली-सी निच्छल मुस्कराहट। कुछ देर ख़ामोशी छाई रही, फिर मैंने पूछा, क्या उसे अपनी चीज़ें मिल गईं? उसने 'न' में सिर हिलाया।

चन्द्री की तरह इन चीज़ों का भी पुराना इतिहास है।

1960 के आसपास एक स्वीडिश फ़िल्म-निर्माता बस्तर आए थे। चन्द्री उन दिनों पन्द्रह-सोलह साल का सुन्दर, सजीला जवान था, बिलकुल अपने लड़के की तरह जो अब हमारे सामने झोंपड़े में बैठा था—माथे पर माला मुकुट की तरह पहने हुए। उन्होंने अपनी डॉक्यूमेंट्री फ़िल्म के लिए चन्द्री को अपना 'हीरो' चुना। फ़िल्म बस्तर में ही शूट की गई। कलकत्ता के चिड़ियाघर से एक शेर मँगवाया गया, पालतू क़िस्म का। किन्तु फ़िल्म में यह दर्शाया गया कि यह शेर बस्तर के

बीहड़ जंगलों का ख़ूँखार बादशाह है। चन्द्री का शौर्य इसमें था कि वह बेधड़क, निडर उस शेर के साथ खेल-खिलवाड़ कर सकता था। फ़िल्म पूरी हो जाने के बाद स्वीडिश निर्माता चन्द्री को स्वीडन और स्विट्ज़रलैंड घुमाने भी ले गए। चन्द्री शायद वहाँ तीन-चार महीने रहा। वापस लौटते हुए वह अपने साथ कैमरा, दूरबीन और अपने चित्रों की एक एलबम भी लाया था।

तब से चन्द्री का दुखद इतिहास शुरू हुआ। लम्बे अरसे तक वह अपने यूरोप आवास के आमोदपूर्ण, स्वर्णिम दिनों को नहीं भुला सका। कहाँ स्वीडन स्विट्ज़रलैंड का सुखी, सम्पन्न, ऐशो-आराम का जीवन, कहाँ बस्तर के गँवई-गाँव की दरिद्रता। ऊपर से एक और दुर्घटना हुई। जगदलपुर के एक पंजाबी कॉन्ट्रैक्टर ने चन्द्री से दोस्ती बढ़ाई और किसी बहाने से चन्द्री का कैमरा आदि उपहार जो वह यूरोप से लाया था, अपने साथ जगदलपुर ले गया। कुछ दिनों बाद जब चन्द्री ने अपनी चीज़ें वापस माँगी, तो वह उन्हें देने से साफ़ मुकर गया।

ये वही चीज़ें थीं, जिनके बारे में मैंने उससे पूछा था। हमने उसे आश्वासन दिया कि जगदलपुर जाकर हम उस कॉन्ट्रैक्टर का पता चलाएँगे—पता नहीं, कितनी सफलता मिलती है।

मूँजमट्टा—यह वही गाँव था, जिसमें हमने अँधेरे में खेतों को पार करके रात भर फैली चाँदनी में वह अविस्मरणीय, अलौकिक माडिया-नृत्य देखा था। नाचनेवाले लड़के-लड़कियाँ मूरिया जाति के थे। मूरिया लोग आदिकाल में अबूझमाड़ में रहते थे। बाद में जब वे अबूझमाड़ से बाहर बस्तर के अन्य इलाक़ों में फैल गए, तो 'मूरिया' कहलाए। ये लोग हलवी भाषा बोलते हैं, जो माडिया से बहुत अलग है, उस पर छत्तीसगढ़ी का गहरा प्रभाव है।

22 अप्रैल, 1983

दंतेवाड़ा में स्वामीजी से भेंट हुई; 83 वर्ष की आयु, छह बेटे-बेटियाँ। अंग्रेज़ी में बोलते हैं, "मैंने अपने बच्चों से कहा—तुम अब ईश्वर के बच्चे हो—सो मुझे भी 'ईश्वर का आदमी' बनने दो।"

उन्होंने अपनी सारी सम्पत्ति 'समाज कल्याण' को सौंप दी है—आदिवासियों की सुख-समृद्धि के लिए—स्वयं अकेले एक कुटिया में रहते हैं।

"क्यों संन्यास लिया?"

तो कहने लगे, "एक बार पत्नी बीमार पड़ीं। वह इतनी दुबली थीं कि चिड़िया-सी लगती थीं। मैंने उनसे कहा, न मैं उनकी सेवा कर सकता, न वह मेरी, इसलिए बेहतर यह होगा कि वह अपने लड़कों के पास जाकर रहें और मैं—संन्यास ले लूँ। वह मान गईं और मुझे छोड़कर चली गईं।"

स्वामीजी कर्नाटक के रहनेवाले हैं लेकिन पिछले चालीस वर्षों से बस्तर में रह रहे हैं। अंग्रेज़ी में पत्रकारिता करते हैं। पहले 'हितवाद' में लिखते थे। "बस्तर क्यों?"

"ऐसे ही। जैसे वहाँ, वैसे यहाँ।"

छोटे भाई गांधीवादी साहित्यकार थे। अब सब लड़के-लड़कियाँ अपने-अपने परिवारों में रसे-रमे हैं।

दलीवाड़ा—जगदलपुर से तीस किलोमीटर दूर।

कल मूरिया और माडिया आदिवासियों की हाट देखने गए। बिलकुल मेले का-सा वातावरण। ऊँची-नीची धरती पर लगी रंग-बिरंगी दुकानें। देखा, वहाँ वे सिर्फ़ पचहत्तर पैसे किलो महुआ बेचते हैं और उससे जो थोड़ा-बहुत पैसा मिलता है, उससे हार, मालाएँ, छोटे-मोटे ताँबे और

पीतल के 'ट्रिकेट्स' ख़रीदते हैं। एक लड़के ने मुझे माला दिखाई, जिसे एक आदिवासी महिला ने दस रुपये में ख़रीदा था, जबकि उसके दाम एक रुपये से अधिक नहीं थे। जब वे महुआ की टोकरियाँ लेकर हाट में आते हैं, तो शहरी बनिये उन पर चीलों की तरह टूटते हैं। दुपहर तक सारा सौदा-सुलुफ समाप्त कर लेने के बाद सुदूर गाँवों से आए आदिवासी हाट की भीड़ से ज़रा दूर मैदान में पेड़ों की छाया में बैठकर पत्तों के दोनों में ठंडी सलफी पीते हैं। यह दृश्य अपने में अद्भुत है। इतनी दैन्य ग़रीबी, इतने उत्पीड़न-शोषण के बावजूद ये लोग महुआ और सलफी पीते हुए, हँसते-बतियाते हुए, खाना पकाते हुए कितने सुखी, निश्चिन्त और स्वाधीन दिखाई देते हैं। कोई भी क्रान्ति और निजाम अर्थहीन है जो इन लोगों को 'नया मनुष्य' बनाने के बहाने—उनकी इस ख़ुशी, इस स्वतंत्रता, इस उल्लास को छीन लेते हैं। मुझे पेरिस में सोरबोन के एक प्रोफ़ेसर की बात याद हो आई जिन्होंने मुझसे वह विस्मयकारी बात कही थी कि भारत नहीं, सोवियत संघ एक अविकसित देश है। उन्हें मॉस्को में हमेशा दुकानों के आगे खड़े हुए लोगों के चेहरे तनावग्रस्त और कुंठित दिखाई देते थे जबकि उन्हीं के शब्दों में : "आपके देश में इतनी घोर ग़रीबी के बीच भी मैंने लोगों को हमेशा मुस्कराते हुए देखा।"

उनकी बात सुनकर मुझे लगा था कि कदाचित् यह एक फ्रेंच बुद्धिजीवी का रोमांटिसिज़्म बोल रहा है, किन्तु दंतेवाड़ा की उस दुपहर आदिवासियों की हाट में घूमते हुए अचानक मुझे उन प्रोफ़ेसर की बात याद हो आई।

माई का मर्म-स्त्रोत

अमरकंटक—कान्हा किसली : 1984

क़रीब आठ बजे रात बस पहुँची। सर्किट हाउस में पूछताछ की तो पता चला कि कोई कमरा बुक नहीं कराया गया है। सर्किट हाउस थोड़ा ऊँचाई पर था। बहुत पहले वहाँ कोई टीला रहा होगा। नीचे सिर्फ़ एक छोटी-सी भीड़ दिखाई देती थी, रोशनियाँ, गाना-बजाना। जब तक सिर पर छत न हो, तब तक कोई चीज़ नहीं सुहाती। इसलिए भीड़ को अलग छोड़कर मैं अँधेरी सड़क पर चल पड़ा। कोई डेढ़ फ़र्लांग चलकर 'कल्याण आश्रम' पहुँचा। स्वामीजी को जगाना पड़ा। बहुत सहृदय व्यक्ति। रजिस्टर पर नाम-धाम नोट किया और 11 नम्बर कमरा दे दिया। होटलों, धर्मशालाओं के कमरों के नम्बरों के बारे में मेरा अजीब पुराना अन्धविश्वास है। यह आदत यूरोप की यात्राओं से चली आ रही है।

बाहर आया तो आश्रम का भव्य, विराट अहाता दिखाई दिया। बाग़ में चाँदनी। चौदहवीं का चाँद रहा होगा। आश्रम के सामने कुछ दूरी पर लम्बी घास और उसके पीछे नर्मदा। यह सब दूसरे दिन पता चला। उस रात कहीं जाने की हिम्मत नहीं थी। इच्छा थी तो बस, एक कम्बल लपेटकर सो जाने की। ऊपर कमरे में गया। बिस्तर बिछाया। लेकिन टॉयलेट के लिए नीचे जाना पड़ता था। कड़कड़ाती सर्दी में दो-तीन बार बाहर जाना पड़ा।

रात को भोजन की टोह में बाहर निकला। एक जर्जरित ढाबे में दो रोटियाँ और रसेदार सब्ज़ी। ढाबे के बाहर ठेठर। ठंड में ठिठुरते लोग चादरों में लिपटे हुए नंगी ज़मीन पर तुड़े-मुड़े-से 'तमाशा' देख रहे थे। एक लड़की ठुमकते हुए नाच रही थी। मुझे विश्वास नहीं हुआ कि वह सचमुच लड़की है—लड़की के वेश में लड़का भी हो सकता है, रामलीला की तरह। मन हुआ, किसी से पूछकर देखूँ। तभी एक पहचाना-सा चेहरा दिखाई दिया। वह शर्माजी थे—शहडोल में पी.आर.ओ.। मुझे खोजते हुए जीप में यहाँ आए थे। पता नहीं, वह मुझे कैसे पहचान पाते, यदि वह एक दिन भोपाल में मुझसे मिलने न आए होते। फिर भी, मुझे उन्हें लोकेट करने में काफ़ी देर लगी। वह पहले टीकमगढ़ में थे। अभी कुछ दिन पहले उनका ट्रांसफ़र शहडोल हुआ था। मेरे आने की ख़बर उन्हें एक सप्ताह पहले पता चल गई थी, फिर क्यों नहीं अमरकंटक में रहने की व्यवस्था कर सके, यह मेरे लिए अभी तक रहस्य बना हुआ है। शायद वह कहीं आलस्य कर बैठे।

तभी वह इतनी ख़ुशी के साथ मिले। मैं कहाँ ठहरा हूँ, बार-बार पूछा। फिर मुझे जीप में बिठाकर फ़ॉरेस्ट गेस्ट हाउस ले गए, लेकिन वहाँ भी निराशा ही हाथ लगी। फिर किसी कृषि विभाग के रेस्ट हाउस में ला पटका और ख़ुद ग़ायब हो गए। जब वह लौटे, मैंने उनसे कहा, अब ज़्यादा भटकना बेकार है। एक रात आश्रम में ही रहना ठीक होगा। वह ख़ुशी से राज़ी हो गए।

पहले दिन की थकान दूसरे दिन बिलकुल धुल गई। मैं हर जगह शर्माजी की जीप में घूमता रहा। अमरकंटक में हर सुरम्य स्थान इतनी दूर-दूर बिखरा है कि अगर कोई वाहन न होता तो एक दिन में उन सब 'तीर्थस्थलों' को देखना असम्भव हो जाता। सबसे ज़्यादा निराशा हुई, नर्मदा का स्रोत-स्थल देखकर। निराशा सही शब्द है, क्योंकि मेरी आशा ही कुछ और थी, कुछ बचकानी, रोमांटिक जैसी। मैं पहली बार किसी नदी का स्रोत-स्थल देख रहा था। मेरी कल्पना में कोई धारा पहाड़ से फूटकर बाहर आती होगी—जबकि यहाँ सिर्फ़ एक कुंड बना था, चार-पाँच छोटे-मोटे मन्दिर, कुंड में स्नान करते हुए लोग। मैंने एक पंडित से पूछा, "आख़िर स्रोत है कहाँ?"

"यहीं तो है।" उन्होंने कुंड की तरफ़ इशारा किया।

यह कैसा तीर्थ, जो कुंड बनाकर नदी का स्रोत ही ग़ायब कर दे? आसपास पेड़ों के बीच भटकते हुए मुझे अनायास अपनी एक कहानी याद आई, जो मैंने बरसों पहले लिखी थी, जिसमें एक बच्चा अपने माँ-बाप के साथ पहाड़ जाता है, और जब सचमुच किसी हिल-स्टेशन में पहुँचता है तो बराबर हैरान होता रहता है कि पहाड़ कहाँ है?

इससे बिलकुल अलग एक दूसरा अनुभव था। सचमुच प्रीतिकर, क़रीब-क़रीब वही जो मेरी कल्पना में बसा था। कहाँ तक सच्चा कहना असम्भव है। यह अनुभव हुआ, कुछ दूर चलकर 'माई की बग़िया' में। चारों तरफ़ वृक्षों का झुरमुट, जंगल की अबाध शान्ति, मनुष्य जैसे हिंसक जन्तु का नामोनिशान तक नहीं। माई यानी नर्मदा माई। वहाँ एक विनम्र-सा छोटा मन्दिर है। बूँद-बूँद पानी नीचे टपक रहा था, जिसके कारण एक बावड़ी-सी बन गई थी। बावड़ी के तल पर कुछ सिक्के चमक रहे थे। सिर्फ़ तीन-चार लोग आसपास बैठे थे। एक साधु-से दिखनेवाले सज्जन ने बताया, "नर्मदा का आदिस्रोत यही है।"

"और वह कुंड?" मैंने पूछा।

"यहाँ का पानी वहाँ जाता है।" उन्होंने कहा, "बीच बग़िया में नर्मदा माई अदृश्य हो जाती है और फिर अमरकंटक में जाकर प्रकट होती है।"

मुझे आधा-सा विश्वास हुआ, लेकिन आकांक्षा पूरी थी कि सिर्फ़ ऐसी शान्त, पवित्र वनस्थली में ही नर्मदा माई जन्म ले सकती है। पेड़ों के साँय-साँय सन्नाटे के बीच, जहाँ उसे कोई देखनेवाला न हो। सिर्फ़ मन्दिरों की घंटियाँ पत्तों की मरमर के बीच सुनाई देती हैं।

यह मैं कान्हा किसली के रेस्ट हाउस में लिख रहा हूँ। और लिखते हुए सहसा एक और तसवीर दिखाई देती है। साँस रोकता हुआ एक दृश्य—सोन नदी का स्रोत।

न कोई मन्दिर, न भक्तजनों की भीड़, एक बीहड़-सी वीरानगी। सोन नदी को पवित्रता के कक्ष में कोई स्थान नहीं मिला, क्या इसीलिए उसका उद्गम स्थल इतनां सूना है? लेकिन आसपास की प्राकृतिक छटा इतनी अद्भुत है कि नर्मदा माई मुँह ताकती रह जाए। ठंडे शीतल जल से हाथ-मुँह धोया। एक आदिवासी लड़की अपने आदिम सौन्दर्य में ऊपर चट्टान पर लेटी थी। अनमने भाव से चिल्लाई कि हमें जूता खोलकर आना चाहिए, लेकिन तब तक हम सोन का स्पर्श पा चुके थे और सुन्दरी का उलाहना एक जाले-सा हमें छूकर उड़ गया। उधर ऊपर। उसने बिना कोई ग़ुस्सा किये इशारा किया और हम उसकी अँगुली के संकेत पर आगे बढ़े और रुक गए। एक क्षण के लिए दिल भी ठिठक गया।

नीचे हरी घाटी का समन्दर था—दूर-दूर तक फैला हुआ। पेड़ों के झुरमुट, चट्टानें, पत्थर, झाड़ियाँ और उनके बीच बहती सोन की कल-कल धारा। एक बार निराला सृजन पीठ के दफ्तर में मदन ने मुझे इस अपूर्व अनुभव के बारे में बताया था और जब मैंने नीचे झुककर झाँका,

तब लगा, कोई भी शब्द इस विराटता को नहीं नाप पाएँगे, शर्माजी भी चुप (जो कभी चुप नहीं रहते थे) और मैं बिलकुल स्तब्ध। ऐसे मौक़े आते हैं, जब प्रकृति हमसे भाषा छीन लेती है, तब शायद असली मौन उत्पन्न होता है—यह मौन नहीं जो हमारे बाहर है, बल्कि जो हमें जन्म से मिला है, हमारे भीतर, जो बहुत बाद के वर्षों में—अगर हम सौभाग्यवान हुए—हम अपनी कविता, संगीत, कहानी के भीतर पुन: उगता हुआ देखते हैं, और अपने दुर्भाग्य के दिनों में खो देते हैं।

कपिल धारा काफ़ी ऊँचे से गिरती है। दूध के फेन की तरह फेनिल फुहार, शायद इसीलिए इसका दूसरा नाम 'दुग्ध धारा' भी पड़ा है। वहाँ खदानों में काम करनेवाले मज़दूरों और इंजीनियर से भेंट हुई। घाटी के ऊपरी प्लेटों पर एक सुर्ख़-सी दीवार छितरी दिखाई देती है, वही बॉक्साइट की खदानें हैं, जिसे नीचे फैक्टरी में ले जाकर अलुमिनियम में ढाला जाता है। दूर क्षितिज पर बिजली के तारों पर डिब्बे रेंगते दिखाई देते हैं, एक नीचे जाता हुआ, दूसरा ऊपर आता हुआ। हर डिब्बे में एक टन बाक्साइट भरकर नीचे भेजा जाता है। यह सब बातें एक लम्बी दाढ़ीवाले अधेड़ महानुभाव ने बताईं, जो बरसों पहले अमरकंटक की खदानों में काम करने आए थे। लौटते हुए वह हमारी जीप में ही बैठ गए। चाय पीकर हम कबीर चौरे की ओर रवाना हुए।

लगभग चार किलोमीटर पार करने के बाद हम एक छोटी खड्ड के छोर पर पहुँचे। कुछ नीचे की तरफ़ उतरे तो एक आश्रम और एक कुटिया दिखाई दिये। धुर नीचे नर्मदा की पतली धारा। आश्रम के आगे तीन-चार साधु सुलगती हुई लकड़ियों पर भोजन पका रहे थे। उनसे ज़रा दूर हटकर एक सफ़ेद धोती में लिपटी स्त्री हमें ताक रही थी। वह हमारे साथ नर्मदा की धारा तक आई। बहते पानी में हमें दूध की रेखा दिखाते हुए बोली कि प्रात: नौ बजे यहाँ पानी के बीच एक

गज़ भर लम्बी दूध की धारा फूटती है। उसी की अवशिष्ट रेखा अब तक बची रह गई थी। सन्देह भी नहीं हुआ कि यह कितना सच है। जो देखा, क्या वह काफ़ी नहीं है—झूठ और सच के परे?

वह महिला कबीरपंथी थी। चित्रकूट से यहाँ आई थी। बहुत सौम्य, उदास-सा चेहरा। गले पर फैली हुई रसौली (यह बीमारी यहाँ पर आम है, ऐसा कहा जाता है)। मैंने पूछा, आगे कहाँ जाएगी तो बोली—हर जगह एक रात, दो रात बिताकर अगले कबीरपंथी आश्रम में शरण लेगी। मैंने पूछा, ऐसा जीवन कब से शुरू किया, तो कहा, चौदह वर्षों से—और न जाने क्यों, यह बताते और मुझे देखते हुए उसकी आँखें छलछला आईं। मैंने रुपये दिये तो वीतराग से स्वीकार कर लिया। विदा होने से पहले बताया कि बहुत पहले यह स्थान एक तपोवन था। कबीर यहाँ समाधि में बैठे थे। गुरु नानक के दर्शन भी उन्हें इसी स्थान पर हुए थे। मैं कुछ उलझ गया। इतिहास की क्रोनोलॉजी याद करने लगा—तभी ऊपर जीप की पों-पों सुनाई दी और मैं इतिहास के 'मिथक-काल' से आधुनिक काल में पहुँच गया।

मैं क्यों भूल जाता हूँ कि तीर्थ-यात्रा का मतलब ही इतिहास के 'सेक्यूलर' काल से अपने भीतर दबे उस 'मिथकीय काल' में अवगाहन करना है, जिसे इल्याडे ने 'पवित्र काल' की संज्ञा दी थी?

जब मैं कान्हा किसली की याद करता हूँ तो जंगल का सन्नाटा सुनने लगता हूँ। एक शाम हाथी पर सवार होकर मैं जंगल के भीतर गया था। हालाँकि वह 'भीतर का वन्यस्थल' मेरे रेस्ट हाउस से डेढ़ किलोमीटर से ज़्यादा दूर नहीं था, फिर भी लगता था कि मैं एक नितान्त दूसरी 'सभ्यता' के साम्राज्य में चला आया हूँ, जहाँ कभी मानव जैसे जन्तु का प्रवेश नहीं था। ऊपर पक्षियों की चीख़ें और दूर चीतलों की चौंकी आँखें। हमारा हाथी हठात् एक झुरमुट के बीच ठिठक गया।

पहले क्षण मुझे कुछ समझ में नहीं आया, फिर नीचे लम्बी घास में एक चीतली दिखाई दी—अपने नवजात शिशु को घेरे बैठी हुई। आहट सुनकर ऊपर देखने लगी, जहाँ हमारा हाथी खड़ा था। भयभीत-सी आँखें, मानो समझ न पा रही हो कि हम वहाँ किस मतलब से आए हैं, किन्तु दूसरे ही क्षण वह अपने शिशु में व्यस्त हो गई। मुझे लगा, जैसे लम्बे अरसे से कान्हा के जंगल में पशु, प्रकृति और ऐरे-ग़ैरे भटके मनुष्य एक-दूसरे के साथ रहने के इतने आदी हो चुके हैं कि अब उन्हें एक-दूसरे से ख़तरा नहीं महसूस होता। एक पंक्ति में भागते चीतल सिर मोड़कर हमारी ओर देख लेते थे। सीटी बजाने पर सबकी गर्दनें एक साथ पीछे मुड़ जाती थीं, बड़ी-बड़ी। चौकन्नी चौंकी आँखें और पतले छरहरे शरीर। मुझे अपना पुराना खेल याद हो आया, जब हम एक-दूसरे से पूछते थे, कौन-सा व्यक्ति किस जन्तु से मिलता-जुलता है—डार्विन की थ्योरी का मेरी नज़रों में यह एक सबसे बड़ा समर्थन था कि हर जानवर की शक्ल किसी पुरुष या स्त्री से मिलती है।

दो दिन कान्हा में रहा, लेकिन कई बार दूर-दूर भटकने के बावजूद आरक्षित वन्यस्थल में शेर नहीं दिखाई दिया। पहली शाम एक मेटाडोर में लगभग बीस-तीस किलोमीटर जंगल के आर-पार चक्कर काटते रहे। एक जंगली रीछ और दो-चार साँभर दिखाई दिये, वापस लौटते हुए बिलकुल अँधेरा घिर आया था। मैं कुछ देर अपने रेस्ट हाउस के बरामदे में बैठा रहा—सामने कान्हा का घना बीहड़ प्रसार, धीरे-धीरे चाँद उगता हुआ ऊपर आया, जंगल के काले क्षितिज पर प्रकट होता हुआ वह ड्रामे की सीनरी का 'सीन' जैसा दिखाई देता था। मैं सोचने लगा, अगर शेर को नहीं देखा, तो भी क्या, वह यहीं कहीं जंगल के अन्दर और चाँद के बीच घूमता होगा। पूरा विराट अरण्यक असंख्य अदृश्य पशुओं की साँसों में हिलता जान पड़ता था। एक स्वायत्त संसार जिसमें मनुष्य का दख़ल और उसका दर्प कोई अर्थ नहीं रखता। शायद इसी को 'प्रागैतिहासिक मौन'

कहते होंगे, जिसे मनुष्य अपनी उपस्थिति और सभ्यता से हमेशा भंग करता रहा है। लेकिन क्या आदिम मनुष्य भी इस मौन के बीच नहीं रहता होगा, जन्तु, जानवरों, वृक्षों, अँधेरे से अपना रिश्ता जोड़ता हुआ?

अगले दिन मुझे मंडला लौटना था। नाश्ता करने के बाद मैं बाहर निकला ही था कि गेट पर खड़े तीन-चार लोगों ने समवेत स्वर में कहा, "साहब, शेर लोकेट हुआ है, आप देखने जाएँगे?"

आश्चर्य की बात है, जिस 'जीव' को देखने की प्रबल आकांक्षा पिछले दो दिनों से उमग रही थी, अब उसे देखने की उत्सुकता बिलकुल नहीं हुई। मेरे साथ हमेशा कुछ ऐसा होता है। कॉर्बेट के 'टाइगर' की जो अलौकिक छवि मेरे भीतर बस गई थी, अब उससे साक्षात् करने की इच्छा बिलकुल मर गई। शायद उसके पीछे मेरा जन्मजात निराशावाद रहा हो। मुझे हमेशा लगता है कि कोई भी चीज़ जिसे मैं बहुत चाहता रहा हूँ, आख़िरी क्षण भरमाकर मेरे हाथों में आते-आते फिसल जाएगी। किन्तु इस निराशा का एक व्यावहारिक कारण भी था। जंगल के भीतर जहाँ 'शेर लोकेट' हुआ था (यह शब्द जो यहाँ 'पाने' के अर्थ में प्रयुक्त किया जाता है, वैसे भी मुझे बहुत डिप्रेसिंग जान पड़ता है), वह जगह यहाँ से क़रीब दो किलोमीटर दूर थी। वहाँ सिर्फ़ गाड़ी में जाया जा सकता था। रिज़र्वेशन की जीपें पहले से ही दर्शकों को लेकर रवाना हो चुकी थीं। मुझे बताया गया कि आधे घंटे बाद एक मिनी बस जाएगी, जिसमें मैं भी जा सकता हूँ। लेकिन मुझे बिलकुल उम्मीद नहीं थी कि शेर महोदय इतनी देर मुझे दर्शन देने के लिए वहाँ रुके रहेंगे।

लगभग एक घंटे बाद मिनी बस रवाना हुई। उसमें फ़ॉरेस्ट डिपार्टमेंट के अधिकारियों के बच्चे-बीवियाँ ठुँसे थे। समूचे रास्ते में औरतें घर-गृहस्थी की बातें कर रही थीं, आसपास के वन्यस्थल से सर्वथा उदासीन। उनके लिए शेर देखना जैसे रोज़ का तमाशा हो, जिसमें उनकी कोई विशेष दिलचस्पी नहीं थी। मैं सोचने लगा कि क्या वन विभाग के अधिकारियों

और उनके परिवारों को यह शिक्षा नहीं देनी चाहिए कि वे अपने आसपास के अनूठे लैंडस्केप और उसके प्राकृतिक सौन्दर्य से प्रेम करना सीख सकें? मेरे लिए जो रोमांचकारी एडवेंचर था, वह उनकी दैनिक रूटीन का अंग बन चुका था।

कुछ फ़ासले पर मिनी बस ने हमें एक निर्जन स्थान में छोड़ दिया। वहाँ कुछ लोगों का जमघट दिखाई दिया। एक हाथी भी खड़ा था, जिस पर दो-चार लोग बैठे थे। पता चला कि हमारे आने से पहले ही कुछ लोग हाथियों पर बैठकर जंगल की ओर कूच कर चुके थे, जहाँ सुबह शेर को देखा गया था। मुझे भी हाथी पर चढ़ना पड़ा। मेरे साथ दो लड़के और थे, एक महावत भी। धीरे-धीरे हम जंगल के भीतर घुसते गए। चारों तरफ़ लम्बे बाँस के पेड़। पक्षियों की चीख़ों के अलावा कुछ भी सुनाई नहीं देता था। पहाड़ों पर अकेले घूमने का अवसर कई बार मिला है, किन्तु जंगल के अभेद्य, अपार सन्नाटे को सुनने का डर और सम्मोहन बिलकुल अलग क़िस्म का होता है। कार्बेट की बात याद हो आई। उन्होंने एक जगह शिकारी की 'मिस्टीकल सेंस' के बारे में लिखा है, जो जंगल में छिपी हज़ारों बनैली आँखों की टोह पा लेता है। बार-बार यह भ्रम होता है, जैसे यह चुप्पी, यह सन्नाटा, यह शान्ति एक धोखा है, एक मायाजाल जिसके पीछे अनेक जीव और प्राणी तुम्हारी प्रत्येक मुद्रा, भंगिमा और हरकत को देख रहे हैं, जबकि तुम्हें कुछ भी दिखाई नहीं देता।

अचानक हवा को भेदती एक सीटी सुनाई दी और हमारा हाथी चलता-चलता हठात् बाँसों के एक झुरमुट के हाशिये पर ठिठक गया। एक दूसरा हाथी झुरमुट के दूसरी तरफ़ खड़ा था। घनी टहनियों की जाली के बीच हमें सहसा एक पीली देह दिखाई दी, जिस पर काली धारियाँ चमक रही थीं। हम शेर के सामने खड़े थे, लेकिन सिर्फ़ उसकी पीठ और पाँव देख सकते थे।

हमारा हाथी धीरे-धीरे झुरमुट के अन्दरूनी दायरे के भीतर सरकने लगा और दूसरा हाथी आँखों से ओझल हो गया। अब हमने पहली बार उसका चेहरा देखा—लगभग तीन गज़ की दूरी से। टहनियों के बीच वह पसरकर बैठा था। अगले पैरों के पंजों के बीच एक जंगली सुअर की आधी खाई हुई लोथ पड़ी थी, जिसे उसने शायद सुबह के अँधेरे में मारा था। एक मन्द-सी कटकटाहट हुई। शेर ने एक क्षण निर्विकार नज़र से हमें देखा। उस निगाह में न डर था, न कौतूहल, न हिंसा। सिर्फ़ एक लापरवाह-सी उत्सुकता थी कि हम कौन हैं, जो इतनी दूर उसे नाश्ता करते हुए देखने आए हैं...दूसरे ही क्षण उसने सिर घुमाया और फिर सुअर की देह के एक हिस्से को अपने दाँतों से चीथने लगा।

ऊपर पक्षी अनवरत चीख़ रहे थे।

कुछ देर हम चुपचाप उसे देखते रहे और वह हमारी ओर से बिलकुल निस्संग होकर अपना आहार खाता रहा। मुझे ख़याल आया कि जंगल में शेर सबसे निर्भीक, निडर जीव है, उसे किसी आहट से ख़तरा नहीं महसूस होता। अन्य जन्तु-पक्षियों की तरह उसे बार-बार ज़रा भी आहट सुनते ही आँखें नहीं घुमानी पड़तीं। यह निर्भयता ही है, जो उसे ऐसी राजसी गरिमा और ग्रेस प्रदान करती है, जो किसी अन्य जानवर और मनुष्य में दिखाई नहीं देती। कुछ मिनट गुज़र जाने के बाद एक दूसरी सीटी सुनाई दी। एक नया हाथी अन्य दर्शकों को बिठाकर आ रहा था। उसे जगह देने के लिए हमारा हाथी मुड़ गया और रेस्ट हाउस की ओर चलने लगा।

देर तक सिर्फ़ जंगल सम्राट की अरण्य उपस्थिति हमारे भीतर धड़कती रही, जैसे हम सचमुच किसी देवता का साक्षात् करके लौटे हों!

दो दुनियाओं के बीच

मणिपुर—नगालैंड : 20 नवम्बर, 1978

कोहिमा : यहाँ दो दिन पहले आया था। यह मेरा दूसरा दिन है। कल मैं गुवाहाटी जाऊँगा।

आज दिन भर बारिश होती रही और मैं रास्ता भूल गया। दिल्ली छोड़ने के बाद लम्बी यात्रा में मन सहसा बोझिल हो गया, कहीं उदासी की गाँठ भीतर कसने लगी। लेकिन जैसे ही बारिश बन्द हुई, बाहर की तरह मन के बादल भी छितराने लगे।

एक कमज़ोर क्षीण-सा सूरज शहर के ऊपर सरक आया। मैं शहर के भीतर गलियों में घूमने निकल गया। सारे घर शहर की ढलान पर बसे हैं, चौड़े अन्तरालों के बीच। दूसरे हिल-स्टेशनों से अलग यहाँ सारे मकान ईंट और सीमेंट के बने हैं, लेकिन छतें टीन की हैं। लेकिन सँकरी अँधेरी गलियाँ, झोंपड़े और गन्दी बस्तियाँ नहीं हैं,

जैसी शिमला और नैनीताल में दिखाई दे जाती हैं। कोहिमा का पहाड़ी शहर साफ़, खुले 'स्पेस' पर बसा है।

कल शहर में घूमते हुए सब कुछ पहचाना-सा लगा—क्या पहाड़ों के कारण? सिवा मनुष्य के चेहरों के। नगाओं का रंग साँवला है, नख-शिख काफ़ी कोमल और नर्म, लेकिन उतने नर्म और सौम्य नहीं, जितने इम्फाल में मणिपुरी लोगों के देखे थे। हर मणिपुरी लड़की को देखते ही प्रेम उमगने लगता था। वे लापरवाही से साइकिलों पर तितलियों-सी उड़ती रहती थीं, अपनी रंग-बिरंगी लुंगियों के रंग बिखेरते हुए। लगता था, हम भारत के बाहर किसी विदेशी शहर में हैं—क्या दिल्ली की सड़कों पर इस तरह की उन्मुक्तता से लड़कियों के साइकिल चलाने की कल्पना की जा सकती है?

इम्फाल छोड़ते हुए एक गहन उदासी का अनुभव हुआ था, और अब जब मैं उसे फिर याद करता हूँ, तो वैसा ही लगता है, जैसे जब उससे बिदाई ली थी। वह असामयिक जुदाई थी। अभी उसके लिए मेरा लगाव पक ही रहा था कि मुझे उससे अलग होना पड़ा। मैं वहाँ बहुत आराम से, सब सुविधाओं के साथ, टूरिस्ट लॉज में ठहरा था, जो राज्य कला अकादमी का गेस्ट हाउस था। अपने पर इतना पैसा ख़र्चा देख मैं संकोच में गड़ जाता था—क्या मैं उसका पात्र था? उत्तर बिलकुल साफ़ था—नहीं। ख़ास कर मेरे व्याख्यानों के बाद, जिन्हें मैंने बोझिल ढंग से पढ़ा था—और वे काफ़ी ऊबा देनेवाले भी साबित हुए थे। मैंने उनके धैर्य की बेशर्मी से परीक्षा ली थी। पढ़ते हुए मुझे लग रहा था कि उन्हें आसानी से छोटा किया जा सकता था, लेकिन तब तक बहुत देर हो चुकी थी।

लेकिन सब कुछ बुरे में कुछ अच्छा भी था। एक रात लेक्चर के बाद जब उन्होंने मुझे गेस्ट हाउस छोड़ दिया था, मैंने बाहर निकलने का निश्चय कर लिया। घूमता हुआ मैं शहर के बड़े बाज़ार में चला आया,

वहाँ कोई भी रोशनी नहीं थी। सब जगह अँधेरा—लोगों की आकृतियाँ छायाओं की तरह दिखाई देती थीं। मैंने सोचा, रम की बोतल ख़रीदकर वापस लौट जाऊँगा। लेकिन वहाँ कोई दुकान दिखाई नहीं दी। तभी मुझे नुक्कड़ पर तीन 'भद्र लोग' दिखाई दिये, जिनमें एक के पास मोटरसाइकिल थी। वे ठीक-ठाक लग रहे थे। दो ने शायद कुछ पी रखी थी (नहीं, सिर्फ़ एक ने, जो मुझे बाद में पता चला, उसने काफ़ी चढ़ा रखी थी, लेकिन वह बहुत ही शालीनता से पेश आ रहा था)। मैंने सोचा, यही सही लोग हैं, जो मुझे 'वांछनीय' गंतव्य की दिशा बता सकते हैं। उनमें से एक ने—जो काफ़ी 'नर्वस'-सा दिखाई दे रहा था—एक अँधेरी गली की ओर इशारा किया और दुकान का नाम भी बताया। मैंने जैसा सोचा था, दुकान बन्द थी। जब मैं लौटा, वे तब भी वहाँ खड़े थे। नहीं? उनकी आँखें मुझसे पूछ रही थीं। मैंने अपना सिर हिलाया। "ओके, हमारे साथ आओ।"

इससे पहले मैं 'हाँ' या 'न' में उत्तर दे पाता, उन्होंने अपना परिचय देना शुरू कर दिया था। वह लड़का, जो सबसे अधिक ख़ुशमिज़ाज दिखाई दे रहा था, एक नगा जनजाति माओ से सम्बन्धित था, जो नगालैंड और मणिपुर के सीमावर्ती इलाक़े में बसती है। वह काफ़ी स्थूलकाय, भारी-भरकम युवक था, जिसने तीन पीस सूट और भड़कीली-सी टाई पहन रखी थी। दूसरा उम्र में काफ़ी वयस्क जान पड़ता था। उसकी नाक के पास एक फूला हुआ मस्सा था। उसका चेहरा गोल-मटोल स्याह था, आँखों के नीचे झुर्रियाँ थीं और होंठों पर एक उदास-सी मुस्कान फैली थी, लेकिन शायद सबसे उदास चेहरा तीसरे का था, जिसके पास मोटरसाइकिल थी। दुबली, ठिंगनी-सी देह और घने काले बाल। उसी ने मुझे दुकान की दिशा बताई थी। मुझे जैसा बाद में पता चला, जब शाम को मैं श्रोताओं को अपने व्याख्यान से उत्पीड़ित कर रहा था, वह कहीं नेपथ्य में असीम धैर्य के साथ प्रतीक्षा कर रहा था कि कब मैं ख़त्म करूँ, कब वह बेचारा अपना नाटक शुरू करे। उसका नाटक काफ़ी 'प्रयोगशील' था

(मेरे व्याख्यान की ही तरह एब्सर्ड) जिसका निर्देशन स्वयं उसने किया था। हालाँकि वह अँधेरे में मेरा चेहरा नहीं देख पाया था, लेकिन मेरी आवाज़ उसे धोखा नहीं दे सकी।

हम सब अँधेरे में चल रहे थे। पहले लड़का (मैं उसे लड़का ही कहूँगा) रास्ते भर मुझे बधाई देता रहा कि मेरी मुलाक़ात उनसे—आदिवासियों से—हुई वरना ये बदमाश मणिपुरी न जाने मेरा क्या हाल करते! मणिपुर के लोगों के प्रति उसकी हिक़ारत का पारावार नहीं था। इस बीच मुझे यह भी पता चला कि मस्से वाला आदमी स्थानीय स्कूल का हेडमास्टर था और नाटक के निर्देशक—जिनका बहुत ग़मगीन चेहरा था—मणिपुर की आकाशवाणी में कार्य करते थे।

मुझे कुछ पता नहीं था, वे मुझे कहाँ ले जा रहे थे। बहुत-सी सड़कें पार करके आख़िर हम झुग्गी-झोंपड़ों की एक बस्ती में पहुँचे। लड़के ने हमें वहीं प्रतीक्षा करने के लिए कहा और स्वयं तेज़ क़दमों से उन धुँधली रोशनियों की तरफ़ चला गया, जो झोंपड़ों से बाहर आ रही थीं। हम कुछ देर वहीं इन्तज़ार में खड़े रहे। जब काफ़ी देर हो गई तो हेडमास्टर ने मुझे आश्वासन देते हुए कहा—चिन्ता न करें, 'नो बॉडी' (No body) कुछ न कुछ लेकर आएगा। नो बॉडी? मैंने उसकी ओर देखा। हाँ, यह उसका नाम है, उसने हँसते हुए कहा। जब वह आठवीं कक्षा में था, तो उसने कम्पोज़ीशन की क्लास में 'नो बॉडी' पर निबन्ध लिखा था—तब से उसका यही नाम पड़ गया। बाद में कुछ गम्भीर होकर उसने बताया कि उसके नाम के हिज्जे 'No bodee' हैं।

तभी नो बॉडी भी प्रकट हो गया। उसने हमें इशारे से एक जीर्ण-शीर्ण झोंपड़े में जाने के लिए कहा। वहाँ एक कमरे में लम्बी-लम्बी मेज़ दिखाई दिये जिन पर रोटी और हड्डियों के अवशेष पड़े थे। दोनों तरफ़ टूटी-फूटी बेंचें थीं। एक मैला-सा पर्दा कमरे को बाक़ी घर से अलग करता था।

हम सब बैठ गए। तभी एक बूढ़ा लड़खड़ाता हुआ आया, अपनी हो-चि-मिन्ह दाढ़ी हिलाता हुआ। थोड़ी बातचीत के बाद उसने तपाक से एक बोतल निकाली, जो अपने साफ़ पानी के कारण वोदका-सी दिखाई देती थी। असल में वह एक ऐसी विशिष्ट क़िस्म की शराब थी, जिसे नगा लोग बनाते हैं। देसी मदिरा का स्वाद इतना स्वच्छ, मृदु और निर्मल हो सकता है, उसका अनुभव पहली बार हुआ। वह मीठे-खट्टे के बीच का सन्तुलित स्वाद था।

उन्होंने बूढ़े को भी देनी चाही—पहले तो उसने विनम्रता से इनकार कर दिया, फिर उसने कहा कि अगर मैं उसके गिलास में डालूँगा, तो उसे कोई आपत्ति नहीं होगी। हम काफ़ी देर तक राजनीति के बारे में चर्चा करते रहे। मुझे यह देखकर कुछ आश्चर्य हुआ कि उनमें से हर कोई इंदिरा गांधी का प्रबल समर्थक था। उन्होंने बताया कि मणिपुर में इमरजेंसी का कोई ख़ास दुष्प्रभाव नहीं पड़ा। जहाँ तक सेंसरशिप की बात है, तो असलियत यह है कि जो वे सचमुच महसूस करते हैं, उसे आज भी कोई स्वतंत्र रूप में नहीं लिख सकता।

वे क्या महसूस करते हैं, यह मैं आख़िर तक नहीं जान सका। रात काफ़ी बीत गई थी और मैं बहुत थक गया था और वहाँ एक छोटी पीले चेहरेवाली सुन्दर बच्ची थी जो कभी भीतर आ रही थी, कभी बाहर जा रही थी। एक बार मैंने देखा, वह मेज़ पर सिर टिकाए ऊँघ रही थी, उसका सिर नींद में कभी ऊपर उठता था, कभी नीचे झुकता था। मैं ईश्वर से प्रार्थना करने लगा कि वह बिस्तर पर सोने चली जाए, पर तभी किसी ने बुलाया और वह दौड़ते हुए चली गई।

जब हम बाहर आए, तो वह दरवाज़े की देहरी पर खड़ी थी। मैंने उसकी मैली हथेली पर कुछ पैसे रखे और बाहर अँधेरे में चला आया।

'नो बॉडी' मेरे साथ एक घंटे और रहा। उसने बताया कि उस शाम वह अपनी 'गर्ल फ्रेंड' से मिलने गया था, और तब मुझे समझ में आया कि

वह इतना भड़कीला तीन पीस सूट क्यों पहने था। वह काफ़ी पैसेवाला जान पड़ता था। उसने मुझे बताया कि मणिपुर-बर्मा की सीमा पर स्मगलिंग करने के अपराध में वह तीन महीने की जेल काटकर आया है।

"वह भी बहुत दिलचस्प अनुभव था," उसने कहा।

उससे पहले वह युवा-कांग्रेस में काम करता था और आपातकाल के दिनों में दिल्ली भी गया था। "मैं हमेशा से संजय गांधी के ख़िलाफ़ था," उसने कहा। "अगर इमरजेंसी जारी रहती, तो शायद मुझे दुबारा जेल जाना पड़ता, मैं हमेशा प्रतिपक्ष में रहूँगा।"

जाने से पहले उसने कोहिमा के कुछ लोगों के पते मुझे दिये (जो वैसे ही पड़े हैं) और अपनी बहन का फ़ोटो दिखाया, जो शिलांग में पढ़ती है। जब मैंने उसे बताया कि मैं शिलांग भी जाऊँगा, तो उसने कुछ और मित्रों के पते दिये—लेकिन अपनी बहन का नहीं।

शाम के पाँच बजे ही कोहिमा पर अँधेरा घिरने लगता है। मैं अपने होटल (राजू होटल) के तंग, सिमटे कमरे में लौटा हूँ, जिसका मलिन धुँधलका मुझे अपने लंदन के बैड-सिटर की याद दिलाता है। होटल के गलियारे में लड़कियाँ खिखियाती हुई आ-जा रही हैं। हर आदमी अपने कमरे में पी रहा है। एक नगा लड़का लड़खड़ाते क़दमों से मेरे कमरे में आया। अस्वस्थ क़िस्म का सपाट चेहरा, सुर्ख़ आँखें, मुश्किल से अठारह-उन्नीस वर्ष का रहा होगा। वह भीतर आकर मेरे पलंग पर बैठ गया। हम आपस में बातें करने लगे। वह दीनापुर में रहता है और कोहिमा में अपनी बहन से मिलने आया है। उसकी बहन तपेदिक की मरीज़ है, अस्पताल में इलाज चल रहा है। उसने पूछा कि क्या मैंने कभी नगालैंड की बियर पी है, जब मैंने कहा—नहीं, तो वह अपने कमरे में गया और एक बड़ी बोतल ले आया—किसी सफ़ेद द्रव से भरी हुई। उसने थोड़ी-सी मेरे गिलास में डाली, मैंने कुछ झिझकते हुए उसे चखा। बहुत शीतल पेय था—खट्टे दही-सा खट्टा।

लेकिन काफ़ी चमकानेवाला। उसने बताया कि यहाँ बियर चावल से बनती है। मुझे यह भी आश्वासन दिया कि जब मैं दीनापुर आऊँगा, तो वह उसे बनाने की सारी प्रक्रिया दिखाएगा।

मैं कल उससे फिर मिला। वह टैक्सी के इंतज़ार में खड़ा था, लेकिन ज्योंही उसकी आँख मुझ पर पड़ी, वह मुझे आग्रह करके एक ढाबे में ले गया, जहाँ नगा बियर बड़े-बड़े मगों में दी जा रही थी। मैंने एक गिलास 'साफ़ बियर' भी पी, जो काफ़ी तेज़ थी, क्योंकि उसमें पानी नहीं मिला था—इसे यहाँ 'मोदू' (मधु?) कहा जाता है। बाहर बहुत सुन्दर मौसम था। ढाबे की खुली खिड़की से धूप में झिलमिलाते पहाड़ दिखाई दे रहे थे।

सुबह मैं युद्ध की सिमिट्री देखने गया था, जो एक पहाड़ी पर स्थित है। वहाँ से कोहिमा का विस्मयकारी दृश्य दिखाई देता है। वह पहले एक ब्रिटिश डिप्टी कमिश्नर का टेनिस कोर्ट थी। दूसरी लड़ाई के दौरान—अप्रैल, 1944 में—यहाँ अंग्रेज़ों और जापानियों के बीच घमासान युद्ध हुआ था—अन्त में जापानियों को यहीं रुक जाना पड़ा। सैकड़ों सिपाही यहाँ दबे पड़े हैं। उनकी क़ब्रें फूलों की क्यारियों की तरह बिछी हैं, जिन पर सैनिकों के नाम और उम्र अंकित हैं। लगभग सबकी उम्र बीस और तीस के बीच थी।

हिन्दुओं का श्मशान-स्थल अलग है।

एक जवान चेरी का वृक्ष है, जो धीरे-धीरे खिल रहा है। उसके आगे एक तख़्ती लगी है, जिस पर लिखा है : इस जगह पहले एक विराट घना चेरी का वृक्ष था, जिसकी आड़ में जापानी सैनिकों ने गोलियाँ चलाई थीं। सारा वृक्ष जलकर राख हो गया, सिर्फ़ तना बचा रहा। वही अब इतना वयस्क होकर खिल रहा है।

जिस दिन मैं कोहिमा में आया था, शहर के स्टेडियम में नगालैंड के बैपटिस्टों का आठवाँ अधिवेशन चल रहा था। हज़ारों की संख्या में नगा पुरुष और स्त्रियाँ अपनी रंगारंग पोशाकों में वहाँ जमा थे।

स्टेज पर कुछ पादरी और नगा लड़के-लड़कियों की संगीत-मंडली बैठी थी, जो ईसाई भजन गा रहे थे। उनके पीछे सूरज डूब रहा था। यह एक विचित्र अनुभव था—नगा लोगों को अपनी लोक-धुन और अंग्रेज़ी भाषा में ईसाई धार्मिक गीत गाते हुए देखना...।

मुकोकचुंग

बस से आठ घंटे की दुर्गम यात्रा। सुबह साढ़े सात बजे बस रवाना हुई और साढ़े तीन बजे हम यहाँ पहुँच गए। समूचा दिन बहुत खुला, धूपीला था। रास्ते भर नीला आकाश और पहाड़ हमारे साथ चलते रहे। रास्ते में घने जंगल और झाड़ियाँ। यह लैंडस्केप उत्तरी-पश्चिमी क्षेत्रों से बिलकुल अलग था, जहाँ चारों ओर सूखा विस्तार फैला दिखाई देता था। उसके विपरीत यहाँ हर जगह ट्रापिकल वनस्पति और रहस्यमय आरण्यक के अलावा कुछ भी दिखाई नहीं देता था। उसे देखते हुए मुझे कॉनरॅड का उपन्यास 'हार्ट ऑफ़ डार्कनेस' याद आने लगा—पुराने क़िस्से भी मस्तिष्क में घूमने लगे जब नगा हेड-हंटर्स इन जंगलों में घूमते थे, धूप में चमकते बरछों के साथ। (क्या वे सचमुच बरछे रखते थे या धनुष-बाण?)

मैं रास्ते भर बस में सोता रहा। बाहर के सुन्दर परिदृश्य के बावजूद नींद और थकान ने मेरी एस्थेटिक लालसाओं पर विजय पा ली थी। और वे स्वप्न—नींद के झोंके के साथ सपनों के गिरोह टूट पड़ते। विचित्र, चमकदार, सुर्रियलिस्ट सपने—मानो मेरा समूचा विगत जीवन मेरी नींद के पर्दे पर अपनी बेडौल, गड्डमड्ड आकृतियाँ प्रोजेक्ट कर रहा हो! जब कभी बस के हिचकोले से मेरी आँख खुल जाती, तो मेरे लिए भीतर की काली, स्याह पीड़ा का सम्बन्ध उस परिदृश्य से बिठाना असम्भव जान पड़ता जो बस की खिड़की से दिखाई दे रहा था—धूप में नहाती चरागाहें, सर्दी के आकाश का नीला विस्तार।

क्या यहाँ भी—नगालैंड के सुदूर प्रदेश में—मैं अपने अतीत से छुटकारा नहीं पा सकूँगा?

रास्ते में वोरवा नाम की जगह हमने खाना खाया। यह नगा भोजन को चखने का पहला अवसर था—सुअर का गोश्त और चावल। गोश्त से कच्चे मांस की गंध आ रही थी। मेरे सहयात्री जो सब नगा थे—गोश्त के साथ ढेरों चावल खा रहे थे, लेकिन उनमें जो ग़ैर-नगा भारतीय थे—एक सरदारजी और तीन बंगाली भद्र पुरुष—उन्होंने वह भोजन नहीं लिया। मुझे कुछ आश्चर्य हुआ, क्योंकि वे शायद वहाँ वर्षों से रह रहे थे।

एक सुन्दर नगा लड़की सन्तरे बेच रही थी—वह इतने प्यारे ढंग से मुस्करा रही थी कि मैं उससे सब सन्तरे ख़रीद लेना चाहता था।

मैंने इस यात्रा पर आने का अचानक निर्णय ले लिया था। श्रीकुमार ने मेरे सामने यह सुझाव रखा था कि अगर मैं चाहूँ तो कोहिमा के बाहर नगालैंड के अन्दरूनी इलाक़ों में जा सकता हूँ, जहाँ मैं नगा जीवन की कुछ आत्मीय झलकें पा सकूँगा। मैं तुरन्त राज़ी हो गया, हालाँकि मुझे अपने पर विश्वास नहीं था कि मैं बहुत भीतर जाने का साहस जुटा पाऊँगा। लेकिन दिल्ली लौटने के ख़याल से ही मुझे झुरझुरी-सी आने लगी। सोचा, जितने दिन यहाँ रहने की शक्ति जुटा सकूँ, उतने दिन रहूँगा...।

तुनसियांग : 25 नवम्बर, 1978

पहाड़ी पर बसा हुआ छोटा-सा शहर, सागर की सतह से साढ़े पाँच हज़ार फ़ुट ऊपर। मुकोक शहर से टेढ़ीमेढ़ी मोटर-रोड ऊपर जाती है, धुर पहाड़ की चढ़ाई पर छह घंटे बाद हम यहाँ आए। बीच रास्ते में साठ किलोमीटर के बाद बस खराब हो गई—पूरा ब्रेकडाउन! कुछ यात्री नीचे उतर गए, कुछ एक दूसरी लारी की छत पर बैठ गए जो तुनसियांग जा रही थी। मैं उन आधे दर्ज़न यात्रियों में था, जिन्होंने वापस मुकोकचुंग जाने का फ़ैसला लिया।

हमें उसी बिगड़ी हुई बस में लौटना था, जिसकी पानी की पाइप टूट गई थी। हर पन्द्रह मिनट बाद हमें धुँधुआते इंजन के सूराख़ में पानी की बाल्टियाँ डालनी पड़ती थीं। यह तो हमारा सौभाग्य था कि वापस लौटते हुए सड़क के किनारे अनेक पहाड़ी झरने थे। बाँस की नलियों में—जो रास्ते में पड़ी मिल जाती थीं—पानी भर लिया जाता था और फिर उसे इंजन में उड़ेल दिया जाता था।

दुपहर होने तक हम वापस वहीं पहुँच गए, जहाँ से सुबह चले थे—मुकोकचुंग के गन्दे, भीड़ में भिनभिनाते स्टेशन पर। एक घंटे बाद दूसरी बस जानेवाली थी, हम उसकी प्रतीक्षा करने लगे।

इससे पहले मैं भूल जाऊँ, मुझे नगा गाँव के बारे में कहना चाहिए, जहाँ मैं गया था। गाँव का नाम उंगमा था जो मुकोकचुंग से सिर्फ़ पाँच किलोमीटर दूर था—और जहाँ मुझे सचमुच पहली बार नगाओं के ग्राम-जीवन की अन्तरंग झाँकी मिली थी। मैं बिना किसी इरादे के शहर के बाहर निकल आया था—और चलता गया था। समतल सड़क थी, सुन्दर धूप में खिला दिन था। रास्ते में एक ढाबे में चाय पी, उसके मुसलमान मालिक छपरा से आकर यहाँ बस गए थे। हिन्दुस्तान का शायद ही कोई हिस्सा ऐसा है, जिसके निवासियों ने नगालैंड में अपना घर न बसाया हो। हर शहर में केरल और मद्रास के रेस्तराँ दिखाई दे जाते हैं। बिहार और उत्तर प्रदेश से आए लोग अधिकतर सड़क और बिल्डिंग निर्माण का काम करते हैं और उनमें जो ग़रीब लोग हैं, वे कुलीगीरी करते हैं। कुछ लोगों ने नगा लड़कियों से विवाह करके गृहस्थी यहीं बसा ली है। लगभग सब नगा भाषा बोल लेते हैं, जो असमी और नगा शब्दों का मिश्रण है—एक तरह की खिचड़ी बोली—जिसके माध्यम से विभिन्न क़बीलों के लोग आपस में बात कर लेते हैं। इन क़बीलों की अपनी बोलियाँ एक-दूसरे से भिन्न हैं।

इस क्षेत्र में उंगमा, जहाँ मैं आया था, सबसे बड़ी नगा बस्ती का गाँव है, जो अभी तक सभ्यता की रीति-प्रणालियों और चाल-चलन से अछूता बचा है। गाँव में घूमते हुए जिस चीज़ ने मुझे सबसे पहले आकर्षित किया—वह मकानों का साफ़-सुथरापन था, जो दिल्ली या उत्तर प्रदेश में दुर्लभ है। घरों के बीच भागते हुए गोल-मटोल बच्चे ज़रूर गन्दे दिखाई दे रहे थे, चेहरों पर न जाने कितने दिनों की धूल जमा थी और बहती नाक के नाले भी सफ़ेद धारियों में सूख गए थे। लेकिन उनके भोले-भाले चेहरे—बिलकुल जैसे तिब्बती बच्चों के होते हैं। जहाँ मैं जाता था, वे मेरे पीछे हो लेते थे, लेकिन ज्योंही मैं उनकी तरफ़ मुड़ता था, वे झिझककर पीछे दुबक जाते थे। जब मैं उन्हें देखकर मुस्कराता था तो हँसने लगते थे और जब मैं मुस्कराना बन्द कर देता था, वे अत्यन्त गम्भीर हो जाते थे। यह पैंटोमिम तमाशा मेरे साथ-साथ चलता था। आख़िर मैंने अपने चेहरे पर एक चिरंतन मुस्कराहट चिपका ली, ताकि मैं उन्हें बराबर हँसता हुआ देख सकूँ।

गाँव में प्रौढ़-वयस्क लोग कहीं दिखाई नहीं दिये—वे सब खेतों में काम करने गए थे। सिर्फ़ बच्चे और बूढ़े दिखाई देते थे—या कभी-कभी शॉल पर बुनाई करती किसी लड़की की झलक मिल जाती थी। गाँव के घर लगभग सब साधारण, कोई तड़क-भड़क नहीं, लेकिन बिलकुल साफ़, गन्दगी का नाम नहीं, गांधी का ग्राम-स्वप्न शायद यही रहा होगा। झोंपड़ों की छतों पर छप्पर डले थे और वे किसी वृक्ष के चौड़े पत्तों से ढके थे। पीछे का आँगन बाँसों पर टिका होता था। मैंने एक झोंपड़े के भीतर उत्सुकतावश झाँका तो भीतर एक चौकोर आकार का कमरा (एक तरह का लिविंग रूम) दिखाई दिया, जिसके चारों ओर लकड़ी की बेंचें पड़ी थीं। कमरे के बीच में रसोई थी, जहाँ चूल्हे पर रखे डोगों में तरकारी पक रही थी या पानी खौल रहा था। चूल्हे के ऊपर छप्पर पर लकड़ी के लम्बे बोर्ड लगे थे, जहाँ बर्तन-भाँड़े रखे थे।

वहाँ सूखे गोश्त की बोटियाँ भी रखी जाती हैं। दिन भर काम करने के बाद परिवार के सब सदस्य आग के चारों तरफ़ बैठकर भोजन करते हैं और फिर अपने-अपने कोनों में सोने चले जाते हैं। शौच के लिए अलग छप्पर डले हैं, लेकिन मैंने कहीं स्नानघर नहीं देखा। अद्भुत और प्रीतिकर बात यही थी कि किसी झोंपड़े से ज़रा-सी भी दुर्गन्ध नहीं आ रही थी, जैसी शहर की स्लम बस्तियों से आती है। क्या इसका कारण ईसाई धर्म और पानी का बड़ी मात्रा में होना है?

हर गाँव में एक गिरजा है, जहाँ उसी भाषा में प्रार्थना होती है, जो उस गाँव के लोग बोलते हैं। मेरी नज़र एक झोंपड़े की दीवार पर पड़ी जिस पर अंग्रेज़ी में लिखा था : 'Jesus is the owner of this house' (इस घर का स्वामी जीसस है)।

गाँव में प्रवेश करने से पहले मैंने एक सफ़ेद इमारत देखी थी। वह मोटर-रोड से काफ़ी दूर पहाड़ियों के नीचे खड़ी दिखाई दे रही थी। मैं यह जानने के लिए काफ़ी उत्सुक था कि वहाँ कौन रहता होगा! मैं सड़क छोड़कर इमारत के अहाते में चला आया। लड़के और लड़कियाँ कम्पाउंड में बैठे दिखाई दिये। पूछने पर पता चला कि वहाँ स्कूल लगता था। मैंने एक विद्यार्थी से पूछा कि क्या मैं हेडमास्टर से मिल सकता हूँ? वह मुझे गलियारे के सिरे पर ले गया, जहाँ एक ठिंगने क़द का पतला-दुबला व्यक्ति बैठा था। वही हेडमास्टर साहब थे। हमने हाथ मिलाया। बातचीत करते हुए पता चला कि वह असम से आए हैं और अब नगालैंड को ही अपना घर समझते हैं।

"सिर्फ़ मुझे यह समझ में नहीं आता कि यहाँ दुपहरें कैसे काटी जाएँ," उन्होंने कहा।

एक नगा लड़का उनका भोजन बना देता है। स्कूल में छह अध्यापक हैं, सब असमी, जिनमें एक अध्यापिका भी है।

"असम में मैं बहुत कष्ट में था, कम-से-कम यहाँ सुखी तो हूँ," उन्होंने बताया।

हिन्दी लेखकों में वह सिर्फ़ गुलशन नन्दा को जानते थे। उन्हें हर महीने साढ़े आठ सौ रुपये वेतन मिलता है। क्लासें छठी से दसवीं तक लगती हैं, हर क्लास में लगभग साठ विद्यार्थी होते हैं। वह अंग्रेज़ी पढ़ाते थे और बहुत बुरी अंग्रेज़ी बोल रहे थे।

उन्होंने शिकायत भरे लहज़े में कहा, "नगा लोग पढ़ने में बहुत आलसी हैं...परिवेश (एनवायरनमेंट) बहुत खराब है।" कई बार उन्होंने 'एनवायरनमेंट' की भर्त्सना की। वह अविवाहित थे, लेकिन लड़कियों की कमी नहीं थी। "आप हर जगह लड़के-लड़कियों के जोड़े देख सकते हैं," उन्होंने खिन्न भाव से कहा। "कोई भी किसी के साथ जा सकता है।" (बुरा एनवायरनमेंट)।

मैं पिछले दो दिनों से यहाँ हूँ—तुनसियांग में। यह नगालैंड में मेरा आख़िरी पड़ाव है। मौसम यहाँ पल-छिन बदलता रहता है—बादल, बारिश, धूप। रात को बेनागा बारिश गिरती है। सर्किट हाउस के कमरे की छत पर मैं रात भर बूँदों की टप-टप सुनता रहता हूँ, जिससे अकेलापन और घना हो जाता है। दिन-रात हवा चलती है।

सर्किट हाउस में ठहरने की भी एक अजीब कहानी है—किसी 'ऊटपटाँग' नाटक से कम एब्सर्ड नहीं।

जब मैं शाम के धुँधलके में बस से उतरकर थका-माँदा सर्किट हाउस पहुँचा तो वहाँ के चौकीदार को बिलकुल धुत्त पाया। उसने कहा कि कोई कमरा ख़ाली नहीं है। मैंने उससे कहा कि मैं और कहाँ जा सकता हूँ, इस वक्त? उसने बहाना किया कि वह मेरी बात ही नहीं समझ रहा (जो शायद सच रहा हो, क्योंकि वह कुछ भी समझने की हालत में नहीं था)। मेरे पास कुमार साहब की सिफ़ारिशी चिट्ठी थी,

लेकिन उसने उसे देखा भी नहीं। आख़िर डी.सी. साहब से मिलने के अलावा कोई दूसरा रास्ता नहीं था। मैंने अपना बैग सर्किट हाउस के बरामदे में रख दिया और घुप्प अँधेरे में डी.सी. के बँगले की तलाश में निकल पड़ा।

ऊबड़-खाबड़ रास्ते पर गिरता-पड़ता आख़िर मैं उनके घर पहुँचा, दरवाज़ा खटखटाया। डिप्टी कमिश्नर मि. जमीर ने स्वयं दरवाज़ा खोला। मैंने उनसे कहाँ कि मैं एक लेखक हूँ और दिल्ली से आया हूँ। उन्होंने बहुत विनम्रता से मुझे भीतर आने के लिए कहा। भीतर कोई पार्टी चल रही थी—मुझे उन्होंने ज़िले के बड़े अधिकारियों से मिलाया (मेरा नाम वह बार-बार भूल जाते थे)—दो मंत्री, एक विधानसभा के सदस्य, इंजीनियरिंग अफ़सर, नगर-योजना अधिकारी। मेरी वेशभूषा देखकर उनकी आँखें चौड़ी हो रही थीं। चीकट जूतों, गन्दी जींस और आर्मी जैकेट में मैं सचमुच किसी क़बीले का नगा जान पड़ रहा था, जबकि वे सब सूट और टाई में लैस संभ्रांत लोगों की तरह मुझे आश्चर्य से घूर रहे थे। जमीर साहब को इस सारी स्थिति पर काफ़ी मज़ा आ रहा था। मुझे कुछ और सताने के लिए वह मुझे अन्त:पुर में भी ले गए, जैसे उसकी कमी बाक़ी थी! वहाँ सजी-धजी महिलाओं से मेरा परिचय करवाया और अफ़सोस जाहिर करते हुए कहा कि उनकी पत्नी मेरे परिचय से वंचित रहेंगी क्योंकि वह उन दिनों दिल्ली में थीं।

इस दौरान जमीर साहब (जो आओ नगा हैं) ने श्रीकुमार का उनके नाम मेरे लिए सिफ़ारिशी पत्र देख लिया था। उसे पढ़ने के बाद मेरे प्रति उनका व्यवहार बहुत सौहार्दपूर्ण हो गया। उन्होंने पूछा, क्या मैं थोड़ी-सी ब्रांडी लेना चाहूँगा? दिन भर की बीहड़ यात्रा के बाद डी.सी. साहब के चमचमाते ड्राइंगरूम में ब्रांडी पीना—इससे बड़ा सुखकर आश्चर्य और क्या हो सकता था! यह विश्वास करना भी मुश्किल था कि उसी शाम दो घंटे पहले मैं एक धुत्त चौकीदार से पलंग पाने की प्रार्थना कर रहा था ताकि मुझे पेड़ के नीचे न सोना पड़े।

किन्तु ब्रांडी के दूसरे गिलास के बाद मुझे कुछ ऐसा सन्देह हुआ कि इन लोगों को विश्वास नहीं है कि मैं कोई लेखक हूँ जो दिल्ली से इतनी दूर नगालैंड में घुमक्कड़ी करने आया हूँ। वे मुझसे हर तरह के प्रश्न पूछ रहे थे। उनका भरोसा पाने के लिए मैंने कहा कि कभी-कभार मैं 'टाइम्स ऑफ़ इंडिया' के लिए भी लिखता हूँ और मणिपुर की अकादमी के निमंत्रण पर लेक्चर देने आया था। मेरी इस बात से नगर योजना अफ़सर श्री दिलीप के दिल में थोड़ी-सी दिलचस्पी जागी, क्योंकि उन्होंने अनीस जंग का नाम सुन रखा था। वह शायद मेरी कहानी पर विश्वास करने लगे थे।

मुझे लगा कि वहाँ हर कोई व्यक्ति जो बाहर से आता था, जब तक वह प्रशासन से सम्बन्ध न रखता हो—सन्देह की दृष्टि से देखा जाता है। इसलिए बेचारे पर्यटकों की हालत कोई बहुत ईर्ष्याजनक नहीं थी। लेकिन मुझे अब उनके शक्की प्रश्नों की परवाह नहीं थी, बल्कि मुझे यह कुछ रोमांचकारी-सा अनुभव लग रहा था कि मुझे जासूस समझा जा रहा है। मैं सब कुछ भूलकर खाने में जुट गया, जो लाजवाब था—विभिन्न प्रकार के गोश्त और मछली का आकर्षण! बीच-बीच में मेरी मुठभेड़ उस नाटे, स्थूलकाय सज्जन से हो जाती (जिनके बारे में बाद में पता चला कि वह यू.डी.एफ. के नेता हैं), जो मेरे बारे में सबसे अधिक शंकालु थे। भोजन के बाद जब हम बाहर आए, तो मैंने देखा, वह कुछ तैश में आकर डी.सी. से बहस कर रहे हैं। शायद डी.सी. साहब मुझे सरकारी अतिथि बनाना चाहते थे और वह सज्जन उसका विरोध कर रहे थे—ज़रा कल्पना कीजिए, एक जासूस को राज्य के अतिथि के रूप में सम्मानित करना। (मुझे लगा, वह अपने विरोध में सफल रहे। मैंने अभी-अभी सर्किट हाउस के कमरे के बिल चुकाए हैं।)

अगले दिन सुबह मैं जमीर साहब के सामने उपस्थित हुआ। उन्होंने मेरे लिए पहले से ही एक गाइड तय कर रखा था, जो मुझे तुनसियांग के निकटवर्ती गाँवों में ले जाएगा। मेरे गाइड का नाम—जैसा मैं सुन और समझ पाया—दान थांग था। वह नगा स्टेट सर्विस के अधिकारी थे, लाठा क़बीले से सम्बन्धित थे, शिलांग में उच्च शिक्षा पाई थी और बम्बई के टाटा स्कूल ऑफ़ सोशल साइंसिज़ में रिसर्च का काम किया था। वह भारतीय प्रशासनिक सेवा—आई.ए.एस. की परीक्षा में दो बार बैठे, लेकिन असफल रहे। वह अब तीसरी बार क़िस्मत आज़माना चाहते थे।

जीप आने में देर थी, इसलिए वह मुझे अपने घर ले गए और अपनी श्रीमती जी से मेरा परिचय कराया। वह पहली नगा महिला थीं, जिनसे मेरा औपचारिक रूप से परिचय करवाया गया था। वह मुझसे अंग्रेज़ी में बातचीत करने लगीं। उन्होंने बताया कि वह भी अपने पति की तरह नगा क़बीले—लाठा से सम्बन्धित हैं। उनका मायका वोरवा गाँव में था, जो मुकोकचुंग जाते हुए रास्ते में पड़ा था और जहाँ हमने भोजन किया था। वह काले वर्ण की सुन्दर छरहरी महिला थीं, चौड़े नाक-नक़्श थे और ख़ूब खुलकर हँसती थीं।

हम तुनसियांग के जिस गाँव में गए, वह शहर से कोई पाँच मील की दूरी पर था। हमेशा की तरह गाँव वीरान पड़ा था। सिवा कुछ बूढ़ी औरतों और बच्चों के वहाँ कोई नहीं दिखाई दिया, जिससे कोई बात की जा सके। गाँव के झोंपड़े भी उतने साफ़-सुथरे नहीं थे, जो मैंने अन्यत्र देखे थे। बीच में एक चर्च की सुन्दर इमारत ज़रूर दिखाई दी, कुछ बूढ़े आदमी अपने घरों के आगे बेंत की टोकरियाँ बना रहे थे।

बाद में हम एक दूसरे गाँव टुखुर गए, जो पहले से कहीं अधिक साफ़, चमकीला और उल्लासमय दिखाई दे रहा था। मोरुंग* की बड़ी इमारत दिखाई दी, जिसका लकड़ी का दरवाज़ा था और उस पर

* नगा-गाँवों का शिक्षा-केन्द्र और पूजा-स्थल, जिसका महत्त्व ईसाई धर्म के फैलने और मिशनरी स्कूलों की स्थापना के बाद धीरे-धीरे कम होता गया।

सुन्दर नक़्क़ाशी का काम किया गया था। एक जानवर के सींग लगे थे, जिसे अलंकृत किया गया था। पास में एक बड़ा ढोल रखा था, जिसे पेड़ की मज़बूत लकड़ी से बनाया गया था। उसे ख़तरे की सूचना देने के लिए बजाया जाता था। वह काफ़ी बड़ा गाँव था—लगभग तीन सौ मकान तो वहाँ होंगे ही। ऊपर टीले पर एक गिरजा दिखाई दिया। गाँव के खलिहान चावल से भरे थे। चारों तरफ़ सुअर घूम रहे थे, लेकिन गायें, भैंसें दिखाई नहीं दीं।

लड़के-लड़कियाँ हमारे पीछे झुंड में आ रहे थे। जहाँ हम जाते, हमारे पीछे हो लेते। खेतों से लड़कों की एक क़तार गाते हुए आ रही थी। वे टोकरियों में भुट्टे ला रहे थे, जो यहाँ स्कूल के अध्यापकों को उपहारस्वरूप दिये जाते हैं।

गाँव छोड़ते समय मैंने पाया कि हमारे साथ चलनेवाले बच्चे जो अब तक हँस-मुस्करा रहे थे, अचानक बहुत चुप और गम्भीर हो गए। मैंने मुस्कराते हुए कई बार हाथ हवा में हिलाया, किन्तु जवाब में न तो वे मुस्कराए, न हाथ हिलाया। क्या हमारे इस तरह सहसा चले जाने से वे इतना उदास हो गए थे?

कल इतवार होने के कारण मैं दो गिरजों की प्रार्थना में शरीक़ होने गया। एक प्रार्थना 'आओ' चर्च में थी, जहाँ मैं डी.सी. साहब के साथ गया था। यह गिरजा बाँसों के छप्पर से बना था और अभी उसका निर्माण हो रहा था। सारा गिरजा 'आओ' क़बीले के नगा पुरुषों, स्त्रियों और बच्चों से भरा था, जो इतवार की अपनी सुन्दर वेशभूषा में आए थे। वे अपनी भाषा में भजन गा रहे थे, बहुत ही मधुर, मर्मस्पर्शी स्वर में। लुंगी और शॉल पहने लड़कियाँ प्रार्थना में अपना सिर झुकाए थीं...एक विषादपूर्ण-सी धुन ऊपर उठ रही थी। और तब मुझे सिमोन वेल का कथन याद आया : 'ईसाई धर्म धरती पर ग़रीब से ग़रीब,

दुखी से दुखी लोगों का धर्म है।' यही धुन थी जिसकी याद मैं अपने साथ दिल्ली लेकर लौटा था।

कुछ नगा क़बीलों में ईसाई धर्म का प्रभाव काफ़ी सतही है। कुछ लोगों ने मुझे बताया कि उन्होंने अपने पुराने धार्मिक विश्वास तो छोड़ दिये हैं, किन्तु वे पूरे-पक्के ईसाई भी नहीं बन पाए हैं। वान्चिंग के निकटवर्ती गाँवों में केवल कुछ ही लोगों ने ईसाई धर्म स्वीकार किया है, अधिकांश निवासी अपने परम्परागत नगा अनुष्ठानों, कर्मकांडों का अनुसरण करते हैं। नगाओं में अद्‌भुत धार्मिक सहिष्णुता है। उदाहरण के लिए जब वान्चिंग गाँव में ईसाई नगा एक ऊँचे स्थान पर गिरजे का निर्माण करना चाहते थे, तो ग़ैर-ईसाई निवासियों ने उनकी भरपूर सहायता की थी।

नगालैंड में मिशनरी लोगों की भूमिका कोई नि:स्वार्थ सेवा की नहीं रही। सी वॉन-फ्यूरर-हाइन डॉर्फ़ ने उनके बारे में अपनी पुस्तक में लिखा है : "ईसाई मिशनरी अक्सर नगा क़बीलों को अनेक तरह का प्रलोभन देते हैं, आधुनिक सभ्यता की सुख-सुविधाएँ, स्कूल, उच्च शिक्षा, नौकरियाँ इत्यादि ताकि उनसे आकर्षित होकर वे अपना धर्म त्यागकर ईसाइयत को स्वीकार कर लें।"

मिशनरी लोगों की ईसाइयत सिमोन वेल की अवधारणा से कितनी भिन्न थी। आधुनिक सभ्यता और टेक्नोलॉजी का प्रभाव आदिवासियों की मानसिकता पर कैसा पड़ा है, इसकी सुन्दर व्याख्या सुप्रसिद्ध नृतत्त्वशास्त्री डॉ. रॉय बर्मन ने इन शब्दों में की है :

> शहरों में रहनेवाले आदिवासियों को विवशतावश दो दुनियाओं में रहना पड़ता है : आदिम और आधुनिक दुनिया के बीच। अधिकांश आदिवासी इन दो दुनियाओं के द्वंद्व को कुछ इस

तरह सुलझा लेते हैं कि वह किसी भी दुनिया में पूरी तरह नहीं जीते। वे एक तरफ़ आधुनिक दुनिया की प्राविधिकी और हुनर को स्वीकारते हैं और दूसरी तरफ़ अपने भीतर आदिम दुनिया की अनुभूतियों और अँधेरे पूर्वानुमानों को भी सँभाले रखते हैं। जब उन दोनों के बीच वे कोई सामंजस्य नहीं बिठा पाते, तो अधर में झूलते रहते हैं और हताश होकर अपने को थका डालते हैं।

जहाँ कोई वापसी नहीं

सिंगरौली : 1983

वह धान रोपाई का महीना था—जुलाई का अन्त—जब बारिश के बाद खेतों में पानी जमा हो जाता है। हम उस दुपहर सिंगरौली के एक क्षेत्र—नवागाँव गए थे। इस क्षेत्र की आबादी पचास हज़ार से ऊपर है, जहाँ लगभग अठारह छोटे-बड़े गाँव बसे हैं। इन्हीं गाँवों में एक का नाम है—अमझर। आम के पेड़ों से घिरा गाँव—जहाँ आम झरते हैं। किन्तु पिछले दो-तीन वर्षों से पेड़ों पर सूनापन है—न कोई फल पकता है, न कुछ नीचे झरता है। कारण पूछने पर पता चला कि जब से सरकारी घोषणा हुई है कि अमरौली प्रोजेक्ट के अन्तर्गत नवागाँव के अनेक गाँव उजाड़ दिये जाएँगे, तब से न जाने कैसे आम के पेड़ सूखने लगे। आदमी उजड़ेगा, तो पेड़ जीवित रहकर क्या करेंगे?

टिहरी गढ़वाल में पेड़ों को बचाने के लिए आदमी के संघर्ष की कहानियाँ सुनी थीं, किन्तु मनुष्य के विस्थापन के विरोध में पेड़ भी एक

साथ मिलकर मूक सत्याग्रह कर सकते हैं, इसका विचित्र अनुभव सिर्फ़ सिंगरौली में हुआ।

मेरे लिए एक दूसरी दृष्टि से भी यह अनूठा अनुभव था। लोग अपने गाँवों से विस्थापित होकर कैसी अनाथ, उन्मूलित ज़िन्दगी बिताते हैं, यह मैंने हिन्दुस्तानी शहरों के बीच बसी मज़दूरों की गन्दी, दम घुटती, भयावह बस्तियों और स्लम्स में कई बार देखा था, किन्तु विस्थापन से पूर्व वे कैसे परिवेश में रहते होंगे, किस तरह की ज़िन्दगी बिताते होंगे, इसका दृश्य अपने स्वच्छ, पवित्र खुलेपन में पहली बार अमझर गाँव में देखने को मिला। पेड़ों के घने झुरमुट, साफ़-सुथरे खप्पर लगे मिट्टी के झोंपड़े और पानी। चारों तरफ़ पानी। अगर मोटर-रोड की भागती बस की खिड़की से देखो, तो लगेगा, जैसे समूची ज़मीन एक झील है—एक अन्तहीन सरोवर, जिसमें पेड़, झोंपड़े, आदमी, ढोर-डाँगर आधे पानी में, आधे ऊपर तिरते दिखाई देते मानो किसी बाढ़ में सब कुछ डूब गया हो, पानी में धँस गया हो।

किन्तु यह भ्रम है...यह बाढ़ नहीं, पानी में डूबे धान के खेत हैं। अगर हम थोड़ी-सी हिम्मत बटोरकर गाँव के भीतर चलें, तब वे औरतें दिखाई देंगी, जो एक पाँत में झुकी हुई धान के पौधे छप-छप पानी में रोप रही हैं; सुन्दर, सुडौल, धूप में चमचमाती काली टाँगें और सिरों पर चटाई के किश्तीनुमा हैट, जो फ़ोटो या फ़िल्मों में देखे हुए वियतनामी या चीनी औरतों की याद दिलाते हैं। ज़रा-सी आहट पाते ही वे एक साथ सिर उठाकर चौंकी हुई निगाहों से हमें देखती हैं—बिलकुल उन युवा हिरणियों की तरह, जिन्हें मैंने एक बार कान्हा के वन्यस्थल में देखा था। किन्तु वे डरतीं नहीं, भागतीं नहीं, सिर्फ़ विस्मय से मुस्कराती हैं और फिर सिर झुकाकर अपने काम में डूब जाती हैं...। यह समूचा दृश्य इतना साफ़ और सजीव है—अपनी स्वच्छ मांसलता में इतना सम्पूर्ण और शाश्वत—कि एक क्षण के लिए विश्वास नहीं होता कि आनेवाले

वर्षों में सब कुछ मटियामेट हो जाएगा—झोंपड़े, खेत, ढोर, आम के पेड़—सब एक गन्दी, 'आधुनिक' औद्योगिक कॉलोनी की ईंटों के नीचे दब जाएगा—और ये हँसती-मुस्कराती औरतें, भोपाल, जबलपुर या बैढ़न की सड़कों पर पत्थर कूटती दिखाई देंगी। शायद कुछ वर्षों तक उनकी स्मृति में अपने गाँव की तसवीर एक स्वप्न की तरह धुँधलाती रहेगी, किन्तु धूल में लोटते उनके बच्चों को तो कभी मालूम भी नहीं होगा कि बहुत पहले उनके पुरखों का गाँव था—जहाँ आम झरा करते थे।

ये लोग आधुनिक भारत के नये 'शरणार्थी' हैं, जिन्हें औद्योगिकीकरण के झंझावात ने अपनी घर-ज़मीन से उखाड़कर हमेशा के लिए निर्वासित कर दिया है। प्रकृति और इतिहास के बीच यह गहरा अन्तर है। बाढ़ या भूकम्प के कारण लोग अपना घर-बार छोड़कर कुछ अरसे के लिए ज़रूर बाहर चले जाते हैं, किन्तु आफत टलते ही वे दोबारा अपने जाने-पहचाने परिवेश में लौट भी आते हैं। किन्तु विकास और प्रगति के नाम पर जब इतिहास लोगों को उन्मूलित करता है, तो वे फिर कभी अपने घर वापस नहीं लौट सकते। आधुनिक औद्योगिकीकरण की आँधी में सिर्फ़ मनुष्य ही नहीं उखड़ता, बल्कि उसका परिवेश और आवास-स्थल भी हमेशा के लिए नष्ट हो जाते हैं।

एक भरे-पूरे ग्रामीण अंचल को कितनी नासमझी और निर्ममता से उजाड़ा जा सकता है, सिंगरौली इसका ज्वलंत उदाहरण है। अगर यह इलाक़ा उजाड़ रेगिस्तान होता, तो शायद इतना क्षोभ नहीं होता; किन्तु सिंगरौली की भूमि इतनी उर्वरा और जंगल इतने समृद्ध हैं कि उनके सहारे शताब्दियों से हज़ारों वनवासी और किसान अपना भरण-पोषण करते आए हैं। 1926 से पूर्व यहाँ खैरवार जाति के आदिवासी राजा शासन किया करते थे, किन्तु बाद में सिंगरौली का आधा हिस्सा, जिसमें उत्तर प्रदेश तथा मध्य प्रदेश के खंड शामिल थे, रीवाँ राज्य के भीतर शामिल कर लिया गया।

बीस वर्ष पहले तक समूचा क्षेत्र विंध्याचल और कैमूर के पहाड़ों और जंगलों से घिरा हुआ था, जहाँ अधिकांशत: कत्था, महुआ, बाँस और शीशम के पेड़ उगते थे। एक पुरानी दंतकथा के अनुसार सिंगरौली का नाम ही 'संगावली' पर्वतमाला से निकला है, जो पूर्व-पश्चिम में फैली है। चारों ओर फैले घने जंगलों के कारण यातायात के साधन इतने सीमित थे कि एक ज़माने में सिंगरौली अपने अतुल प्राकृतिक सौन्दर्य के बावजूद—'काला पानी' माना जाता था, आसपास के समूचे प्रदेश से कटा हुआ, जहाँ न लोग भीतर आते थे, न बाहर जाने का जोखिम उठाते थे।

किन्तु कोई भी प्रदेश आज के लोलुप युग में अपने अलगाव में सुरक्षित नहीं रह सकता। कभी-कभी किसी इलाक़े की सम्पदा ही उसका अभिशाप बन जाती है। दिल्ली के सत्ताधारियों और उद्योगपतियों की आँखों से सिंगरौली की अपार खनिज सम्पदा छिपी नहीं रही। विस्थापन की एक लहर रिहन्द बाँध बनने से आई थी, जिसके कारण हज़ारों गाँव उजाड़ दिये गए थे। उस समय शायद अकेले डॉ. लोहिया थे, जिन्होंने इसके विरुद्ध आवाज़ उठाई थी, किन्तु वह नेहरू-युग का स्वर्णिम क्षण था, जब 'विकास योजनाओं' के नक़्क़ारख़ाने में गांधी और लोहिया, दोनों ही अप्रासंगिक जान पड़ते थे। इन्हीं नई योजनाओं के अन्तर्गत सेंट्रल कोल फ़ील्ड और नेशनल सुपर थर्मल पॉवर कॉर्पोरेशन का निर्माण हुआ। चारों तरफ़ पक्की सड़कें और पुल बनाए गए। सिंगरौली, जो अब तक अपने सौन्दर्य के कारण 'बैकुंठ' और अपने अकेलेपन के कारण 'काला पानी' माना जाता था, अब प्रगति के मानचित्र पर राष्ट्रीय गौरव के साथ प्रतिष्ठित हुआ। कोयले की खदानों और उन पर आधारित ताप विद्युत गृहों की एक पूरी श्रृंखला ने पूरे प्रदेश को अपने में घेर लिया। जहाँ बाहर का आदमी फटकता न था, वहाँ केन्द्रीय और राज्य सरकारों के अफ़सरों, इंजीनियरों और विशेषज्ञों की क़तार लग गई; जिस तरह ज़मीन पर पड़े शिकार को देखकर आकाश में गिद्धों और चीलों का झुंड मँडराने लगता है,

वैसे ही सिंगरौली की घाटी और जंगलों पर ठेकेदारों, वन अधिकारियों और सरकारी कारिन्दों का आक्रमण शुरू हुआ।

विकास का यह 'उजला' पहलू अपने पीछे कितने व्यापक पैमाने पर विनाश का अँधेरा लेकर आया था, हम उसका छोटा-सा जायज़ा लेने दिल्ली में स्थित 'लोकायन' संस्था की ओर से सिंगरौली गए थे। सिंगरौली जाने से पहले मेरे मन में इस तरह का कोई सुखद भ्रम नहीं था कि औद्योगिकीकरण का चक्का, जो स्वतंत्रता के बाद चलाया गया, उसे रोका जा सकता है। शायद पैंतीस वर्ष पहले हम कोई दूसरा विकल्प चुन सकते थे, जिसमें 'मानव सुख' की कसौटी भौतिक लिप्सा न होकर जीवन की ज़रूरतों द्वारा निर्धारित होती। पश्चिम जिस विकल्प को खो चुका था, भारत में उसकी सम्भावनाएँ खुली थीं, क्योंकि अपनी समस्त कोशिशों के बावजूद अंग्रेज़ी राज हिन्दुस्तान को सम्पूर्ण रूप से अपनी 'सांस्कृतिक कॉलोनी' बनाने में असफल रहा था। भारत की सांस्कृतिक विरासत यूरोप की तरह म्यूज़ियम्स और संग्रहालयों में जमा नहीं थी—वह उन रिश्तों से जीवित थी, जो आदमी को उसकी धरती, उसके जंगलों, नदियों—एक शब्द में कहें—उसके समूचे 'परिवेश' के साथ जोड़ते थे। अतीत का समूचा 'मिथक संसार' पोथियों में नहीं, इन रिश्तों की अदृश्य लिपि में मौजूद रहता था। यूरोप में पर्यावरण का प्रश्न मनुष्य और भूगोल के बीच सन्तुलन बनाए रखने का है—भारत में यही प्रश्न मनुष्य और उसकी संस्कृति के बीच पारम्परिक सम्बन्ध बनाए रखने का हो जाता है। स्वातंत्र्योत्तर भारत की सबसे बड़ी ट्रेजेडी यह नहीं है कि शासक वर्ग ने औद्योगिकीकरण का मार्ग चुना, ट्रेजेडी यह रही है कि पश्चिम की देखा-देखी और नक़ल में योजनाएँ बनाते समय प्रकृति-मनुष्य और संस्कृति के बीच का नाज़ुक सन्तुलन किस तरह नष्ट होने से बचाया जा सकता है, इस ओर हमारे पश्चिम-शिक्षित सत्ताधारियों का ध्यान कभी नहीं गया। हम बिना पश्चिम को मॉडल बनाए—

अपनी शर्तों और मर्यादाओं के आधार पर—औद्योगिक विकास का भारतीय स्वरूप निर्धारित कर सकते हैं, कभी इसका ख़याल भी हमारे शासकों को आया हो, ऐसा नहीं जान पड़ता।

भारतीय सन्दर्भ में यह सन्तुलन कितना मूल्यवान है और इस पर ज़रा-सी ठेस पहुँचते ही एक भारतवासी की जीवन-प्रणाली किस तरह से उन्मूलित और विकृत हो जाती है, सिंगरौली में होनेवाला 'औद्योगिक परिवर्तन' इसका विकट उदाहरण है। एक समय में जहाँ कृषि और सिंचाई के अपने सम्पन्न साधन थे, वहाँ आज जंगल कटने से लोगों को खेती की बात तो दूर, पानी पीने के लिए रिहन्द बाँध पर निर्भर करना पड़ता है। हम आधुनिक 'प्रगतिशील' बुद्धिजीवी अक्सर गाँवों में जाति-व्यवस्था की निंदा करते हैं, किन्तु यह भूल जाते हैं कि इसी व्यवस्था के भीतर 'अधिकार और दायित्व' की एक परम्परागत मर्यादा थी, जिसमें लोग बहुत सुखी न भी हों, अपने को सहज और सुरक्षित महसूस करते थे। 'लोकायन' के कार्यकर्ताओं ने अपनी रिपोर्ट में किसान और परजा (धोबी, चमार, नाई इत्यादि) के परस्पर-सम्बन्धों के बारे में एक बहुत ही महत्त्वपूर्ण बात कही है : "गाँव का किसान अपनी परजा के लिए कितनी ज़मीन देगा, इसका निर्धारण..." किसान की ज़मीन की हैसियत के आधार पर निश्चित होता था। इस प्रकार गाँव की 1/5 हिस्से की ज़मीन पर परजा लोगों का अधिकार रहता था। पर यह सब व्यवस्था औद्योगिकीकरण के कारण समाप्त हो गई है। तेलंगावा के 75-वर्षीय आदिवासी कोल का कहना था : "बाबू अब का रहि गइल, पहिले खेती पाती मिलत रहिल मालिकन से और खान-पियन की चिन्ता नाहिन रहिल, पर बाबू आज एकऊ दिन बीमार रहई तो खाना दुसरे दिन नाहिन मिली।"

गाँव की परम्परागत व्यवस्था में एक आदिवासी क्या महसूस करता था और आज की औद्योगिक व्यवस्था में उसकी हालत क्या हो गई है...क्या हमारे शहरी मार्क्सवादी कभी इस अन्तर को देख पाएँगे?

सिंगरौली के घने जंगलों में बसे हज़ारों आदिवासी (कोल, पनिका, अगरिया) ख़ानाबदोश नहीं थे। उनके अनेक 'घरेलू' कारोबार थे। पहाड़ से लोहा निकालकर वे अनेक प्रकार के औज़ार बनाते थे, खादी के कपड़े बुना करते थे। रस्सी, सुतली, बान-जैसी घरेलू वस्तुओं को बनाकर रॉबर्टगंज के बाज़ार में बेचते थे। आज नई औद्योगिक परियोजनाओं के चलते वे अपने ही अंचलों में अपराधियों की तरह घूमते हैं। जिन पेड़ों में उनके देवता-ईश्वर बसते थे, अब उनकी जगह वन अधिकारियों और ठेकेदारों ने ले ली है। चूँकि जंगल में रहने का अधिकार उन्हें शताब्दियों से प्रकृति ने दिया है, सरकार के काग़ज़-पट्टों ने नहीं, इसलिए जंगलों से विस्थापित हो जाने के बाद उनके पास यह क़ानूनी हक़ भी नहीं कि वे किसी तरह के मुआवज़े या ज़मीन की माँग कर सकें। सिवाय इसके कि वे खेतिहर मज़दूर बनकर गुज़ारा करें या कोयला खदानों में कैजुअल मजूरी करके दिन में आठ-दस रुपये कमा लें। उनके पास आज जीवन-निर्वाह का कोई साधन नहीं बचा रह गया है।

सिंगरौली की यात्रा के दौरान हमें अनेक ऐसे परिवार मिले, जो पिछले पन्द्रह-बीस वर्षों में तीन-चार बार विस्थापित हो चुके हैं। कुछ लोग जो रिहन्द बाँध के कारण अपने घर-बार से उजाड़े गए, वही कुछ वर्षों बाद एन.टी.पी.सी. (नेशनल थर्मल पावर कॉर्पोरेशन) की योजना द्वारा दोबारा विस्थापित हुए और जब तीसरी बार उन्होंने जैसे-तैसे धरती के किसी कोने में अपने को बसाने की कोशिश की, तो आज 1984 में विंध्याचल सुपर थर्मल पावर के दुर्निवार पंजे उन्हें पुनः दबोचने के लिए आगे बढ़ आए हैं। कभी-कभी सिंगरौली के विस्थापित आदिवासियों और किसानों की बदहवासी देखकर युद्ध में भागे उन शरणार्थियों की दशा याद हो आती थी, जो बढ़ती हुई सेनाओं से बचने के लिए आगे-आगे भागते जाते हैं—एक गाँव से दूसरे गाँव, एक जंगल से दूसरे जंगल। अब प्रश्न यह नहीं रहा कि वे अपने जीवन-काल में कभी अपने पुरखों

के आवास-स्थल में लौट सकेंगे। वहाँ अब खेत और जंगल नहीं, धुआँ उगलती फैक्टरियाँ और औद्योगिक कॉलोनियाँ बस गई हैं। प्रश्न यह रह गया है कि उन्हें बाक़ी ज़िन्दगी गुज़ारने के लिए डेढ़ गज़ ज़मीन मिल पाएगी, जिसे वे 'अपना' कह सकें?

शक्तिनगर के विराट विद्युत उत्पादन स्टेशन के पास ही मटवई नाम का छोटा-सा गाँव है—या कभी था—क्योंकि जब हम वहाँ गए, तो वहाँ सिर्फ़ उड़ती हुई धूल और ख़ाली मैदान दिखाई दिये। कुछ महीने पहले वहाँ कोई जीती-जागती बस्ती या बाज़ार रहा होगा, इसकी कल्पना भी असम्भव थी। सिंगरौली के प्रसिद्ध समाजवादी नेता और डॉ. लोहिया के शिष्य पंडित कार्तिक रामजी भी हमारे साथ थे। उन्हीं के मुँह से हमें मटवई गाँव के उजड़ने का इतिहास मालूम पड़ा।

इस इलाक़े में यह गाँव अपेक्षाकृत बड़े गाँवों की श्रेणी में आता था। कुल मिलाकर वहाँ ढाई सौ परिवार बसते थे। आबादी एक हज़ार लोगों से कुछ ज़्यादा थी। गाँव की बग़ल में ही बाज़ार था, जिसमें अधिकांश उन्हीं लोगों की दुकानें थीं, जो गाँव में रहते थे। सरकार ने गाँव और बाज़ार, दोनों को ही—अपनी परियोजनाओं के अन्तर्गत—उखाड़ने का निर्णय ले लिया था और इस आशय का एक आदेश भी जारी कर दिया था। आदेश के विरुद्ध गाँव के चार पढ़े-लिखे युवक जबलपुर के हाईकोर्ट में 'स्टे ऑर्डर' लेने गए थे, किन्तु शक्तिनगर के अधिकारियों को शायद इसकी भनक पहले से ही मिल गई थी। जब 23 जून, 1984 को ये चार लोग गाँव को उजाड़ने के विरुद्ध हाइकोर्ट का आदेश लेकर पहुँचे, तो उन्होंने पाया कि समूचे गाँव और बाज़ार पर एक दिन पहले ही बुलडोज़र चल चुका है। सरकारी अधिकारियों की आँखों में हमारे न्यायालयों के क़ानूनी आदेशों के लिए कितनी इज़्ज़त है, यह इससे पता चलता है कि हाइकोर्ट का ऑर्डर पाने के बावजूद गाँव के घरों और

बाज़ार की दुकानों को ढहाने का काम उस समय तक पूर्ववत् चलता रहा, जब तक सारी ज़मीन साफ़ और समतल नहीं हो गई। गाँव के निवासी मुजम्मिल हुसैन ने हमें बताया, "जब मैं 23 जून को जबलपुर से 'स्टे ऑर्डर' लेकर लौटा, तो पता चला कि मेरी दुकान ढहाई जा चुकी है; मेरा सामान ट्रक में भरकर गाँव से दूर नवजीवन कॉलोनी में फेंक दिया गया था और चूँकि मैं उस समय मौजूद नहीं था, मेरी बहुत-सी चीज़ें चोरी चली गईं; जिनका आज तक पता नहीं चला।" जब कुछ दिनों बाद गाँव के कुछ प्रतिनिधियों ने समूचे मामले को मध्य प्रदेश के मुख्यमंत्री के सामने रखा, तो उन्हें आश्वासन दिया गया कि ज़िले के कलक्टर को इस सम्बन्ध में 'उचित कार्रवाई' करने का आदेश दिया गया है। किन्तु महीने गुज़रते गए और कलक्टर की ओर से इस सम्बन्ध में कहीं कोई कार्रवाई नहीं की गई।

यहाँ यह एक स्वाभाविक प्रश्न उठता है कि यदि आज देश का नागरिक न्यायालय के संरक्षण और मुख्यमंत्री के आश्वासन के बावजूद अपने अधिकारों की रक्षा नहीं कर पाता, तो लोकतंत्र की उन काग़ज़ी मर्यादाओं का क्या मूल्य रह जाएगा, जिसे कोई भी, किसी भी समय स्वेच्छा से उसी तरह 'बुलडोज़' कर सकता है, जैसे घरों और दुकानों को? सिंगरौली में अनेक बार हमें यह सुनने को मिला कि जब-जब किसी ग़ैर-क़ानूनी, अन्यायपूर्ण घटना के विरुद्ध शिकायत की जाती है, मुख्यमंत्री हमेशा कलक्टर को 'उचित कार्रवाई' करने का आदेश देकर अपने दायित्व से छुट्टी पा लेते हैं। वह आदेश दिया भी जाता है या नहीं, इसे पता चलाने का कोई रास्ता नहीं। और जब 'उचित कार्रवाई' नहीं होती, जैसा कि अधिकांश मामलों में नहीं होती, तो इसकी ज़िम्मेदारी किस पर है—मुख्यमंत्री पर या कलक्टर पर? आज की रुक्ष और क्रूर राजनीति के खेल में अर्जुनसिंह अपेक्षाकृत अधिक समझदार और सहानुभूतिपूर्ण मुख्यमंत्री (भूतपूर्व) माने जाते हैं, इसलिए विश्वास नहीं

होता कि अधिकांश मामलों को 'उचित कार्रवाई' के बहाने रफ़ा-दफ़ा कर दिया जाता होगा। क्या हम यह मान लें कि मुख्यमंत्री तो लोगों की जायज़ शिकायतों को दूर करने का 'आदेश' देते हैं, किन्तु उन्हीं के आदेशों का पालन स्थानीय अधिकारी नहीं करते? यदि ऐसा है, तो इन अधिकारियों के विरुद्ध ही क्यों नहीं कोई 'उचित कार्रवाई' की जाती?

मटवई गाँव के विस्थापित निवासियों के लिए एक नई कॉलोनी बनाई गई है—नवजीवन विहार। किन्तु ज़मीन के जो प्लॉट उन्हें दिये गए हैं, उनका कोई सरकारी पट्टा अभी तक उन्हें नहीं मिला है। एक दिन मिलेगा—ऐसा सरकार कहती है। कब मिलेगा, इसका कोई भरोसा या आश्वासन नहीं। यही शिकायत दूसरे क्षेत्रों में भी सुनने को मिली। सिंगरौली के विस्थापितों में यही एक डर बैठा है कि सब कुछ 'फ़िलहाल' के भरोसे टिका है, अभी बला टली, फिर कब आ दबोचेगी, इसका कुछ भी पता नहीं। सरकार ज़मीन देती है, लेकिन ज़मीन का स्वामित्व नहीं, इसका रहस्य मैं बहुत खोजने पर भी नहीं जान पाया। मुझे कुछ ऐसा लगता है कि स्वयं केन्द्रीय और राज्य शासन अधिकारी इस बारे में स्पष्ट नहीं हैं कि विभिन्न विद्युत परियोजनाओं के लिए उन्हें कितनी ज़मीन की ज़रूरत पड़ेगी। कभी-कभी ऐसा भी देखा गया है कि गाँवों को उजाड़ दिया जाता है, ज़मीन ख़ाली पड़ी रहती है और महीनों उस पर कोई काम शुरू नहीं होता। इसी अस्पष्टता और अनिश्चय के कारण सरकार एक तरह की अन्धाधुंध नीति अपनाती है। जब ज़रूरत पड़े, तब कोई गाँव, जंगल या ज़मीन का हिस्सा ख़ाली करवा दो, विस्थापित लोगों को कुछ और पीछे धकेल दो, किन्तु उन्हें कोई ऐसा पट्टा या काग़ज़ न दो, जिससे यदि बरस-दो बरस बाद उन्हें दोबारा विस्थापित करना पड़े, तो वे सरकार के रास्ते में कोई क़ानूनी अड़चन पैदा न कर सकें। विस्थापन और पुनर्वास की यह अद्‌भुत, तर्कहीन, अराजक प्रणाली हज़ारों लोगों के लिए एक दुःस्वप्न बन गई है।

किसी को कुछ पता नहीं कि वह किस अनजान घड़ी में उखाड़ दिया जाएगा, किस अज्ञात जगह बसा दिया जाएगा?

सिंगरौली के विस्थापित परिवारों को सरकार की ओर से मुआवज़ा ज़रूर दिया जाता है, किन्तु जिस आधार पर दिया जाता है, वह काफ़ी अद्भुत है। जिन किसानों को अपनी ज़मीन से उजाड़ा जाता है, उन्हें लगान का तीस गुना पैसा मुआवज़े के रूप में देना स्वीकृत हुआ है, किन्तु लगान की दर पहले ही इतनी कम थी कि छीनी हुई ज़मीन और दिये जानेवाले पैसे के बीच कोई सन्तुलन नहीं बैठ पाता। किन्तु इससे कहीं अधिक शोचनीय बात—जिसकी ओर सरकार का ध्यान नहीं जाता—वह किसानों और आदिवासियों के 'सांस्कृतिक विस्थापन' की है। बरसों से जो लोग एक साथ गाँव में रहे हैं, वे देश के अलग-अलग कोनों में, नितान्त अजनबी परिवेश में, किस तरह अपने को अनाथ, अकेले और निराश्रित पाते हैं, क्या इस उन्मूलन-भाव को मुआवज़े के पैसों से दूर किया जा सकता है?

जब आदिवासियों को जंगलों से निकाला जाता है, तो उन्हें यह मुआवज़ा भी नहीं मिलता। चूँकि शताब्दियों से वे जंगलों पर आश्रित रहते आए हैं और लगान नहीं देते थे, इसलिए मुआवज़ा पाने का उन्हें कोई 'क़ानूनी अधिकार' नहीं है। यही नहीं, जबकि दूसरी जातियों को यह अधिकार प्राप्त है कि इनके विस्थापित परिवार के एक सदस्य को किसी सरकारी कारख़ाने में नौकरी दी जाएगी, अधिकांश आदिवासी इस सुविधा से वंचित रह जाते हैं। जब 'लोकायन' के एक कार्यकर्ता ने इसका कारण पूछा, तो शक्तिनगर विद्युत स्टेशन के एक अफ़सर ने कहा, "इन लोगों को क्या नौकरी दें! रात भर शराब पीते हैं, दिन भर आवारागर्दी... ये लोग हमारे किसी काम के नहीं।" शायद वे ठीक कहते हों, किन्तु क्या एक क्षण के लिए भी उन्होंने यह नहीं सोचा कि उजड़ने से पहले इन आदिवासियों को सरकारी नौकरी की ज़रा भी ज़रूरत नहीं थी?

जिस शासन-व्यवस्था ने हज़ारों आदिवासियों को उनके वन्यस्थल से उन्मूलित करके सड़कों पर फेंक दिया है, उसी शासन का अधिकारी—जो शहर की सब सुविधाओं को भोगता है—उनके आलस्य और शराबख़ोरी की भर्त्सना करे, इससे बड़ी हास्यास्पद और क्रूर विडम्बना क्या हो सकती है?

ऐसे भी गाँव हैं, जिन्हें क़ानून की लकीर ने नहीं उजाड़ा, बल्कि जो विद्युतगृहों के अधिकारियों की घोर उदासीनता और स्वार्थपरकता के कारण ख़ुद-ब-ख़ुद उजड़ गए। तेलंगावा ऐसा ही एक गाँव है, जो शक्तिनगर विद्युत स्टेशन के नीचे ढलान पर बसा है। जब वहाँ गए, तो सारा गाँव भुतहा-सा वीरान पड़ा था। झोंपड़े ख़ाली पड़े थे। झोंपड़ों के फ़र्श, दीवारें, खपरैल तक पानी में भीगे थे। लगता था, रातोंरात बाढ़ आई हो और जल्दी में लोग जितना सामान बटोरकर ले जा सकते थे, ले गए, बाक़ी पीछे छोड़ गए। किन्तु यह कोई ऐसी 'बाढ़' नहीं थी, जिसे रोका न जा सकता हो। यदि शक्तिनगर पावर स्टेशन के अधिकारी चाहते, तो गाँव इस विपदा से बच सकता था। बरसों पहले जब पावर स्टेशन बना था, तो वहाँ से दूषित गरम पानी को डिस्चार्ज करने के लिए डेढ़ किलोमीटर लम्बी पाइप बनाई गई थी, ताकि बीच रास्ते में गुज़रते हुए पानी कुछ ठंडा हो जाए और जब रिहन्द नदी के रिजर्वायर में जाकर गिरे, तो मछलियों को कोई नुकसान न पहुँचे। किन्तु पाइप बनाते समय इस बात का ध्यान नहीं रखा गया कि बारिश में जब खेतों में पानी जमा हो जाएगा, तो पाइप के व्यवधान के कारण वह पूरी तरह से बह नहीं पाएगा और एक नक़ली बाढ़ की स्थिति उत्पन्न हो जाएगी। पानी के निकास के लिए पाइप में जो सूराख़ बनाया गया था, वह इतना छोटा है कि समूचा पानी उसमें से नहीं निकल पाता। तेलंगावा के निवासियों के साथ यही हुआ। पिछली बरसात में एक रात तेज़ बारिश, और जमा होता हुआ पानी निकास की कोई राह न पाकर गाँव पर ही चढ़ आया।

सौभाग्य की बात थी कि समय रहते अधिकांश लोग अपना घर-बार छोड़कर भाग निकले।

इसी उजाड़ गाँव के आगे हम खड़े थे। ऊपर शक्तिनगर का विराट पावर स्टेशन था, आधुनिक प्रगति का गर्वोन्नत प्रतीक। नीचे तेलंगावा के सूने, सुनसान खँडहर। जहाँ कुछ दिन पहले जीती-जागती बस्ती थी, वहाँ अब कुत्ते लोट रहे थे। हमें बताया गया कि जब गाँव के कुछ प्रतिनिधि अपनी विपदा की कहानी लेकर शक्तिनगर के अधिकारियों के पास पहुँचे, तो उनका सीधा-सा जवाब यह था : "इस गाँव को तो उखड़ना ही था। यह अच्छा ही हुआ कि लोग अपने-आप चले गए।"

यदि औद्योगिकीकरण के नशे में शासन-सत्ता अपने देश के जीवन्त, हाड़-मांस के लोगों के प्रति इतनी सनकी और 'सिनिकल' हो सकती है, तो इस देश के प्राकृतिक जीवन—पानी, हवा, जंगलों के प्रति—वह कोई समझ, सूझ-बूझ और सहानुभूति बरतेगी, इसकी आशा करना ही व्यर्थ है। थर्मल पावर स्टेशनों का निर्माण तो ख़ूब ज़ोर-शोर के प्रचार के साथ हुआ है, किन्तु उनसे हमारे देश की नदियों और वायुमंडल में जो भयंकर प्रदूषण फैलता है, उसे रोकने के लिए हमारी शासन-सत्ता और अधिकारी कितने सचेत और क्रियाशील हैं, इसकी जानकारी किसी को नहीं। यदि हम कुछ देर के लिए 'औद्योगिकीकरण की अनिवार्यता' का तर्क मान भी लें, तो भी प्रश्न रह जाता है कि क्या हमें अपने देश की भूमि, जन-संस्कृति और पर्यावरण की नितान्त उपेक्षा करके उसी ढंग और पैमाने पर पश्चिम के औद्योगिक ढाँचे की नक़ल करनी होगी, जिसका विकास एक ख़ास ऐतिहासिक सन्दर्भ में हुआ था और जिसकी हमारे देश के जातीय चरित्र से दूर की समानता नहीं? दुनिया की अन्य सभ्यताओं की तुलना में भारतीय संस्कृति का यह एक विशेष संस्कार रहा है कि उसने कभी मनुष्य को प्रकृति से ऊपर नहीं माना, बल्कि प्रकृति और मनुष्य के बीच एक ऐसे पवित्र और सन्तुलित सम्बन्ध की परिकल्पना की है,

जहाँ दोनों एक-दूसरे के प्रतिद्वंद्वी नहीं, एक-दूसरे के पोषक हैं। यही कारण है कि जहाँ अन्य देशों में 'औद्योगिक क्रान्ति' के दौरान पुरानी जातियाँ और क़बीलों का बड़े पैमाने पर संहार हुआ, वहाँ भारत में हज़ारों वर्षों से आर्य जातियों और आदिवासी एक-दूसरे के साथ शान्तिपूर्वक रह सके हैं क्योंकि दोनों में चाहे कितनी सांस्कृतिक भिन्नता क्यों न रही हो—एक बात समान रही है—प्रकृति और परिवेश के प्रति गहरा आत्मीय लगाव।

पश्चिम में इसी लगाव के अभाव में पर्यावरण का भीषण संकट उत्पन्न हुआ है। कितना क्रूर व्यंग्य है कि भारत, जो अन्य देशों के लिए कम-से-कम पर्यावरण के मामले में एक उज्ज्वल आदर्श प्रस्तुत कर सकता था, आज पश्चिम से कहीं ज़्यादा निर्मम और नृशंस ढंग से अपनी प्राकृतिक सम्पदा की नोच-खसोट करने में लगा है। पश्चिम में कम-से-कम जंगलों को काटने अथवा जल या वायु को प्रदूषित करने के ख़िलाफ़ कुछ नियमों का तो पालन होता है। हमारे देश में तो राज्यमंत्री से लेकर जंगल के छोटे-से-छोटे अधिकारी को रिश्वत देकर समूचे जंगलों को ट्रकों पर लादकर कारख़ानों में झोंका जा सकता है। प्रदूषण के ख़िलाफ़ नियम अनेक हैं, किन्तु कोई भी नियम ऐसा नहीं जिसे बड़े-से-बड़े उद्योगपति से लेकर छोटे-से-छोटा ठेकेदार आसानी से न तोड़ सके। आज स्थिति यह है कि पश्चिम से विशेषज्ञ भारत आते हैं, ताकि पर्यावरण के महत्त्व के बारे में हमें शिक्षित कर सकें!

सिंगरौली के पास बीना एक छोटा-सा औद्योगिक नगर है। वहाँ हमारी मुलाक़ात एक युवा कर्मठ ट्रेड यूनियन नेता ओमप्रकाश मालवीय से हुई, जिन्होंने बीना की कोयला खदानों के मज़दूरों को संगठित किया है। उनसे मिलकर हमें सुखद आश्चर्य हुआ। न केवल मज़दूरों की अवस्था के बारे में, बल्कि अपने प्रदेश की खनिज सम्पदा और पर्यावरण के सम्बन्ध में उनकी गहरी जानकारी थी। उन्होंने हमें बताया कि बीना में बिड़ला के रेणुसागर पावर स्टेशन से निकलनेवाले धुएँ से इतना अधिक

प्रदूषण होता है कि पचास प्रतिशत फ़सल पर सफ़ेद परत जम जाती है, जिसके कारण फ़सल तो नष्ट होती ही है, लोगों के स्वास्थ्य पर भी बुरा प्रभाव पड़ता है। सार्वजनिक विरोध के बावजूद रेणुसागर की चिमनियों में अभी तक फ़िल्टर नहीं लगाया गया, जिससे हवा में फैलती विषैली गैस को रोका जा सके। रेणुसागर के उद्योगपति बिड़ला परिवार को हर साल बारह करोड़ रुपये का लाभ होता है, जबकि फ़िल्टर लगाने की लागत सिर्फ़ एक करोड़ है।

वायुमंडल की गन्दगी को दूर करना उद्योगपति का कर्तव्य भले ही न हो; आत्मा को स्वच्छ रखने का उत्तरदायित्व वह अच्छी तरह निभाता है। रेणुकूट में हमें एक विचित्र दृश्य दिखाई दिया; विंध्य पर्वतों से घिरे इस सुन्दर शहर के एक छोर पर बिड़ला जी ने अलुमिनियम का एक विशाल कारख़ाना खड़ा किया है। शहर के दूसरे छोर पर एक छोटी-सी पहाड़ी पर एक भव्य मन्दिर भी दिखाई देता है, जो किसी देवी-देवता के नाम से नहीं, हमेशा की तरह 'बिड़ला मन्दिर' के नाम से ही जाना-पहचाना जाता है। किन्तु इस बार इस तथ्य को रेखांकित करने के लिए कि 'मन्दिर मैंने ही बनवाया है,' मन्दिर के विशाल प्रांगण में एक तरफ़ घनश्यामदास बिड़ला और दूसरी तरफ़ उनकी धर्मपत्नी की विशाल मूर्तियाँ भी आमने-सामने खड़ी हैं—हाथ जोड़े एक-दूसरे का अभिवादन करती हुई। मन्दिर में खड़े-खड़े मेरी आँखें अनायास सामने की पहाड़ी पर जा टिकीं, जहाँ अलुमिनियम कारख़ाने की विशाल चिमनी समूचे शहर पर अपना काला, विषैला, धुआँ उगल रही थी। अचानक ख़याल आया कि चिमनी में फ़िल्टर न लगाकर बिड़ला जी ने पैसा बचाया होगा, उसी से शायद यह मन्दिर भी बनवाया होगा, किन्तु क्या उन्हें यह ख़याल नहीं आया होगा कि बरसों बाद धुएँ की ज़हरीली परतें मन्दिर के उस विशाल प्रांगण को भी ढक लेंगी, जहाँ उनकी और उनकी पत्नी की भव्य मूर्तियाँ खड़ी हैं? और तब मुझे उस क्षण वह मन्दिर बहुत ही अधिक लज्जास्पद जान पड़ा।

जब हम किसी धर्म के प्राकृतिक परिवेश की पवित्रता दूषित कर देते हैं, तो उसके बाहरी प्रतीक—चाहे वे मन्दिर हों या मूर्तियाँ—मरी हुई देह पर सोने के आभूषणों से अश्लील जान पड़ते हैं।

मरी हुई देह? मुझे अचानक सुबह की घटना याद हो आई। और तब लगा, मृत्यु के भी अनेक चेहरे होते हैं। कुछ पत्थर में मढ़े हुए साफ़ और चिकने, कुछ सड़क के किनारे धूल में लिथड़े हुए...बदहवास चीख़ों के बीच सुन्न और हैरान। हम सुबह बीना से मोटरसाइकिल पर रेणुसागर देखने जा रहे थे। अचानक देखा, रास्ते पर एक ट्रक उलटी पड़ी है और नीचे मैदान में बारह-तेरह घायल मज़दूर औरतें अलग-अलग मुद्राओं में लेटी हैं, बैठी हैं, कराह रही हैं, रो रही हैं। आसपास कुछ दर्शक घेरा बनाकर खड़े थे, जिसमें पुलिस का एक सिपाही भी था, किन्तु सब निश्चल और चुप थे। मोटरसाइकिल से उतरकर हम ट्रक के पास आए। पूछने पर पता चला कि ट्रक इन औरतों को कोयला-खदानों और कारख़ानों में काम के लिए ले जा रहा था। ड्राइवर अक्सर बहुत तेज़ी से ट्रक चलाते हैं, ताकि कम-से-कम फेरियों में ज़्यादा-से-ज़्यादा मज़दूरों को ले जाया जा सके। आश्चर्य था कि इस दुर्घटना में ड्राइवर को कोई चोट नहीं पहुँची थी, वरना वह इतनी जल्दी लापता कैसे हो जाता?

औरतों की हालत दयनीय थी। पता नहीं, किसको कितनी चोट पहुँची थी! ट्रक उलटते ही पीछे बैठी औरतें एक साथ नीचे आ गिरी थीं। हाथ-पैरों पर ख़ून के थब्बड़ धूप में चमक रहे थे, किन्तु जैसा हमारे देश में होता है—न पुलिस के सिपाही, न किसी दर्शक के दिमाग़ में यह ख़याल आया था कि इन्हें तुरन्त अस्पताल भिजवाने की व्यवस्था की जाए। सौभाग्य से मालवीयजी हमारे साथ थे। उन्होंने एक ट्रक को ज़बरदस्ती रुकवाया, फिर हमने उन अधलेटी, अधबैठी कराहती औरतों को उठाकर किसी तरह ट्रक में डाला। मैंने देखा कि दर्शक, जो अब तक तटस्थ मुद्रा में खड़े थे, हमारा हाथ बँटा रहे थे और तब मैंने सोचा कि

हिन्दुस्तान में कोई भी व्यक्ति ख़ुद अगुआई करने से कतराता है, किन्तु जब कोई आदमी हिम्मत बटोरकर पहल करता है, तो बाक़ी लोग अपनी उदासीनता छोड़कर उसकी मदद करने में आगा-पीछा नहीं देखते...।

ट्रक को अस्पताल पहुँचाया गया, किन्तु इस बीच पीछे रोने की आवाज़ और तेज़ हो गई थी। ट्रक के पिछवाड़े का दरवाज़ा गिराया गया, गुडमुड पोटलियों की तरह आपस में सिमटी, सिसकती औरतों को गोद में लेकर नीचे उतारा गया—सिवाय एक औरत के, जो एक कोने में शान्त पड़ी थी। मैंने प्रश्न-भरी निगाह से युवक को देखा, जो ट्रक पर खड़ा था।

"इसे नहीं उतारोगे?"

उसने चुपचाप सिर हिलाया, "कोई ज़रूरत नहीं—यह तो बीच में ही ख़त्म हो गई।"

बहुत देर बाद जब हम बस में रेणुकूट जा रहे थे, इसी युवक ने मुझसे पूछा, "आपको कैसा महसूस हुआ होगा?" मैं कुछ समझा नहीं। उसने धीरे से कहा, "आपने जिस बुढ़िया को ट्रक में चढ़ाया था, वही नहीं रही। शायद आप आख़िरी आदमी थे, जिसने उसे छुआ था!"

सिंगरौली में वह हमारी अन्तिम शाम थी। उस रात रेणुकूट के स्टेशन पर हमने दिल्ली की ट्रेन पकड़ी थी। ट्रेन की खिड़की से मैं देर तक अँधेरे में विंध्याचल की धुँधली पहाड़ियों को सरकता हुआ देखता रहा। और तब उस रात अपनी बर्थ पर ऊँघते हुए अचानक मुझे कुप्रीन की कहानी 'मोलोक' याद हो आई, जिसका अनुवाद मैंने मुद्दत पहले किया था। मुझे याद आया, 'मोलोक' शब्द का हिन्दी पर्याय मिलने में मुझे कितनी परेशानी हुई थी! दैत्य? दानव? बलि-देवता? कोई ऐसी अति मानवीय शक्ति, जो धीरे-धीरे अपने शिकंजों में समूची चराचर सृष्टि को दबोच लेती है, हर व्यक्ति की नियति को ग्रसती हुई काली, लम्बी छाया, जिससे कोई छुटकारा नहीं...।

मुझे लगा, जिस शब्द का अर्थ मुझे बरसों पहले शब्दकोश में नहीं मिला था, उसका 'चेहरा' मैंने सिंगरौली में देख लिया था।

किन्तु इस चेहरे के पीछे एक फ़ोटोग्राफ़ भी है, जो मैं अपने साथ लाया हूँ : अमझर की एक दुपहर पानी से भरे धान के खेत के बीचोबीच अपने मित्र के कन्धों पर बैठा हूँ, सिर पर चटाई का हैट पहन रखा है और मेरे साथ काली, साफ़, सुन्दर आदिवासी लड़कियाँ भी खड़ी हैं—पानी में घुटनों तक डूबी हुई। उन्होंने भी हैट पहन रखा है—और वे मुझे देखकर खिलखिलाते हुए हँस रही हैं!

सुलगती टहनी

प्रयाग : 1976

मुँह-अँधेरे सीटी सुनाई देती है—घनी नींद में सूराख़ बनाती हुई—एक क्षण पता नहीं चलता, मैं कहाँ हूँ, किस जगह हूँ, कौन-सा समय है? आँखें खुलती हैं, तो ढेर-सा अँधेरा गटागट पीने लगती हैं, जैसे मुँह की प्यास आँखें बुझा रही हैं। याद आता है, मेरे नीचे मेरा स्लीपिंग बैग है—मेरी यात्राओं और यातनाओं को ढोता हुआ। मैं जाग गया हूँ—लेकिन मेरी समूची देह गरमाई के घेरे में सो रही है।

कुछ देर बाद आँखें अँधेरे में टोहती हुई एक-एक चीज़ पर ठहर जाती हैं—किताब, तिपाई, लालटेन, फूस का अधखुला दरवाज़ा, हवा में सरसराती छत। बाहर एक फुसफुसाता हुआ शोर है—रेंगती हुई आवाज़ों का रेला—जैसे हज़ारों पैर रेत को थपथपाते हुए चल रहे हैं। मैं हड़बड़ाकर अपना स्लीपिंग बैग समेटता हूँ। हाथों में रेत, मिट्टी, फूस के पत्तों को ठेलता हुआ दरवाज़ा खोलता हूँ, तो ठिठका-सा रह जाता हूँ।

चाँद दिखाई देता है। पूर्णिमा का पूरा चाँद, इलाहाबाद के क़िले पर ऊँघता हुआ। पिछली रात उसे गंगा के भीतर देखा था—एक सफ़ेद भुतैली परछाईं, एक झिलमिला-सा स्वप्न—अब समूची रात की यात्रा में थका हुआ वह क़िले के माथे पर चिपका था एक गोल, सफ़ेद, मुरझाई बिंदी—जिसे सिर्फ़ एक अँगुली से पोंछा जा सकता था।

"आप जाग गए?"

सच्चे महाराज का चौकीदार मुझे देखकर कुछ हैरान-सा हो जाता है। दरअसल जब से मैं आया हूँ, वह मुझ पर हैरान है। वह उन्नीस-बीस वर्ष का युवक, जो शायद बचपन में ही आश्रम में बस गया था। मैं जहाँ कहीं भी होता हूँ, वह अपनी फैली फटी-फटी आँखों से मुझे निहारता है—मैं क्या हूँ, यह वह नहीं समझ पाता—न मैं तीर्थयात्री लगता हूँ, न कल्पवासी—मैं उसे आधा हिप्पी, आधा जिप्सी-सा दिखाई देता हूँगा—जो अपने पाप-पुण्यों को एक डफल बैग में समेटकर कुम्भ मेले में भटकता है।

"आप भी संगम जाएँगे?"

उसने सन्देह से मेरी ओर देखा।

"हाँ—इसीलिए आया हूँ," मैंने कहा। "यह सीटी कौन बजा रहा है?"

"पुलिस," उसने कहा। "यात्रियों को रास्ता दिखाना पड़ता है—बेचारे अँधेरे में भटक जाते हैं।"

दबी-ठिठुरती आवाज़ें, भजन की कुछ पंक्तियाँ ठंडी रेत और भूरी चाँदनी पर उठती हैं, किसी बूढ़े स्नानार्थी का काँपता स्वर हवा में बहुत दूर तक रिरियाता रहता है। मैं पंप को ढूँढ़ता हुआ आश्रम का चक्कर लगाता हूँ। लगता है, सब सो रहे हैं। हवा में ख़ाली झोंपड़ों के दरवाज़े सरसराते हैं, खुलते हैं, बन्द हो जाते हैं। सब कुटियों से अलग सच्चे महाराज की यज्ञशाला दिखाई देती है—पीले फूल के मंडप, एक छत पर दूसरी छत—जैसे कोई जापानी पैगोडा चाँदनी में चमक रहा हो।

मैं इस मेले में ख़ाली होकर आया था। सब कुछ पीछे छोड़ आया था—तर्कबुद्धि, ज्ञान, कला, जीवन का एस्थेटिक सौन्दर्य। मैं अपना दु:ख और ग़ुस्सा और शर्म और पछतावा और लांछना—प्रेम और लगाव—और स्मृतियाँ भी छोड़ आया था। मैं बिलकुल ख़ाली होकर आया था—ख़ाली और चुप—क्योंकि शब्द बहुत पहले किसी काम के नहीं रहे थे। चुप और अदृश्य। मैं अथाह भीड़ में अपने को अदृश्य पाना चाहता था।

कैम्प के बाहर आया तो असंख्य छायाएँ दिखाई दीं। बीच सड़क पर रेंगता हुआ प्रेतों का जुलूस। एक साल बाद मैं किसी जुलूस में निडर शामिल हुआ था। यहाँ कोई डर नहीं, कोई अफ़वाह नहीं, कोई झूठ नहीं। छायाओं से डर कैसा? प्रेतों के बीच मैं एक प्रेत था। न मैं उनसे डरता था, न वे मुझसे। सुबह का अँधेरा—जिसमें किसी का चेहरा नहीं दिखाई देता था। कहते हैं, यह अँधेरा सबसे निविड़, सबसे गहरा, सबसे ज़्यादा रहस्यमय होता है। डूबते चाँद की एक पतली, पीली परत झर रही थी—रेत के दूहों पर, अखाड़ों की पताकाओं पर, फूस के झोंपड़ों पर। पीछे बाँध की बत्तियाँ, सामने झूसी का मैदान—दोनों के बीच देवता हवा में उड़ते हुए जैसे वह जगह, वह बिन्दु, वह कोना ढूँढ़ रहे हों, जहाँ अमृत घट को छिपा सकें। क्या वे अपने को असुरों की आँखों से बचा पाएँगे?

शायद यही ख़याल मेरे सहयात्रियों को मथ रहा है—वे कभी इधर देखते हैं, कभी उधर। सीधी सड़क गंगा की ओर जाती है, दाईं पगडंडीनुमा रेखा संगम की ओर। उनके शब्द, गाते हुए भजनों के कुछ पद, उनकी थकी हुई आहें, उच्छ्वास, छिटपुट बातें कानों में पड़ जाती हैं। लगता है, अँधेरे में मैं उनका चेहरा-मोहरा, वेश-भूषा न भी देख सकूँ तो भी सिर्फ़ शब्दों के उच्चारण, बातचीत के लहजे से पता चला सकता हूँ कि कौन मध्य प्रदेश से आया है, कौन बिहार से, कौन राजस्थान से।

किन्तु ऐसे भी शब्द हैं जिन्हें मैं बिलकुल नहीं समझ पाता, जो अँधेरे से निकलकर अँधेरे में लोप हो जाते हैं—अपने पीछे ख़ामोशी का एक दायरा छोड़ जाते हैं। मेरा सम्बन्ध इस ख़ामोशी से रहा है—चेहरों के पीछे कविता की लाइनों के बीच, अपने भीतर और अब—कुम्भ के मैदान में।

अब मैं देख सकता हूँ—अचानक उजाले में! पूर्व में एक छोटा-सा लाल पिंड, एक सुर्ख़ आँख-सा डिस्क। उसे देखकर मैं उसी तरह चौंक जाता हूँ, जैसे पहली बार बाइबल में यह वाक्य पढ़कर रोमांचित हो उठा था : लेट देयर बि लाइट एंड देयर वॉज़ लाइट।' मैंने कभी ऐसा आलोक नहीं देखा—और तब मुझे सहसा महसूस हुआ कि यह आज का दैनिक उजाला नहीं, कोई प्रागैतिहासिक आलोक है, जब दुनिया पहली बार अँधेरे से बाहर आई थी। मेले का मैदान एक घोंसले-सा धूप में औंधा पड़ा है—दूर गंगा को छूता हुआ। पीली सफ़ेद बालू का द्वीप, जिसे गंगा एक कैंची की तरह काटकर आगे बढ़ गई है—जैसे जमुना की मंथर गति से ऊबकर स्वयं बेचैनी में आगे बढ़कर छोटी बहन से मिल रही है।

मेरे सहयात्रियों को अब चैन कहाँ? गिरते-पड़ते भाग रहे हैं—एक बंगाली लड़की अपनी बूढ़ी माँ के साथ घिसटती हुई, दोनों हाथों से उसे घसीटती हुई चल रही है—बग़ल में एक पोटली, हाथ में लोटा, आँखें सूरज और संगम के बीच उठी हुईं। बूढ़ी माँ की धोती बार-बार घुटनों तक उठ आती है, काली सींक-सी टाँगें थरथराती हुई आगे बढ़ती हैं—रेत पर धँसते पैर ऊपर उठते हैं, नीचे गिरते हैं।

मैं वहीं बैठ जाना चाहता था, भीगी काली रेत पर, असंख्य पदचिह्नों के बीच अपनी भाग्यरेखा को बाँधता हुआ। पर यह असम्भव था। मेरे आगे-पीछे अन्तहीन यात्रियों की क़तार थी—शताब्दियों से चलती हुई, थकी, उद्भ्रान्त, मलिन—फिर भी सतत प्रवहमान। पता नहीं, वे कहाँ जा रहे हैं, किस दिशा में, किस दिशा को खोज रहे हैं—एक शती से दूसरी शती की सीढ़ियाँ चढ़ते हुए? कहाँ है वह कुम्भ-घटक जिसे

देवताओं ने यहीं कहीं बालू के भीतर दबाकर रखा था? न जाने कैसा स्वाद होगा उस सत्य का—अमृत की कुछ तलछटी बूँदों का, जिसकी तलाश में यह लम्बी यातनाभरी, धूल-धूसरित यात्रा शुरू हुई है—हज़ारों वर्षों की लांग मार्च, तीर्थ अभियान, सूखे कंठ की अपार तृष्णा—जिसे इतिहासकार 'भारतीय संस्कृति' कहते हैं?

मुझे नहीं मालूम। मैं सोचता नहीं—सिर्फ़ घिसटता जाता हूँ, धक्के खाता, गिरता-पड़ता, एक-एक इंच आगे सरकता हुआ। गंगा मेरे साथ बह रही है—मटियाली, पीली, अपनी तेज़ धार से ख़ुद अपने टापू को काटती हुई। उसके सामने जमुना कितनी शान्त दिखाई देती है—एक नीली झील की तरह निस्पन्द, मूक, गम्भीर, जैसे उसे मालूम हो कि अब उसकी यात्रा का अन्त आ पहुँचा है—अब कोई भी छटपटाहट बेमानी है—अब गंगा की गोद में अपनी समूची थकान को डुबो देना है।

नहान पर्व की घड़ी—मोमबत्ती-सा जलता सूरज, जनवरी की सफ़ेद धुंध पर पिघलता हुआ। अनेक प्रार्थनाओं से जुड़ा शोर—जो शोर नहीं है, न आवाज़ है, न कोलाहल—सिर्फ़ मनुष्य का अपनी आत्मा से एकालाप, जिसे सिर्फ़ बहता पानी सुन सकता है। यह पानी इन आवाज़ों को अपनी धड़कन में पिरोता हुआ किस विराट मौन सागर में लय हो जाएगा, कोई नहीं जानता। दोनों धाराओं के बीच एक-एक काली रेखा दिखाई देती है। मैं समझता हूँ, यह कोई दीवार है—संगम के बीच हिलती, धुलती, बदलती लाइन। लोग आते हैं, लाइन में डुबकी लगाते हैं और फिर अपनी जगह दूसरों को दे देते हैं—और वह नर-सेतु ज्यों-का-त्यों क़ायम रहता है। हर क्षण बदलता हुआ, किन्तु अपनी सम्पूर्णता में स्थिर और गतिहीन।

अब एक भी क़दम उठाना असम्भव है। यहाँ भीड़ इतनी घनी है कि स्त्री-पुरुष गंगा की मटियाली धार में ही नहाने लगे हैं—संगम से दो गज़ इधर या उधर, क्या फ़र्क़ पड़ता है। पुलिस के सिपाही लाइन

बनाकर खड़े हैं—तटस्थ, शान्त, ध्यानावस्थित। मैंने भारतीय पुलिस को इतना शान्त कम ही देखा है, इसलिए उत्सुकता से उनकी आँखों का अनुकरण करता हूँ और पाता हूँ कि समूची बटैलियन अटेंशन की मुद्रा में नहाती हुई औरतों को देख रही है—रात-भर के जगे सिपाहियों को सुबह का यह दृश्य ज़रूर एक स्वप्न-सा जान पड़ता होगा।

तभी एक धक्का लगता है। एक पच्चीस-तीस वर्ष का युवक भीड़ को चीरता हुआ पुलिस इंस्पेक्टर के पास आ खड़ा हुआ है, गिड़गिड़ाते स्वर में कुछ कह रहा है।

"यहाँ साइकिल पर?" इंस्पेक्टर साहब आश्चर्य से युवक को देखते हैं। "आपको मालूम नहीं, यहाँ कोई भी वाहन नहीं आ सकता?"

"जी, मेरी बात तो सुनिए।"

उसकी बात सुनी तो पता चला कि उसके अस्सी बरस के बाबा सैकड़ों मील की दूरी से प्रयाग तो चले आए हैं, किन्तु अपनी झोंपड़ी से संगम पैदल चलकर नहीं आ सकते। क्या वह उन्हें साइकिल पर बिठाकर नहीं ला सकता?

इंस्पेक्टर थोड़ा नर्म पड़ते हैं। "अच्छा, ले आइए—लेकिन देखिए—उन्हें आपको अलग नहलाना होगा, साइकिल समेत नहीं।" दस मिनट बाद उन्हें दुबारा देखता हूँ—वह एक पुरानी, जर्जरित साइकिल को घसीटता आ रहा है, पहिये बार-बार गीली रेत में रपट जाते हैं—वह घबराकर इधर-उधर देखता जाता है कि कोई दूसरा सिपाही उसे न रोक ले। किन्तु पीछे कैरियर पर बैठा यात्री बिलकुल अटल और निश्चिन्त है—आँखें मुँदी हुईं, मुँह खुला हुआ, ठुड्डी पर थूक की लार बह रही है, नीचे लटकते पैर रेत पर रगड़ते जा रहे हैं, जिसका उन्हें कोई ध्यान नहीं। पूरी एक ज़िन्दगी साइकिल पर घिसट रही है। उन्होंने अपना सिर सीट पर रखी मैली पोटली पर टिका रखा है। साइकिल की चरमराहट में पता नहीं चलता कि ढीले कल-पुरज़ों की आवाज़ कितनी है,

बूढ़ी हड्डियों की खटखटाहट कितनी। हर टूटी हुई साँस उन्हें अपनी यात्रा के अन्त की ओर ठेलती जा रही है।

कैसा अन्त? क्या कोई ऐसी जगह है जिसे हम अन्त कहकर छुट्टी पा सकें? जिस जगह एक नदी दूसरी में समर्पित हो जाए और दूसरी अविरल रूप से बहती रहे, वहाँ अन्त कैसा? हिन्दू-मानस में कोई ऐसा बिन्दु नहीं जिस पर अँगुली रखकर हम कह सकें, यह शुरू है, यह अन्त है। यहाँ कोई आख़िरी पड़ाव, 'जजमेंट डे' नहीं, जो समय को इतिहास के खंडों में बाँटता है। नहीं, अन्त नहीं है और मरता कोई नहीं, सब समाहित हो जाते हैं, घुल जाते हैं, मिल जाते हैं। जिस मानस में व्यक्ति की अलग सत्ता नहीं, वहाँ अकेली मृत्यु का डर कैसा? मुझे रामकृष्ण परमहंस की बात याद हो आती है : 'नदियाँ बहती हैं, क्योंकि उनके जनक पहाड़ अटल रहते हैं।' शायद इसीलिए इस संस्कृति ने अपने तीर्थस्थान पहाड़ों और नदियों में खोज निकाले थे—शाश्वत अटल और शाश्वत प्रवहमान—मैं एक के साथ खड़ा हूँ, दूसरे के साथ बहता हूँ।

वे जा रहे हैं—गंगा-तट सूना पड़ता जा रहा है। विधवाएँ, मरणासन्न बूढ़े, वह बंगाली लड़की जिसे सुबह के अँधेरे में देखा था, वे लौट रहे हैं। सबके हाथों में गीली धोतियाँ, तौलिये हैं। गगरियों और लोटों में गंगाजल भरा है। मैं इन्हें फिर कभी नहीं देखूँगा। कुछ दिनों में वे सब हिन्दुस्तान के सुदूर कोनों में खो जाएँगे। लेकिन एक दिन हम फिर मिलेंगे—मृत्यु की घड़ी में आज का गंगाजल—उसकी कुछ बूँदें—उनके चेहरों पर छिड़की जाएँगी। आँख खुलेगी। सम्भव है, आज की सुबह बरसों बाद स्मृति पर अटक जाए—फूस के छप्पर, इलाहाबाद का क़िला, मेले पर उड़ती धूल—क्या याद आएगा? एक बूँद में कितनी स्मृतियाँ गले के भीतर ढरती जाएँगी! अंगूर का रस जिस तरह फर्मेंट होकर शराब बन जाता है, उसी तरह आज का यह पानी अरसे बाद अमृत बनेगा—हज़ारों स्मृतियों

की धूप में पका हुआ, लेकिन अभी नहीं, अभी यह मैला पानी है जिसमें नायपॉल जैसे लेखक केवल मैल और गन्दगी देखते हैं। जो आदमी बाहर से देखता है, वह सिर्फ़ ऊपरी सतह देख पाता है, लेकिन ऊपर की सतह नीचे के मर्म से जुड़ी है—हम यदि कैंची से किसी अन्धविश्वास को काटेंगे तो उसके साथ सच्चे विश्वास का मर्म भी उघड़ आएगा। किसी भी संस्कृति की धूल उसकी आत्मा से जुड़ी होती है—एक को हटाते ही ख़ुद उसके मर्म का एक हिस्सा बाहर निकल आता है—ख़ून और मांस से लिथड़ा हुआ—ड्राइक्लीनर की उस चेतावनी की तरह जिसमें कहा जाता है कि कुछ धब्बे नहीं धोए जा सकते, क्योंकि उन्हें धोने से कपड़ा भी फट जाएगा। हम पायँचे उठाकर किसी संस्कृति के कीचड़ से क्यों न बच निकलें, दुर्भाग्यवश उसके सत्य से भी अछूते रह जाएँगे।

पर मैं कहाँ अलग हूँ। घंटों से हज़ारों यात्रियों को गाता, नहाता, प्रार्थना करता देख रहा हूँ—किन्तु मेरे भीतर कोई बिलकुल निस्संग और चुप है। मैं उनमें नहीं हूँ जो कीचड़ से भागते हैं, तो उनमें भी नहीं हूँ जो आसपास उसे देखते नहीं, उसमें रसे-बसे हैं। यह कौन-सी वर्जना है जो हर बार मुझे अन्तिम मौक़े पर पकड़ लेती है, अपने अकेलेपन की ओर खींचने लगती है? मेरा रिश्ता अपनी संस्कृति से वैसा ही है, जैसा किसी व्यक्ति का यातनापूर्ण प्रेम में दूसरे से होता है—चाहना और निराशा से भरा हुआ—निराशा जो धीरे-धीरे एक उदासीन, सुन्न क़िस्म की वितृष्णा में बदल जाती है। इससे छुटकारा पाने के लिए ही मैं यहाँ चला आया हूँ—जैसे दूसरों को देखने से ही अपने को पा जाऊँगा, एक दर्शक, संवाददाता, कुम्भ के मैदान में भटकता हुआ एक रिपोर्टर।

सूरज चढ़ आया है—सर्दी की धूप में पीले ऊन का गोला। नीले आकाश में एक भी बादल नहीं। किनारे पर एक डंडी महात्मा दिखाई देते हैं। मैं उनके पास ही बैठ जाता हूँ। उम्र पचास के आसपास, चेहरा धँसा हुआ,

सफ़ेद छितरी हुई दाढ़ी जो मूली के मुरझाए पत्तों-सी अनर्गल दीखती है। बिलकुल नंगे, एक लँगोट के अलावा कुछ भी नहीं। खाँस रहे हैं, थर-थर काँप रहे हैं।

"शरीर में व्यथा है," उन्होंने कहा। "कई दिनों से देह तपती है।"

"कहाँ से आए हैं बाबा?"

"घूमता रहता हूँ। यहाँ मरने आया हूँ।"

वह निस्पन्द आँखों से गंगा को देख रहे हैं। बार-बार उनकी देह खाँसी के दौरे में छटपटाती है।

"क्या बहुत कष्ट है बाबा?"

"कष्ट झेलना चाहिए...मेरा कैसा कष्ट?" वह मेरी ओर देखते हैं—आँखों पर मैला-सा पानी तिर आता है। "वह कहानी नहीं सुनी—जब एक महात्मा के फोड़ा निकल आया। रात भर दर्द में कराहते रहे। दूसरे दिन अपने शिष्य को भिक्षा के लिए भेजा। बेचारा भोला लड़का शहर में आया तो एक युवती दिखाई दी। वह पहले से ही उसकी प्रतीक्षा में खड़ी थी। मुस्कराते हुए उसे भिक्षा दी। शिष्य स्तम्भित था। भागता हुआ जंगल आया—अपने गुरु से बोला—महात्मा जी, आपके शरीर में एक फोड़ा निकला और आप रात भर दर्द से चीख़ते रहे। आपसे ज्ञानवान तो वह लड़की है, जिसकी छाती पर मैंने दो फोड़े देखे—फिर भी वह मुस्करा रही थी।"

डंडी महात्मा हँस रहे हैं—खुला मुँह एक खोह की तरह खुला है, जिसके भीतर से एक बीभत्स-सी गों-गों बाहर आती है। वह हँसते हुए खाँस रहे हैं, खाँसते हुए रेत पर लोट रहे हैं—उनका नंगा शरीर एक काले मांस के लोथ की तरह ऐंठ रहा है—भग्न, टूटा, अस्थिपिंजर, जिसे किसी भी क्षण मृत्यु अपनी चोंच में दबाकर उड़ सकती है।

मैं आतंकित-सा होकर चारों तरफ़ देखता हूँ। मृत्यु? मैंने उसे पास से देखा है, दुपहर की तितीरी धूप में रेत पर हाँफते हुए; कितने लोग यहाँ

आख़िरी क्षण में साँस तोड़ने आते हैं। आकाश में उड़ती हुई चीलें उन्हें निहारती हैं—एक मांसल झपट्टे में सब कुछ ले जाने को आतुर—प्रेम, चाहना, रात के चुम्बन, एक आकांक्षा—अपनी सजीव, विराट, मांसल तृष्णा में प्रेम और मृत्यु कितने पास-पास सरक आते हैं!

मेले की पताकाओं से दूर—पुल के पार, छोटे-छोटे आलों-सी झोंपड़ियाँ खड़ी हैं। यहाँ कोई जल्दी नहीं, कोई हड़बड़ाहट नहीं। ये कल्पवासियों और तीर्थयात्रियों के झोंपड़े हैं—पूरी गृहस्थी में लदे हुए। बाँसों पर गीले कपड़े हवा में फरफराते हैं। ये लोग महीना भर संगम के पास अपनी दुनिया बसाने आए हैं—मकर संक्रान्ति, अमावस्या की अँधेरी रात, रात और दिन यहीं सोएँगे। जागेंगे। नहीं, इन्हें मेरी तरह कोई जल्दी नहीं—जो एक किनारे से दूसरे किनारे भागता है। वे उन लुटे-पिटे लोगों में नहीं हैं जो एक साल की जमा पूँजी संगम की एक डुबकी में बहाकर घर लौट आते हैं। ये ज्ञानी, अनुभवी, गृहस्थ लोग हैं—मेरे अनेक मित्रों की तरह—जो दोनों दुनियाओं में एक साथ रहते हैं—अपना सुख इस दुनिया में प्रसाद की तरह लाते हैं—गंगा उसका एक अंश लेकर बाक़ी उन्हें लौटा देती है, जिसे वे दुबारा अपनी-अपनी पोटली में दबाकर लौट जाएँगे—कलकत्ता और दिल्ली और लखनऊ के घरों में। मैं उनसे ईर्ष्या करता हूँ, किन्तु उनके पास नहीं जाता। मैं कोई भी हूँ, उनमें नहीं हूँ...।

मैं मुड़ जाता हूँ। झूँसी और गंगाद्वीप के बीच पंटून पुलों पर धूल उड़ रही है। दुपहर की इस घड़ी में सब कुछ वीरान दीखता है—अखाड़ों के प्रवेश-द्वार ख़ाली पड़े हैं। दरवाज़ों के ऊपर रंग-बिरंगे फेस्टून चमकते हैं—उदासी, निरंजनी, वैरागी। वे एक विराट प्रदर्शनी की दुकानें-सी दिखाई देती हैं—जैसे जनपथ पर कोई सरकारी नुमाइश चल रही हो! मैं प्रयाग में दिल्ली ढूँढ़ने नहीं आया—जहाँ कहीं अखाड़े दिखाई देते हैं, मुझे राजनीति का दुःस्वप्न घेर लेता है। एक सस्ता, व्यावसायिक स्वप्न, जिसे नारों में

बेचा जाता है, धमकियों से ख़रीदा जाता है। मैं जिससे बचने यहाँ आया हूँ, उस फंदे में दुबारा फँसना नहीं चाहता। मैं अपने साथ दुःस्वप्नों की एक पूरी गठरी उठाकर लाया हूँ—रात के पसीने में लथपथ डर, आशंकाएँ, महत्त्वाकांक्षाएँ। मैं कोई ऐसी जगह ढूँढ़ रहा हूँ जहाँ सबकी आँख बचाकर इस पोटली को रख सकूँ...छिपा सकूँ, मुक्त हो सकूँ।

कैसी मुक्ति? पीछे कोई हँसता है और मेरे पैर अनायास ठिठक जाते हैं। एक अजीब-सी कड़वी गंध हवा में उड़ रही है। सामने एक शिविर दिखाई देता है—राख और धुएँ में लिपटा हुआ। जलती हुई लकड़ियों पर धुँधली छायाएँ बैठी हैं—राख में लिपटी हुई, कृशकाय, उन तख़्तों की तरह सख़्त और सूखी जो धुएँ के भीतर सुलग रहे हैं।

शिविर के भीतर—छप्पर के नीचे कीर्तन की एक मंडली है। चालीस-पचास लोग, जो अभी-अभी नहाकर आए हैं, थकी, क्लान्त धुन में गा रहे हैं। सामने सिंहासन पर एक भव्य स्थूलकाय स्वामी बैठे हैं—साफ़ चमकते जोगिया चोग़े में लिपटे हुए। वह एक पद गाते हैं—उनके पीछे मंडली का समवेत स्वर दुहराता है—औरतों की महीन आवाज़ सबसे ऊपर है—एक उदास, सन्तप्त स्वर जो मुझे आर-पार भेद जाता है। कौन हैं ये लोग, यह स्वामी, बाहर बैठे, धूनी रमाए नंगे साधु? एक सुन्दर युवा संन्यासी पास से गुज़रते हैं तो मैं उन्हें रोक लेता हूँ, एक साँस में सब जिज्ञासाएँ उड़ेल देता हूँ। वह एक क्षण नीरव आँखों से मुझे देखते हैं और फिर मेरा हाथ पकड़कर सिंहासन के सामने ले जाते हैं, स्वामीजी के कानों में कुछ फुसफुसाते हैं और तब सहसा स्वामीजी गाना बन्द कर देते हैं। मेरे गालों को सहलाते हैं। फूलों के बीच एक अमरूद—मैला, ज़रूरत से ज़्यादा पका अमरूद उठाकर मुझे दे देते हैं।

मैं बाहर आ जाता हूँ। कीर्तन फिर शुरू हो गया है—वही थकी, क्लान्त, बुझी-बुझी आवाज़ एक पद से दूसरे पद बह रही है। अजीब-सी निराशा घिर आती है—थकान और जलन और मरने की अदम्य आकांक्षा।

दूर रेत पर गंगा की सफ़ेद धारा चमकती है। दुपहर की गर्म, किरकिरी उच्छ्वास ढूहों पर उठती है और मैं सोता-सा बाहर आ जाता हूँ—बाहर, जहाँ वे हैं—चौकड़ी लगाए भस्मावृत पिंजर—नंगे, हड्डियों के ठूँठ, चमकती सुर्ख़ आँखें। चरस और गाँजे की तीखी गंध साँप की तरह डोलती है—उठती है—फूत्कारती हुई मेरी देह को भेद जाती है, 'बैठो, इन्हीं के साथ बैठ जाओ। भूल जाओ, तुम मनुष्य हो, दिल्ली से आए हो, कहानियाँ गढ़ते हो, यूरोप घूमे हो—बैठ जाओ, इस धुएँ में देह और आत्मा अलग-अलग नहीं हैं—दोनों के बीच कोई पर्दा नहीं, कोई दीवार नहीं—एक दूसरे की प्रतिच्छाया हैं।'

देह की आत्मा वही है जो आत्मा की देह है—एक लपट में घुलती हुई, हवा में अपनी घुमड़ती पीड़ा की गाँठें खोलती हुई, जिसके भीतर एक गुठली है, एक स्वप्न, एक आलोकवृत्त—जन्म के चमत्कार से मृत्यु के रहस्य तक फैला हुआ—बैठो, भूल जाओ, तुम निरे मनुष्य हो—तुम एक पत्ता हो, एक टहनी, जानवर की स्निग्ध आँख, एक पत्थर, घास का एक तिनका—जब तुम मनुष्य नहीं, तब तुम सब कुछ हो, ईश्वर के पास हो, स्वयं ईश्वर हो...।

कैसी मुक्ति? कोई हँसता है और मैं चौंक जाता हूँ—दो चमकती आँखें मेरी आँखों पर चिपकी हैं—एक बौने साधु मेरी ओर हँसते हुए घूरते हैं और पलक मारते ही उलट जाते हैं—टाँगें ऊपर हवा में मुड़ी हुईं, पीठ को छूती हुईं, सिर कहीं पीछे बाँहों की गुंजल में छिपा हुआ, आग की लपट में जाँघों के पुट्ठे चमक रहे हैं—जैसे समूचा शरीर एक मांसपिंड में गुँथ गया है। मुड़ी हुई देह के अँधेरे से दो आँखें चमक रही हैं, मुस्करा रही हैं, 'मैं गर्भ हूँ। मैं अपने गर्भ में माँ हूँ। मैं अपनी माँ के गर्भ में लेटा हूँ।'

यह आवाज़ मेरे साथ चलती है और मुझे हल्का छोड़ देती है। एक ऐसा क्षण आता है जब हम अपने भीतर मरकर दुबारा जन्म ले लेते हैं।

हम स्वयं अपने मिथक बन जाते हैं—जिसमें अतीत भी है और भविष्य भी—बर्फ़ के उन फूलों की तरह जिन्हें मैंने प्राग में वर्षों पहले देखा था, जो झरते हुए भी चारों तरफ़ बीती हुई गर्मियों की गर्मी बर्फ़ पर बिखेर देते हैं।

मैं हल्का हो गया हूँ। मेरे हाथ में सड़ा हुआ अमरूद है। मैं पुल पर चल रहा हूँ।

कुटिया के पीले अँधेरे में एक स्वर सुनाई देता है—मैं उठकर बैठ जाता हूँ। हवा और धूप में नहाते हुए स्वच्छ, उच्छल शब्द भीतर आते हैं।

सित सिते सरिते यत्र संगते
तत्राप्लुतासो दिव्युत्पतन्ति

मैं बाहर आता हूँ तो घास-फूस के पगोडा-तले एक हृष्ट-पुष्ट, तेजस्वी चेहरा दिखाई देता है। शायद ही ऋग्वेद की ऋचाओं का इतना मधुर, ओजस्वी पाठ मैंने पहले कभी सुना हो। पाठ समाप्त होने पर मेरा परिचय वैदिक दामोदर शास्त्री जोगलेकर से कराया जाता है। वह कर्नाटक से प्रयाग आए हैं। सच्चे महाराज ने उन्हें विशेष रूप से कुम्भ पर्व पर 'ऋग्वेद' का पाठ करने के लिए आमंत्रित किया है। बातों ही बातों में पता चलता है कि उनके पिता, पितामह भी वैदिक थे। वेद-पाठ करके ही जीवन-निर्वाह करते थे। वह स्वयं बचपन से वेदों का अध्ययन करते आए हैं—अब यह उनका पेशा ही नहीं, 'पैशन' बन चुका है।

शाम होते ही यज्ञशाला में चहल-पहल होने लगती है। कुम्भ के यात्री घड़ी-दो घड़ी धर्मवार्ता के लिए यहाँ रुकते हैं, सच्चे महाराज के दर्शन करते हैं और फिर संगम की तरफ़ बढ़ जाते हैं। चाय के समय मुझे भी बुलाया जाता है। पता चला, सच्चे महाराज उस व्यक्ति से मिलना चाहते हैं जो दिल्ली से आया है। मैं स्वयं उनसे मिलने के लिए उत्सुक हूँ।

मैंने उन्हें कभी नहीं देखा—सिर्फ़ उनके शिष्यों से पता चला था कि उनका आश्रम जमुना पार अरैल में है। देश के सुदूर कोनों से उनके भक्त आते हैं। ग़रीब, अनाथ विद्यार्थियों की प्रचुर सहायता करते हैं। मेरे मित्र लक्ष्मीकान्त वर्मा पर उनकी विशेष कृपा है—यदि उनकी सिफ़ारिश न होती तो कुम्भ मेले के बीचोबीच रहने का सौभाग्य कभी प्राप्त न होता।

अब सोचता हूँ तो उनका सम्पन्न सौम्य चेहरा और विचित्र-सी हँसी याद आती है। वह एक ऊँचे तख़्त पर बैठे थे। हम कोई दस-पन्द्रह लोग होंगे। कोई औपचारिक प्रवचन नहीं, न कोई भाषण या उपदेश—शायद इसीलिए सब उनसे सहज भाव से बातचीत कर रहे थे। कुछ देर बाद उन्होंने मुझे देखा—दो चार उड़ते-उड़ते प्रश्न पूछे—कहाँ-कहाँ घूम आया? कितने दिन रहूँगा? कोई कष्ट तो नहीं है? मैं सब उत्तर देता गया, किन्तु अन्तिम प्रश्न पर अटक गया। 'कष्ट' से उनका क्या मतलब है? कुम्भ मेले में रहने की कोई असुविधा या ज़िन्दगी में पड़ी कोई तकलीफ़? इच्छा होती है, उनसे कुछ पूछूँ—कोई प्रश्न, भीतर की कोई जिज्ञासा। पर अन्तिम मौक़े पर सब प्रश्न निरर्थक-से जान पड़े—जिस क्षण कोई प्रश्न उठता, उसका उत्तर उसके साथ जुड़ा रहता है—दूसरा कुछ भी कहे, हम सिर्फ़ अपने उत्तर का ही पीछा करते हैं—चाहे वह कितना ही ग़लत या ख़तरनाक क्यों न हो।

नहीं, मैं उनसे कुछ भी नहीं पूछता। सिर्फ़ उनकी हँसी देखता रहता हूँ। वह हँसते हुए कुछ बोलते जाते हैं। मेले का कोलाहल बीच-बीच में बाहर से भीतर चला आता है—वह ठहर जाते हैं, शोर को गुज़र जाने देते हैं, फिर दुबारा वहीं से शुरू कर देते हैं जहाँ से आधी बात को अधूरा छोड़ दिया जाता था। कभी-कभी लगता है, उनके शब्द किसी निश्चित, बने-बनाए अर्थ की तरफ़ नहीं जाते, किन्तु फिर भी मैं मंत्रमुग्ध-सा उनके शब्दों को सुन रहा हूँ, उन्हें उनके मुँह से बाहर निकलता हुआ देख रहा हूँ, जैसे कोई बच्चा साबुन के बुलबुले उड़ाता है—

सुन्दर, साबुत, चमकीले—फिर हठात् एक छोटी-सी हँसी में वह उन्हें तोड़ देता है, बिखरा देता है, उड़ा देता है। लेकिन कभी-कभी उनका कोई एक वाक्य शब्दों की अराजकता में कौंध जाता है, अर्थ का एक पूरा पैटर्न दिखाई दे जाता है : 'हमारे बाहर एक प्रवाह है,' वह कह रहे हैं, 'मनुष्य जब भटकता हुआ इस प्रवाह से एकात्म हो जाता है तो उसे ईश्वर की प्राप्ति होती है। दरअसल ईश्वर कुछ नहीं, सिर्फ़ एक प्रवाह है, जो हमारे बाहर बह रहा है...।'

सहसा वह हँसने लगते हैं—बनता हुआ तर्क बिखर जाता है, किन्तु उनके शब्द बहुत देर तक मेरे भीतर खटकते रहते हैं।

बाहर सचमुच एक प्रवाह है। दुपहर को खुली धूप में एक उमड़ता हुआ ज्वार। निरंजनी साधुओं का जुलूस निकल रहा है। नीले आकाश-तले ध्वजाएँ फहराती हैं—बैंड और नगाड़े और हाथी पर बैठे ऊँघते-अलसाए मठाधीश, जो परी-कथा के राजा दिखाई देते हैं, जिन्हें हम बचपन में सिर्फ़ बादलों पर देखते थे, हाथी पर डोलते हुए, स्थूलकाय, मस्तमौला, स्वप्नदेश के अधेड़ और थलथल सम्राट।

हाथियों के पीछे एक सन्नाटा है, जिसमें नंगे, निरंजनी साधु चुपचाप चल रहे हैं—एक लम्बी क़तार में रेंगती हुई भस्मावृत, कृशकाय, गर्द और धूल में लिपटी छायाएँ। पता नहीं क्यों, उन्हें देखकर मेले की गहमागहमी नहीं, जंगल-पहाड़ों का वीरान अकेलापन याद हो आता है...।

अचानक एक घोड़ा बिदक जाता है—जुलूस के बीच एक कम्पन-सी दौड़ जाती है। वह एक तरफ़ भागता है, फिर दूसरी तरफ़—पहले क्षण मैंने सोचा था, घोड़े की यह उछल-कूद प्रदर्शन का ही एक हिस्सा है, किन्तु घुड़सवार जिस ग़ुस्से और आक्रोश में घोड़े को पीट रहा है, खींच रहा है, घोड़े की आँखें जिस काले आतंक में फट रही हैं, मुँह से झाग बह रहा है—उससे पता चलता है कि वह तमाशा नहीं,

धूप में एक हताश जानवर की थरथराती देह है। किन्तु अगले क्षण घोड़ा ग़ायब हो जाता है—साधुओं की एक नई क़तार आती है; उनके पीछे बैंड मास्टर हवा में बेंत हिलाता हुआ, फिर हाथियों का अगला झुंड, वे अपनी सूँड़ से एक-दूसरे के पाँवों को छूते हैं, चाटते हैं—घुड़सवार की 'आदिम' क्रूरता के बाद हाथियों का यह 'पाशविक' स्नेह कुछ अजीब-सा जान पड़ता है...।

दुपहर के ये क्षण मेरे लिए एक जादू लिये होते हैं...जुलूस के पीछे उड़ती धूल में मैं सबसे छिपता, आँख बचाता हुआ चलता हूँ। यह चमकदार घड़ी है जब अँधेरे कोनों में चमत्कार छिपे रहते हैं। सुबह के स्नान की हड़बड़ अब नहीं है—धर्म और पुण्य कमाने का उत्साह मन्द पड़ गया है। झोंपड़ों के बीच रस्सियों पर गीले कपड़े हवा में फरफराते हैं। बहुत दूर चीलें हैं, जो इलाहाबाद के शहर से उड़ती हुई मेले के आकाश पर मँडराती हैं, 'वॉच टावर' पर सिपाही ऊँघते हैं। यह मेले की 'स्टिल लाइफ़' घड़ी है—मौन, निस्तब्ध, ठहरी हुई।

लेकिन ख़ास इस घड़ी में जादू छिपा रहता है...जलती रेत और धूप से बचता हुआ मैं अखाड़ों के भीतर चला जाता हूँ—ये कुम्भ मेले के अस्थायी आश्रम हैं। चारों तरफ़ छोटी-छोटी आरामदेह कुटियों के भीतर एक ठंडी छाँह बिछी रहती है। उन्हें देखकर यूरोप की मध्यकालीन मॉनेस्टरी की कोठरियाँ याद आती हैं, जिनमें भिक्षुक अपना समूचा जीवन बिता देते थे। ये कुटियाँ भी ख़ाली नहीं हैं—जुलूस ख़त्म होते ही थके-माँदे साधु इनमें अपने-अपने कोने छाँट लेते हैं। मैं कभी-कभी झाँककर देखता हूँ—तो कोई अधलेटा, कोई बैठा, कोई सोता हुआ शरीर दिखाई दे जाता है। पीछे की तरफ़ एक छोटे-से तम्बू में रसोई सुलग रही है। यहाँ हिप्पी दिखाई देते हैं—खुली धूप में पसरे हुए—सिरहाने के पास एक गिटार, कुछ किताबें। स्लीपिंग बैग। लेकिन भक्तों की असली भीड़ अखाड़े के अन्तिम सिरे पर है, जहाँ एक लम्बा तख़्त दरियों और

तकियों से अटा पड़ा है—ऊपर चौकी पर वही मठाधीश बैठे हैं जिन्हें जुलूस के आगे-आगे हाथी पर देखा था। सिंहासन के नीचे नंगी सड़क पर निर्धन, फ़टेहाल, लुटे-पिटे आदमियों की लम्बी पाँत बैठी है—भूखी उत्तप्त आँखों से ऊपर सिंहासन को निहारती हुई। एक क्षण समझ में नहीं आया, वे कौन हैं? कहाँ से आए हैं? वे इस अखाड़े के साधु नहीं थे—किन्तु भिखारी भी नहीं जान पड़ते थे—एक क़िस्म के धार्मिक प्रोलितारियत—जिन्होंने अपनी दुनिया छोड़ दी थी, किन्तु जिन्हें अभी तक किसी मठ या सम्प्रदाय की दुनिया में स्थान नहीं मिला था।

उन दिनों सूनी दुपहरों में अखाड़ों के चक्कर लगाता हुआ मैं अक्सर 'त्याग' के बारे में सोचा करता था—जिसे कृष्ण ने बार-बार दुहराया है। जीसस क्राइस्ट के ये शब्द अक्सर झिंझोड़ जाते थे : 'सब कुछ छोड़कर मेरे पीछे चले आओ—एक ऊँट सुई के छेद से बाहर निकल सकता है, किन्तु एक धनी पुरुष स्वर्ग नहीं जा सकता', किन्तु साधुओं, महंतों, मठाधीशों की भीड़ में मुझे लगता था कि वे एक दुनिया के बन्धन काटकर दूसरी दुनिया के जंजाल में इतना फँस गए हैं कि ईश्वर का वहाँ कहीं पता नहीं चलता था। फॉस्टर ने एक बार कुछ लेखकों के बारे में कहा था कि वे आधी आँख से रॉयल्टी को देखते हैं, आधी आँख से यश-ख्याति को, आधी आँख अख़बारी आलोचना पर टिकी रहती है—शेष चौथाई आँख से साहित्य रचते हैं।

कुछ लोग ईश्वर के लिए सिर्फ़ 'चौथाई आँख' इस्तेमाल नहीं करते क्या?

एक बार मैंने अपनी यह जिज्ञासा एक उदासी बाबा के सामने रखी थी। उनका उत्तर बहुत कुछ कैथोलिक चर्च के अनुयायियों से मिलता-जुलता था। "यदि मठ नहीं रहेंगे तो ईश्वर और सांसारिक लोगों के बीच कौन कार्यकलाप करेगा? हम एक तरह से मिडलमैन हैं—लौकिक और पारलौकिक के बीच," यह कहकर उन्होंने अखाड़े की सीमा पर

बैठे नंगे साधुओं की ओर देखा, जो लकड़ी जलाकर बैठे थे। "इन्होंने सब कुछ छोड़ दिया है," उन्होंने कुछ उदास स्वर में कहा, "ये हमारी तरह नहीं हैं—इसीलिए इनके खाने-पीने की व्यवस्था हम करते हैं।"

पता नहीं, उनकी बात में कितना सत्य था, किन्तु उनके मन में उन साधुओं के प्रति हल्की-सी ईर्ष्या ज़रूर थी जो सब छोड़कर अँधेरी, ठंडी रात में नंगे ठिठुर रहे थे।

एक दूसरी दुपहरी याद आती है।

मेले में घूमता हुआ अनजाने में ही मैं पंडाल में चला आता हूँ। भीतर तो चला गया, पर आगे जाने का साहस नहीं हुआ। चारों तरफ़ साधु-महन्तों की टोलियाँ घूम रही थीं। सौभाग्यवश मुझे किसी ने नहीं देखा। धीरे-धीरे मैं एक भव्य रंगीन ईंट, सीमेंट की इमारत के सामने चला आया। चार सीढ़ियाँ ऊपर चढ़कर देखा—एक बड़ा हॉल—ऊपर मंच पर गद्दी के सहारे जोगियाधारी प्रधान बैठे थे—ऊँचा क़द, बहुत रौबीला, तेजवान व्यक्तित्व, सिर मुँड़ा हुआ। नीचे दरियों पर दस-बारह साधु बैठे थे—दो शाखाओं में बँटे हुए—एक टोली महाराज के दाईं ओर, दूसरी बाईं ओर। मैंने सोचा, कोई प्रवचन चल रहा है, इसलिए पीछे की पंक्ति में मैं भी बैठ गया।

मुझे अपनी ग़लती पता चलते देर नहीं लगी। प्रवचन-उपदेश की जगह एक अजीब अद्भुत मंत्रणा चल रही थी। सब लोग बहस में इतने तल्लीन थे कि किसी को मेरी ओर देखने की फ़ुरसत नहीं थी। हवा में करकराती उत्तेजना थी। प्रस्ताव रखे जाते, विवाद होता, संशोधन पेश होते और ठुकरा दिये जाते। जहाँ तक समझ पाया, स्वामीजी का मठ किसी दूसरे मठ को मान्यता देने से इनकार कर रहा था—प्रतिद्वंद्वी मठ के प्रतिनिधि उन्हें मनाने की कोशिश कर रहे थे। स्वामीजी कुछ ऊँचा सुनते थे। जब दूसरे दल का कोई डेलीगेट उनसे प्रश्न पूछता था तो एक

शिष्य स्टेनोग्राफ़र जल्दी-जल्दी स्लेट पर खड़िया से प्रश्न लिख लेता था। स्वामीजी स्लेट पर एक निगाह डालते और अपनी ज़िद्दी, उद्धत भंगिमा में गरजती, गूँजती आवाज़ में उत्तर देते। यह चक्र बहुत देर तक चलता रहा—प्रश्न पूछा जाता, स्लेट दिखाई जाती और स्वामीजी गरजने लगते। एक क्षण भ्रम हुआ, मैं किसी साधु-आश्रम में नहीं, दिल्ली के किसी डिप्लोमेटिक मंडल में बैठा हूँ। मैं भूल गया—बाहर गंगा का रेतीला तट है, यात्री भजन गाते हुए संगम की ओर जा रहे हैं, मैं प्रयाग में कुम्भ मेले के बीच बैठा हूँ...।

पता नहीं, अन्तिम निर्णय क्या हुआ! जब मैं बाहर आया, भीतर बहस तब भी चल रही थी।

मैं भी कोई निर्णय नहीं ले पाता। हज़ारों अनुभवों में कौन-सा अधिक सही और प्रामाणिक है, इसके लिए कोई तराज़ू नहीं ढूँढ़ पाया हूँ। क्या उस रात का अनुभव भूल पाऊँगा जब मैं रास्ता भूल गया था? मुख्य रास्ते से भटककर मैं एक ऐसे रहस्यमय जगत् में पहुँच गया था जिसे 'कुम्भ का अंडरवर्ल्ड' कहा जा सकता है—ठंडी रात, नीचे लेटी हुई पोटलियाँ, जिनकी साँसों से ही पता चल पाता था कि वे ठूह नहीं, देह हैं—जीवित तीर्थयात्री, जो दो कैम्पों के बीच बसेरा कर लेते थे। कभी-कभी सोई हुई छायाओं के बीच रिक्शा दिखाई देता—यात्री जल्दी-जल्दी अपना सामान उतारते। बच्चे, औरतें, आदमी, पूरा परिवार—अपने-अपने कन्धों पर गठरियाँ सँभाले भागते जाते और देखते-देखते अँधेरे में ग़ायब हो जाते। लगता, जैसे भव्य, विराट, सुसज्जित अखाड़ों के पीछे सँकरी गलियाँ हैं : अँधेरे कोने, जहाँ सैकड़ों परिवार रात भर ठिठुरते हुए अगली सुबह की प्रतीक्षा में बैठे रहते हैं—न कोई उन्हें देखता है, न उन्हें आँकड़ों में शामिल किया जाता है। यहाँ न कोई लैम्प-पोस्ट थे, न आग की लपटें—यह विश्वास करना असम्भव था कि मैं किसी रेगिस्तान में नहीं, कुम्भ मेले के बीच हूँ, जहाँ सीटी बजाने ही से पुलिस दौड़ी आएगी।

पता नहीं, वह कैसा उजाड़ भुतैला कोना था, जहाँ मैंने तम्बू की तरफ़ लौटने का सीधा-सादा रास्ता खो दिया था।

कुछ आवाजें सुनीं तो ठिठक गया। पाँच-छह तम्बुओं का एक कैम्प था, जहाँ आगे की तरफ़ दो बाँस खड़े थे, जिन पर लाल कपड़े का फेस्टून बँधा हुआ था—उस पर किसी मठ का नाम लिखा होगा, जिसे अँधेरे में पढ़ पाना असम्भव था। लालटेनों के मद्धिम काँपते आलोक में कुछ चेहरे दिखाई दिये, तो अनुमान लगाया कि सिख साधुओं के किसी पड़ाव में चला आया हूँ। मैं बाहर निकलने के लिए रास्ता टटोल रहा था कि अचानक किसी ने धीरे से मेरे कन्धे पर हाथ रख दिया।

"गुरुजी से मिलने आए हैं?"

अँधेरे में चेहरा दिखाई नहीं दिया, किन्तु स्वर में सहज मधुरता थी। "कहाँ हैं?" मैंने तनिक जिज्ञासा से पूछा।

वह मुझे तम्बुओं के बीच टेढ़े-मेढ़े रास्ते से ले जाने लगे। एक बार इच्छा हुई पीछे मुड़कर भाग जाऊँ—अँधेरे में पता भी नहीं चलेगा। लेकिन मेरे गाइड के क़दमों में इतना विश्वास था कि वह मुझे भी छू गया। आख़िर वह एक शिवालानुमा तम्बू में सामने खड़े हो गए—भीतर लालटेन जल रही थी और सुनहरे तख़्तपोश पर एक बूढ़े—बहुत बूढ़े सरदार साहब बैठे थे। लम्बी सफ़ेद दाढ़ी, झुर्रियों से भरपूर चेहरा, आँखें अधमुँदी। वह किसी रियासत के ज़मींदार और कहीं बहुत पहुँचे हुए संत—दोनों ही एक साथ दिखाई देते थे।

वह बातें कर रहे थे—या शायद यह कहना ज़्यादा सही होगा कि वह सुन रहे थे—दो हट्टे-कट्टे जवान शिष्य आपस में बातचीत कर रहे थे और गुरु महाराज आँखें मूँदे चुपचाप सिर हिलाते जा रहे थे। बातें कुछ अजीब थीं और गुरुजी की चुप्पी उससे भी ज़्यादा अजीब।

मुझे कुछ ऐसा लगा कि बूढ़े सरदार साहब को हाल ही में उस संघ का प्रधान बनाया गया था। बहस इसी 'चुनाव' को लेकर चल रही थी।

"आप बुरे फँस गए।" पहले शिष्य ने गुरुजी को सुनाते हुए कहा। "आपसे यह कामधाम नहीं सँभलेगा। ज़रा अपनी उम्र भी तो देखिए!"

"नहीं, नहीं...क्या कहते हो," दूसरे जवान ने तड़ाक से उत्तर दिया। "बूढ़े हैं तो क्या, इनमें बड़ी शक्ति है। हमने खूब सोच-समझकर इन्हें चुना है।"

गुरु महाराज तटस्थ मुद्रा में सिर हिलाते रहे।

"शक्ति ख़ाक है..." पहले ने कहा। "मिट्टी के माधो हैं। एक चोट पड़ी नहीं कि वहीं ढेर हो जाएँगे।"

"कौन है चोट मारनेवाला?" दूसरे ने कुछ खीजकर कहा। "हमारे महाराज ऊपर से भोले दीखते हैं—भीतर से बम के गोले हैं। सारी माया देखे हैं—कोई हाथ तो लगाए भला!"

सरदार साहब ख़ामोश, जैसे उन्हें अपने शिष्यों के झगड़े से कोई सरोकार नहीं! मानो वे दोनों उनकी नहीं, किसी अजनबी, किसी अदृश्य प्राणी की चर्चा कर रहे हों!

बाहर हवा के झोंके से तम्बू हिलने लगा। उड़ती हुई रेत का रेला भीतर चला आया। उनका ध्यान भटक गया, आँखें खुल गईं, जैसे किसी अज्ञात झटके से वह दुबारा इस धरती पर लौट आए हों! निगाहें मुझ पर पड़ीं तो कुछ चौंक से गए, जैसे अभी तक उन्हें मेरी उपस्थिति का ज्ञान न हो! फिर सँभल गए। एक महीन-सी व्यथा चेहरे पर सिमट आई। असंख्य झुर्रियों के बीच रास्ता बनाती हुई एक लम्बी साँस ली, जैसे अब आ गया हूँ तो मुझे बाहर नहीं धकेला जा सकता।

"कहाँ से आ रहे हो?" उन्होंने बहुत धीमे स्वर में पूछा। शायद दोनों शिष्यों से बचकर वह मुझसे बात करना चाहते थे।

मैंने अपना और अपने शहर का नाम बताया। न जाने कैसे उस अजाने तम्बू के नीचे उन बूढ़े सरदार साहब को देखकर मेरा दिल भीग गया। मैं उनसे कहना चाहता था कि उनके दर्शन से मुझे कितनी

अधिक शान्ति मिली है—एक ऐसा सकून, जो शायद केवल उन लोगों को मिल पाता है जिनके माँ-बाप पहले गुज़र चुके हों—लेकिन उनकी निर्विकार चुप्पी, उनकी विरल सूखी-सी तटस्थता के सामने चुप रहना ही बेहतर जान पड़ा।

"क्या मुझे पहले कभी देखा है?" उन्होंने अचानक पूछा।

"नहीं सरदार साहब," मैंने कहा।

"मुझे सरदार साहब मत कहो," उन्होंने कहा। वह बहुत देर तक मेरी आँखों में, आँखों के भीतर कुछ टोहते रहे।

"नहीं देखा—तो यहाँ कैसे चले आए?"

"मैं सैर के लिए गंगा की तरफ़ गया था। वापस लौटते हुए रास्ते से भटक गया...आपके शिष्य मुझे यहाँ ले आए," मैंने कहा।

"ओह!"

उनकी घनी सफ़ेद दाढ़ी हिली—आँखें मुझ पर टिकी रहीं। फिर पीछे हाथ रखकर चौकी से उठ खड़े हुए। सहसा वह मुझे बहुत लम्बे दिखाई दिये; या शायद तम्बू की छत इतनी नीची थी कि उनका क़द मुझे विराटकाय-सा जान पड़ा। इतनी लम्बी उम्र के बावजूद वह एक सीधी कमान की तरह खड़े थे—और तब वह मुझे सहसा टॉल्स्टॉय-से जान पड़े, जैसा सागर के तट पर गोर्की की आँखों ने उन्हें देखा था।

"मैं अभी आता हूँ," उन्होंने अपने शिष्यों से कहा, जो हम दोनों से बेख़बर अभी तक अपने विवाद में उलझे हुए थे।

बाहर आए, तो तेज़ हवा का झोंका हड्डियों को बरफ़ा गया। समूचा आकाश तारों से भरा था। वह तेज़ क़दमों से चल रहे थे—अँधेरे में लम्बे-लम्बे डग भरते पता नहीं उन्होंने कौन-सा रास्ता पकड़ा कि कुछ ही देर में हम तम्बुओं, गलियों और रेत के ढूहों से निकलकर ख़ाली सड़क पर चले आए। वह एक लैम्प-पोस्ट के नीचे खड़े हो गए। मेरे कन्धे पर हाथ रखा।

"कभी मुझे पहले देखा है?"

इस बार विस्मय से मैंने उन्हें देखा। उनके स्वर में अजीब-सा आग्रह था। हवा में उड़ती लम्बी सफ़ेद दाढ़ी—लेकिन आँखें उदास और विरक्त—जैसे मृत्यु से पहले ही उन्होंने अपना चोला उतार दिया हो! अपनी देह को एक छिलके की तरह अलग कर दिया हो!

"अकेले चले जाओगे—या तुम्हारे साथ आऊँ?"

"नहीं, नहीं,..." मैंने हड़बड़ाहट में कहा। "आप तकलीफ़ न करें—मुझे अब रास्ता मालूम है।"

वह मुड़ गए—मैं उन्हें धन्यवाद दे सकूँ, इससे पहले ही, वह तम्बुओं के बीच अँधेरे में खो गए।

मैं देर तक बीच सड़क पर खड़ा रहा। पीछे संगम, सामने बाँध की रोशनियाँ, बीच में कुम्भ के हज़ारों सोते तीर्थयात्री। अपने कैम्प की तरफ़ चलते हुए एक अजीब-सा विचार आया—शायद मैंने उन्हें कभी देखा है, तभी वह बार-बार पूछ रहे थे। लेकिन कहाँ? शायद मेरी धुँधली स्मृति में वह कहीं जीवित थे, जबकि स्वयं मुझे इसका कोई ज्ञान नहीं। तभी उन्हें देखते ही मुझे सहसा इतनी शान्ति मिली थी, जैसे इतने दिनों से मैं उनसे मिलने की ही बाट जोह रहा था।

मैंने सोचा था, यह घटना किसी से नहीं कहूँगा। किन्तु जब श्रीनिवास मिले तो मैंने उन्हें सब कुछ बता दिया—यों भी निरे अजनबियों से अपने मन की बात कहना ज़्यादा सहज होता है। मेरे लिए स्वयं श्रीनिवास से मिलना एक अद्भुत संयोग था।

वह मेले में मेरा अन्तिम दिन था। मैं अखाड़ों, जुलूसों की भीड़ से छुटकारा पाने के लिए गंगा-द्वीप पर चला आया था। शाम के समय लोग अक्सर भजन, कीर्तन, कथा, वार्ताओं में चले जाते थे—गंगा का तट सूना पड़ जाता था। सिर्फ़ कहीं कोई साधु, कोई सिपाही, कोई कल्पवासी दिखाई दे जाता था। मन्दिर की घंटियों का स्वर, जलती लकड़ियों का धुआँ,

जनवरी की धुंध, सब एक में उलझकर अकेलेपन का अलग टापू बना देते थे—गंगा के द्वीप की अन्तर्छाया जैसा—एक बाहर, दूसरा भीतर। दोनों को जोड़नेवाले पुल कहीं अँधेरे में छिपे रहते।

"आपके पास सिगरेट है?"

मैं हल्के-से चौंक गया। एक व्यक्ति मेरी बग़ल में बैठा था। पहले सोचा, कोई भिखारी है, जो शाम के समय, पुलिस की आँख बचाकर, अकेले यात्रियों से कुछ-न-कुछ झाड़ लेते हैं। लेकिन सिगरेट देते हुए उनका चेहरा पास से दिखाई दिया। ग़लती पता चलते देर न लगी। वह कोट-पतलून पहने थे। गले में ऊनी मफ़लर था। मध्यवर्गीय परिवार के कोई अधेड़ सज्जन जान पड़ते थे।

"आदमी बड़ी चीज़ें छोड़ देता है। लेकिन छोटी-मोटी आदतें चिपकी रहती हैं," वह सिगरेट सुलगाकर हँसने लगे। "देखिए—तीन दिन से हाथ नहीं लगाया। अब आपको सिगरेट पीता देखकर अपने को नहीं रोक सका।"

"यहीं प्रयाग में रहते हैं?" मैंने पूछा।

"नहीं। कोटा से आया हूँ। इस मेले का बहुत दिनों से इन्तज़ार था।"

"इन्तज़ार कैसा?"

"बस, वैसे ही। बहुत-बहुत वर्षों से घर छोड़ने का विचार आता था, लेकिन हिम्मत नहीं बटोर पाता था। कुछ दिन पहले एकाएक फ़ैसला कर लिया : कुम्भ नहाने जाऊँगा और वापस घर नहीं लौटूँगा।"

मैं विचलित-सा हो गया। डूबती रोशनी, रेत, गंगा—क्या आदमी दुनिया में रहकर दुनिया को छोड़ सकता है?

"घर में बताकर आए हैं कि आप नहीं लौटेंगे?" मैंने पूछा।

"नहीं..." वह धीरे से मुस्कराए, "वे सब यही समझे हैं कि मैं कुम्भ नहाने के बाद लौट आऊँगा। कुछ दिन मेरा इन्तज़ार करेंगे, फिर आदी हो जाएँगे।"

कुछ देर तक हम दोनों चुप बैठे रहे। गंगा की बहती आवाज़ में सब कुछ बहता जान पड़ा। ख़याल आया, इस मेले में रोज़ हज़ारों तीर्थयात्री दिखाई देते हैं, किन्तु हर व्यक्ति का अपना अतीत और इतिहास है—न जाने, वे यहाँ कौन-सी पीड़ा छोड़ने आए हैं, किस पाप और अभिशाप से मुक्ति पाने की छटपटाहट उनके भीतर छिपी है—यह हममें से कोई नहीं जान पाएगा। सिर्फ़ संगम ही एक खिड़की है, जिसके पीछे हम सब 'कनफेस' करते हैं—दो नदियाँ उस रहस्य को अपने पल्लों में हमेशा के लिए बन्द करके आगे बह जाती हैं और हम ख़ाली और मुक्त और हल्के होकर लौट आते हैं।

किन्तु ऐसे भी लोग हैं जो कुम्भ यात्रा में आख़िर तक अमृत की खोज में चलते रहेंगे—वे कभी घर नहीं लौटेंगे।

"आप क्या करते हैं?" उन्होंने मुझसे पूछा।

मैं एक क्षण हिचकिचाया। आज भी अपने को 'लेखक' कहने से घबराता हूँ। हमेशा अपने को 'रिपोर्टर' कहना चाहता हूँ, अपने को वही समझता भी हूँ।

"क्या रिपोर्ट करेंगे?" उन्होंने मुस्कराते हुए पूछा।

मैं उन्हें सरदार साहब के बारे में बताता हूँ, जिन्हें अचानक आधी रात के समय मैं मिला था। "क्या ऐसा सम्भव है कि कोई अजनबी आदमी आपको जानता है और आप उससे पहली बार मिल रहे हों?" मैंने पूछा।

श्रीनिवास (उनका यही नाम था) एक क्षण सोचते रहे, फिर धीरे से बोले, "सम्भव है, बहुत पहले कभी आपको देखा हो! मैं ख़ुद कभी-कभी सोचता हूँ कि बरसों बाद संन्यासी के वेश में क्या मेरी पत्नी या पुत्र मुझे पहचान पाएँगे?"

"क्या आपने सचमुच संन्यास लेने का फ़ैसला कर लिया?" मैंने कहा।

"संन्यास बड़ी चीज़ है..." उन्होंने एक लम्बी साँस ली और उठ खड़े हुए "लेकिन घर छोड़ने का फ़ैसला ज़रूर ले लिया है। मैं नये सिरे से ज़िन्दगी शुरू करना चाहता हूँ।"

मैं उनकी ओर देखता हूँ—जैसे उनके शब्दों को मुट्ठी में भींचकर विश्वास करना चाहता हूँ कि कोई ऐसा क्षण है जिसके परे आदमी नये सिरे से जी सकता है—अपनी पुरानी ज़िन्दगी, स्मृतियों, ग़लतियों और पछतावों को गंगा के किनारे रेत में दबाकर कहीं भी जा सकता है। कहीं से भी दुबारा शुरू हो सकता है। लेकिन फिर? फिर कोई गारंटी है कि वह वही ग़लतियाँ, अपराध और पाप नहीं करेगा जो उसे यहाँ आज घसीट ले आए हैं? क्या मनुष्य एक ज़िन्दगी में 'रफ़' और 'फ़ेयर' मसौदे रख सकता है?

डूबते सूरज की पीली छाँह रेत पर गिर रही थी। हज़ारों पैरों के निशान बुझती धूप में चमक रहे थे। पहली बार मुझे उस लैंडस्केप का बोध हुआ जहाँ मैं और श्रीनिवास खड़े थे। वह एक अद्‌भुत पवित्रता का एहसास था। अरैल के किनारे एक बादल जमुना-पार उठा था। सूरज रँगा एक पर्दा, जिसे झोंपड़ों से उड़ता हुआ धुआँ पोंछ रहा था। नीचे गंगा के किनारे एक रक्तिम, सुर्ख़, सैलाब-सा उमड़ आया था—रेत पर खिंची ख़ून की लकीर जो सूर्यास्त के फटे रंगों से बाहर बह निकली थी। शायद वैदिक आर्यों ने ऐसी ही शाम उसे देखकर समझा होगा—एक ऐसी नदी, जो हवा, शाम की छाया और धूप के मायावी रंगों से मिलकर बनी है—सरस्वती, गंगा और यमुना का एक सामूहिक स्वप्न—जिसे किसी क्षण उन्होंने एक साथ देखा होगा...।

सोचता हूँ, कुम्भ का महत्त्व क्या इसी स्वप्न, इस कल्पनाशील बोध, पवित्रता के इस दैवी एहसास में ही तो निहित नहीं हैं?

कुछ देर बाद अँधेरा हो गया। श्रीनिवास ने विदा माँगी—वह अरैल की किसी झोंपड़ी में रहते थे।

"जीता रहा तो अगले कुम्भ में मिलेंगे," उन्होंने कहा।

"यहाँ से कहाँ जाएँगे?" मैंने पूछा।

"अभी कुछ भी नहीं सोचा है। इतना बड़ा हिन्दुस्तान है, कहीं-न-कहीं शरण मिल जाएगी।"

उनके स्वर में एक अजीब-सी उदासी उभर आई, जैसे शाम की इस बेला में उन्हें अचानक अपना घर याद आ गया हो!

उनके जाने के बाद मैं देर तक भटकता रहा। बार-बार टी.एस. इलियट की एक पंक्ति दिमाग़ में घूम रही थी—क्या कृष्ण का यही मतलब था?

मैं अँधेरे में चलता हुआ सोचता हूँ। कृष्ण ने क्या कहा था? जब कोई अपनी घर-गृहस्थी छोड़कर चला जाता है तो उसे किसी मदद या मतलब की ज़रूरत नहीं। वह अपने अँधेरे में चलता है। कैंसर के मरीज़ को अस्पताल में छोड़कर जब हम बाहर आ जाते हैं—खुले, निर्मम, करुणाहीन आकाश-तले—वहाँ भी तुम मदद के बाहर हो। शायद मदद की सीमा के बाहर ईश्वर की सीमा है, लेकिन वह उतना ही निस्सहाय है जितना तुम। दोनों ही एक-दूसरे के सामने अकेले हैं। ईश्वर को निस्सहाय पाकर भी उसमें विश्वास करना—क्या कृष्ण का यही मतलब था?

अचानक एक रोशनी देखता हूँ। मेले की सीमा पर कुछ लोग बैठे हैं। ऊपर शामियाने की छत है, जगह-जगह से फटी हुई। हर सूराख़ से आकाश के तारे दिखाई देते हैं। पीछे झूँसी का मैदान है, जहाँ से कुत्तों के रिरियाने का स्वर रात के सन्नाटे को भेद जाता है।

दूर से ही एक छोटा, ज़मीन से एक फ़ुट उठा हुआ स्टेज दिखाई देता है—वहाँ राम-लक्ष्मण की मूर्तियाँ बैठी हैं। मैं घंटों बाहर ठंड और हवा में घूमता रहा था—शामियाने की रोशनी को देखते ही एक अजीब-सा धीरज मिलता है। तबले की सोई-सी धमाधमक और हारमोनियम पर

उठता-गिरता झूमता हुआ स्वर। मैं और पास चला आता हूँ, शामियाने के भीतर, जहाँ चालीस-पचास स्त्री-पुरुष सर्दी में सिकुड़े, गुड़मुड़ी-से बैठे हैं।

पता नहीं, इतनी रात बीते कैसी पूजा-प्रार्थना हो रही है? पासवाले व्यक्ति से पूछता हूँ, तो पता चलता है मिथिला की कोई टोली है—एक भक्तमंडली, जो कुम्भ मेले का चक्कर लगाने आई है। मैं और पास खिसक आता हूँ—श्रोताओं की भीड़ में। पुराने कम्बलों और गूदड़ रजाइयों में लिपटी 'ऑडियेंस' एकटक मंच को देख रही है।

सहसा राम आँख झपकाते हैं और लक्ष्मण बाँह मोड़कर कमर सीधी करते हैं; वे असली हैं, मूर्तियाँ नहीं, यह भ्रम अचानक टूट जाता है। लक्ष्मण इतने छरहरे, सुन्दर शर्मीले हैं कि लगता है, कोई लड़की लक्ष्मण की वेशभूषा में बैठी है—शायद वह असली, सचमुच में लड़की है और यह बात मैं किसी से नहीं पूछता, ताकि इस बार मेरा भ्रम बना रहे। धूप और कपूर का धुआँ उड़ रहा है, हारमोनियम और तबले के बीच सोंधा-भीगा स्वर भजन के क़तरों को एक-एक करके उठाता है—आग्रह में, अनुनय में—एक आतुर उत्कंठा में, पर राम इतने निठुर हैं कि चेहरे पर ज़रा भी भाव, तनिक-सी आह, तिनके भर की हमदर्दी भी नहीं लाते।

तब सहसा हारमोनियम तेज़ हो जाता है—तबला तिलमिलाता है। यह संकेत है, एक इशारा, जिसे पाते ही कोने में बैठी एक लड़की झटके से खड़ी हो जाती है, जैसे कोई चमकीली कौंध, लपलपाती उल्का मंच के आगे चली आई हो : पाँव हिलते हैं, फिर हाथ। बारह-तेरह बरस की वह बच्ची नाचती हुई सहसा बड़ी होने लगती है—उन बिल्लियों की तरह, जो कभी शरारत में फूलने लगती हैं, कभी राम के पास जाती हैं, कभी लक्ष्मण के—हँसती हैं, रोती हैं—भजन के हर पद के साथ मुद्राएँ बदलती हैं और हम सब दम रोके उसे देखते रहते हैं। दिन भर की उदासी, विषाद, थकान—सब झरने लगते हैं, स्वयं राम पिघलने लगे हैं।

जब लड़की उनकी ठुड्डी उठाती है तो उनका मुँह शर्म से लाल हो जाता है लेकिन बेचारे लक्ष्मण परेशान हैं। पता नहीं, एक ही मुद्रा में कितनी देर से बैठे हैं। शरीर अकड़ गया है—कभी-कभी सबकी आँख बचाकर उबासी ले लेते हैं—उन्हें लड़की की भाव-मुद्रा, तड़क-भड़क में कोई दिलचस्पी नहीं जिससे मेरा सन्देह और भी पक्का हो जाता है कि वह स्वयं लड़की है।

देर रात तक भजन चलते रहते हैं। लोग सर्दी और हवा को सहते हुए निश्चल बैठे रहते हैं। किन्तु लड़की के नृत्य और गायक के स्वर में कुछ ऐसी अकुलाहट, अथक उन्माद में डूबी आकांक्षा छलछलाती है कि अन्त में राम मुस्कराने लगते हैं, लक्ष्मण अपनी नींद भूलकर नर्तकी के बढ़े हुए हाथों को छूने लगते हैं—यही शायद चरमोत्कर्ष क्षण है, जब मुझे अपने पीछे सिसकियाँ सुनाई देती हैं। देखता हूँ, मंडली में बैठी कितनी ही स्त्रियाँ रो रही हैं। ख़ुशी और दुःख से अलग वह कौन-सा रस है जो सदियों से हमारी आत्मा को सींचता रहा है? हम अनजाने में अपने-आपका अतिक्रमण कर लेते हैं; राम की सौम्य दृष्टि, बुद्ध की करुणा, नर्तकी की अनन्त पिपासा में झाँकती पीड़ा को एक साथ भोग लेते हैं।

मैं बाहर रात में चला आता हूँ। हवा में बहुत दूर तक हारमोनियम का स्वर सुनाई देता रहता है—वही स्वर बच्ची के पैरों पर थिरकता हुआ इतना उल्लासमय था—अब दूर अँधेरे में बहुत उदास और थका हुआ जान पड़ता है। मैं एक क़दम और लूँगा, और वह मर जाएगा। उसकी गूँज कुछ दूर पीछे चलकर लौट जाएगी। खो जाएगी, ख़त्म हो जाएगी—सिर्फ़ मेरे लिए—क्योंकि दूसरों के लिए वह उस समय तक जीवित रहेगी जब तक लोग उसे सुनते रहेंगे। इसीलिए शायद मरता कुछ नहीं—न प्रेम, न स्वर, न कविता—जब तक हम उसे ख़ुद न मार दें, छोड़ दें, छोड़कर अपने स्वार्थ में उसे न भुला दें।

कितना विचित्र है, सब धर्म मनुष्य को तृष्णा छोड़ने का आग्रह करते हैं, जबकि तृष्णा में जीवन की समूची, लपलपाती प्राणवत्ता छिपी रहती है—तृष्णा जो आग है, अग्नि—आदि-आर्यों का सर्वप्रिय देवता, सूर्य का भाई। इसे मार दो, तो राख रह जाती है। क्या इसीलिए वे सब कुछ त्यागकर राख में लिपटे रहते हैं?

यदि तृष्णा से मेरा इतना लगाव है तो त्याग के प्रति इतना मोह क्यों? शायद इसी विडम्बना को झेलने के लिए मैं कुम्भ आया था। किन्तु आधी रात के सन्नाटे में लगता है, मैं कुछ भी नहीं झेल पाया हूँ—मैं वहीं हूँ जहाँ पहले था, जहाँ से चलकर आया था।

वह पहली रात थी, जब उन्होंने मुझे बुलाया था। झूँसी के एक छप्पर तले। वह अकेले आग ताप रहे थे। मैं पास आया तो तेज़ स्वर में दुतकार दिया, "जूते उतारकर आओ।"

मैं नंगे पाँव उनके पास आकर बैठ गया। पच्चीस से अधिक उम्र न होगी—गौरवर्ण, पतली देह, दाढ़ी के पहले बाल आग की लपटों में चमचमा रहे थे। झुकी हुई मूँछें ऊपरी होंठ को ढकती हुई नीचे दाढ़ी में आकर खो गई थीं—बिलकुल रामकृष्ण परमहंस की तरह।

"एक बात कहूँ?" उन्होंने चिलम मुँह से हटाकर मेरी ओर देखा। "तुम्हें कुछ लेकर आना चाहिए था।"

मैं समझा नहीं और उनकी ओर देखता रहा। उन्होंने चिमटे से जलती लकड़ी की राख कुरेदी। फिर एक लम्बी सूखी डंडी को बाहर निकाला—आधी झुलसी हुई, आधी राख से भरी।

"यह देखते हो?"

"हाँ..."

"क्या है?"

"एक लकड़ी," मैंने कहा।

"तुम्हें इस लकड़ी को अपने कन्धे पर रखकर चलना चाहिए।"

एक क्षण भीतर उत्कट इच्छा हुई, उसे ले लूँ, जैसे यही एक सच है, जिसका कोई मतलब निकलता है, किन्तु उन्होंने मुझे झिझकते देख लिया था; चिमटे में लकड़ी को दबाकर दुबारा आग में डाल दिया था।

मैं चला आया। पीछे मुड़कर भी नहीं देखा। मैं कतरा गया था। ऐन मौक़े पर किसी विराट चमत्कार से वंचित रह गया था। बहुत देर तक राख और लपटों के बीच उनका स्वर मेरे कानों में गूँजता रहा, जैसे वह बार-बार मुझसे कह रहे हों—लो यह लकड़ी, पेड़ की एक शाख़, जिसे सलीब बनाकर जीसस अपने कन्धे पर ढोते हुए गोलगोथा के टीले पर चढ़े थे। यह वही टहनी है, एक शाख़, राख और चिंगारियों में मनुष्य की शाश्वत वेदना में सुलगती हुई, जिस पर कृष्ण बैठे थे—पैर तीर से बिंधे हुए, लहूलुहान, क्षत-विक्षत। हवा में झूलती अनेक शाख़ाओं के बीच समूची गीता का मर्म ख़ून के क़तरों में बूँद-बूँद टपक रहा था...।

शायद मेरे लिए कुम्भ-घटक में यही कुछ बूँदें बची हैं—मैंने अँधेरे में चलते हुए सोचा—मैं इतनी दूर उन्हें समेटने आया हूँ, जैसे कोई अपनी मृत्यु के बाद स्वयं राख में अपनी अस्थियाँ समेटता हो, पोटली में बाँधता हो, गंगा में बहा देता हो! शायद यही इस फैले प्रसार का सन्देश मेरे लिए है—सोए हुए झोंपड़ों, रेत के ढूहों, मेले के मैदान पर सिर उठाए सूने वॉच टॉवर पर टिमटिमाती नीली रोशनियों पर यही एक विचार फड़फड़ाता हुआ मुझे भींच लेता है—अपने घटक में स्वयं अपनी हड्डियों को जमा करना—जिनमें दूसरों का समूचा कष्ट चिपका है—शायद यही ईश्वर है...एक नास्तिक के लिए, जो न कर्म में विश्वास करता है, न दूसरे जन्म में। मृत्यु के बाद सिर्फ़ शून्य को सत्य मानता है—उसके लिए ईश्वर को सिर्फ़ इस राख, इन अस्थियों, ख़ून की इन कष्ट-भीगी बूँदों में ही ढूँढ़ना होगा...।

मैं बाँध पर चला आता हूँ। हनुमान का मन्दिर अब सूना पड़ा है। एक बिल्ली किसी मकान की छत से नीचे कूदती है और अपनी हरी चमकती आँखों से मुझे घूरती हुई क़िले की दीवार की ओर चली जाती है।

धुंध और चाँदनी में क़िला अपने में एक स्वप्न जान पड़ता है, जैसे मेरे साथ सटा हुआ शताब्दियों से ऊँघ रहा हो! नंगे आकाश-तले लोग सो रहे हैं—आदमी, औरतें, बच्चे—झीनी-फटी चादरों में लिपटे हुए, जनवरी की रेतीली ठंड में काँपते, ठिठुरते हुए।

बाँध के अन्तिम सिरे पर पहुँचकर पाँव सहसा ठिठक जाते हैं—दिल धड़कने लगता है—दाईं ओर जमुना है, जिसमें मेले की हज़ारों बत्तियाँ टिमटिमा रही हैं। लगता है, एक मेला ऊपर है, एक नीचे। जमुना के पानी पर जहाँ रोशनियों का प्रतिबिम्ब स्वयं रोशनियों का एक सिलसिला शुरू कर देता है। गंगा के पुल से अरैल तक कुम्भ मेले का एक चमकता पन्ना खुल गया है—रोशनियाँ, अँधेरे के द्वीप, कहीं-कहीं दूर जलती हुई आग की लपटें। कहीं बहुत पीछे गंगा का टापू है—स्वयं गंगा है, जो धुंध और अँधेरे में छिप गई है। दस मील फैला कुम्भ का मैदान एक झपक में अपने हज़ारों यात्रियों की नींद में सिमटा हुआ दिखाई दे जाता है।

एक उच्छ्वास उठती है। मेले के मैदान पर सिरसिराती हुई—जैसे नीचे की रोशनियों और आकाश के बीच मेरी स्मृतियाँ बाहर निकली हों—रेत पर चलती हुई बंगाली लड़की, ज़मीन पर लोटते हुए डंडी महात्मा, सच्चे महाराज की अँधेरी झोंपड़ी में टिमटिमाती लालटेन, जिसके नीचे मैं अपनी डायरी के नोट्स लिखता था। शायद अन्त में स्मृति के ये अंक बचे रह जाते हैं; न इस धरती के, न ईश्वर के—किन्तु दोनों को एक 'एपिक' गाथा में बाँधते हुए। मेरे लिए कुम्भ मेला अपने में एक बहता, अनलिखा महाकाव्य था—ग़रीबी, गौरव, सुख, यातना को एक कड़ी में पिरोता हुआ, बालू पर मनुष्य की भाग्यरेखा को अंकित करता, मिटाता हुआ। रिल्के ने जिस देवदूत (ऐंजिल) से ईर्ष्या की थी,

क्या उसका प्रतिरूप इस दुनिया में लेखक नहीं है : एक रिपोर्टर, एक ख़बर देनेवाला हरकारा—दोतरफ़ा दूत—जो ईश्वर की ख़बर मनुष्य को और धरती का सौन्दर्य कहीं दूर ईश्वर को देता रहता है—एक ऐसा ईश्वर जो शायद नहीं है, किन्तु जिसे वह सुलगती लकड़ी की तरह कन्धे पर रखकर चलता है?

मुझे नहीं मालूम, लेकिन मैं इस पर विश्वास करना चाहूँगा—इस विश्वास के सहारे जीना चाहूँगा।

हार्वर्ड डायरी

15 अक्तूबर, 1992

यहाँ डेढ़ महीने पहले आया था। बारिश की दुपहर, गहरा अवसन्न धुँधलका—भीतर उतना ही, जितना बाहर...।

हर संकल्प कितना उज्ज्वल और आशावान होता है! गंगा तट पर 'कल्पवासी' जैसा शब्द-संकल्प। हर कहानी किसी संकल्प के भीतर कलपती है, आधे से उठकर सम्पूर्ण की ओर जाती हुई; उसके कितने कटे-फटे हिस्से बाहर निकले रहते हैं, शीशे के कोनों की तरह, जिन्हें बाँधनेवाला फ्रेम वह ज़िन्दगी है, जिसे कतर-ब्योंत करने पर ही 'कहानी' बनती है। हर कहानी में ज़िन्दगी के ख़ून भरे हाथ चिपके रहते हैं, एक कहानी की उतरी हुई थिगलियाँ जो दूसरी कहानी के लिए पैवंद का काम करती हैं।

आज रेमंड कार्वर की अन्तिम पुस्तक देखी। यह अद्भुत क़िस्म का 'कोलाज' है, जिसमें मृत्यु से पहले उन्होंने अपनी पत्नी के साथ अपने प्रिय लेखकों-कवियों के उद्धरण जोड़े थे। चेख़ॅव की कहानियों के अंश कार्वर की कविताओं में कुछ इतनी कोमल सर्जरी के साथ 'ग्राफ़्ट' किये गए हैं, कि वे उनका ही अंग जान पड़ते हैं, अपनी कहानी-देह से अलग अमेरिकी लेखक की कविता-देह में साँस लेते हुए। चेख़ॅव की कहानियाँ—अलग-अलग पंक्तियों में—सचमुच कविताएँ जैसी दिखाई देती हैं।

मेरा उपन्यास (?) एक महीना पहले—जब मैं यहाँ आया था—इसी, ऐसी ही धुँधली आकांक्षा में जन्मा था। वह हर रोज़ हर पन्ने पर अपनी शक्ल गढ़ता है—बिना अपना भेद खोले—कि उसका अन्तिम आकार कैसा होगा!

आकार का रूप ऐसी ही निराकार साधना के भीतर प्रकट होता होगा।

मैं हर रोज़ लिखती हूँ, बिना आशा और बिना मायूसी के।

—आइसाक दाइनेसन

हार्वर्ड यूनिवर्सिटी की छोटी लाइब्रेरी—लेमोंट। उसके आगे एक छोटा-सा घास का प्लाट है, जिस पर हेनरी मूर की ताम्र-मूर्ति लेटी है। चारों तरफ़ पत्थर की चौकी जिस पर छात्र-छात्राएँ आराम करते हैं, जब दिन अच्छा हो और धूप निकली हो। सिगरेट पीने की भी यह थाह है। एक कोना।

एक दूसरा कोना है, लाइब्रेरी के भीतर। भीतर का भीतरी कोना, दो सफ़ेद लकड़ी की कुर्सियाँ, बीच में मेज़, दाईं तरफ़ शीशे की खिड़की, खिड़की के परे पेड़, जिसे मैं हर रोज़ देखता हूँ जब यहाँ आता हूँ। पता नहीं, यह कौन-सा पेड़ है, जो धीरे-धीरे रोज़ झरता है, जैसे हम बुढ़ापे की तरफ़ बढ़ते जाते हैं और उसकी कोई आवाज़ नहीं।

अनित्य, अनात्म, दुःख।

बारिश की सुबह। मैं डायना आइक की 'रिलीजन क्लास' में बैठा हूँ—बौद्ध धर्म पर लेक्चर। यह वही महिला हैं, जिन्होंने काशी पर वह सुन्दर किताब लिखी थी : 'बनारस, द सिटी ऑफ़ लाइट'—रोशनी का नगर। और यहाँ—बारिश का रुदन—भरा दिन!

23 अक्तूबर, 1992

आज क्लास में योग पर प्रवचन था। पाँच मिनट तक ध्यान की अवस्था... मैंने पहले कभी 'मेडीटेशन' का अभ्यास नहीं किया, इसलिए सौ लोगों की एकाग्र, समग्र चुप्पी में अपने को चुप पाना इतना सहज और सुगम जान पड़ा कि कुछ लम्हों बाद ही मेरी तनी नसें ढीली पड़ने लगीं। एक प्रकार की आनन्दमयी विस्मृति; जीने में मृत्यु की राहत, नहीं 'मृत्यु' एक अवधारणा है, निरा एक विचार, जबकि विस्मृति में जाना मरना है; हम मरने को अनुभूत कर सकते हैं, मृत्यु को नहीं; इसीलिए ध्यान इतना रिलीफ़ देता है। हम ज़िन्दगी के जबड़े से कुछ इस तरह निकल आते हैं, जैसे कबूतर बिल्ली के मुँह से, अगर इसकी कल्पना की जा सके!

> आकांक्षा एक फूल है—रेगिस्तान में खिलता हुआ।
>
> **—रोलाँ बाख़्त**

बढ़ती हुई उम्र में लिखना, पेंटिंग, म्यूज़िक, धीरे-धीरे कलाकार की ज़िन्दगी के उन ख़ाली हिस्सों को भरने लगता है जहाँ आकांक्षा बसती थी—शराब, सिगरेट, स्त्री, सैर—वह छोड़ता कुछ नहीं, सिर्फ़ पाने का मोह बदल जाता है। जवानी के दिनों में लिखना जीने की छाया में होता है, बुढ़ापे में जीना लिखने के आलोक में!

मुझे एक साथ बहुत-सी किताबें पढ़ना अच्छा लगता है। 'अच्छा लगना' ग़लत शब्द है—दरअसल यह एक प्रलोभन है, लालच, लस्ट। मैं खिंचता चला जाता हूँ। प्रेम नहीं, वासना। यही कारण है कि जिस किताब को छोड़कर दूसरी के पास जाता हूँ, तो कुछ उसी तरह छिपकर, जैसे कोई प्रेमी अपनी एक स्थायी प्रेमिका को छोड़कर दूसरी स्त्री के पास...उसका आनन्द हमेशा एक अपराध बना ग़ैर-वफ़ादारी के नीचे छिपा रहता है।

आजकल कार्लोस फुएंटोस के निबन्ध पढ़ रहा हूँ। अपने देशवासी पॉज़ के गद्य से उनका गद्य कितना अलग है—उनमें शब्दों का बाहुल्य है, जैसे सोडा की बोतल खोलने से फेन की फुहार उठती है। फेन ज़्यादा है, चमक भी है, 'हाई पिच' पर चलता हुआ गद्य। पॉज़ की नम्रता उसमें नहीं है, जहाँ एक छोटे, संक्षिप्त, चुटीले वाक्य में एक गहरा सत्य आलोकित हो जाता है। पॉज़ जिस चीज़ को एक वाक्य में कह डालते हैं, उसके लिए फुएंटोस को पूरा एक पैराग्राफ़ चाहिए।

ज़िन्दा और जानकारी से भरा गद्य, लेकिन शब्दों की इतनी बौछार? क्या यह एक लातिन-अमेरिकी बीमारी है? उसकी तुलना में एक फ्रांसीसी लेखक, अपने दिखावे के बावजूद, कितना सात्त्विक दिखाई देता है!

यूनिवर्सिटी के दिनों में आन्द्रे जीद के जर्नल पढ़ता था, छिपे, छुटपुट ढंग से। तीन रॉयल साइज़ की सफ़ेद ज़िल्द में पढ़ी किताबें अब भी याद आती हैं। क्या वे यूनिवर्सिटी लाइब्रेरी में अब भी मौजूद होंगी?

उनकी याद मुद्दत बाद कल शाम आई, जब हार्वर्ड से लाई किताबों को उलटते-पलटते हुए एक पेपरबैक हाथ आ गई—आन्द्रे जीद के जर्नल्स का दूसरा भाग। पन्ने पलटते हुए सहसा मेरी निगाह इन वाक्यों पर पड़ गई, और अचानक मुझे लगा, जैसे लेखक ने कहीं भीतर मेरे गोपनीय अनुभव को अपनी अन्तर्दृष्टि से खोदकर सतह पर ला दिया हो!

जीद फ्लॉबेयर का उद्धरण देते हैं (जैसे मैं जीद का उद्धरण दे रहा हूँ!) लिखते हैं :

> जब किसी युवा लेखक ने फ्लॉबेयर से लिखने के बारे में सलाह माँगी, तो उन्होंने कहा, 'तभी लिखना शुरू करो, जब बाहरी दुनिया तुम्हें सिर्फ़ माया (इल्यूज़न) के अतिरिक्त कुछ और न जान पड़े, जिसका वर्णन तुम्हें करना है।'

इस उद्धरण के बाद आन्द्रे जीद अपनी डायरी में लिखते हैं :

> मैं कोई मेटाफ़िजिक्स में विश्वास नहीं करता। मैं कोई रहस्यवादी—'मिस्टिक'—व्यक्ति भी नहीं हूँ, न ही मेरी बुद्धि पूरी तरह से कांट और प्लेटो से ही सहमत हो पाती है। बात कुछ और है। मुझे कभी यह चिन्ता नहीं सताती कि मैं बाह्य-जगत् में विश्वास करता हूँ या नहीं। दरअसल वह चीज़ ही मेरे भीतर नहीं है, जिसे हम यथार्थ की भावना कहते हैं। मुझे तो लगता है कि हम सब एक मायावी लीला में चल-फिर रहे हैं और जिसे दूसरे लोग यथार्थ और बाह्य-जगत् कहते हैं, उनका अस्तित्व उससे अधिक नहीं है, जितना मेरे उपन्यासों की दुनिया का अस्तित्व है।

जब तक हम जीवित हैं, हमें चोट खाने, अपमान सहने, देहरी के बाहर निकलते ही घबराने, दूसरों को देखते ही दहशत खाने और बार-बार मृत्यु की कामना करने की आदिम भावनाओं को आने देना चाहिए। यदि हर धर्म हमें आदमी से प्रेम करने की शिक्षा देता है तो इसका कारण है कि उससे हमें कितना डर लगता है। जब तक इस धरती पर आदमी जीवित रहेगा, ईश्वर कभी यहाँ आने का जोखिम नहीं उठाएगा।

हमारे घर के पास बच्चों का एक पार्क है। शनिवार और रविवार को यहाँ मैं अक्सर अलग-अलग कोनों में किसी माँ को अपने बच्चे के साथ या किसी पिता को अपनी बच्ची के साथ खेलते देखता हूँ। इस सबको देखते हुए मुझे अक्सर कोई 'कहानी' याद आती है, जो शायद कभी लिखी नहीं गई—अकेले पिता और अविवाहित माँ के बीच अनवरत बातचीत, जबकि उनके बच्चे खेल रहे हैं। शाम होते ही दोनों अपने-अपने बच्चों के साथ अपने अकेले फ़्लैट में चले जाते हैं और पूरे एक सप्ताह तक नहीं मिलते—और जब अगला 'वीकएंड' आता है, तो फिर पार्क में एक-दूसरे से अपने-अपने बच्चों के साथ मिलते हैं...फिर मेरा ध्यान भटक जाता है। पता नहीं, मैंने पार्कों और पबों को लेकर कितनी कहानियाँ लिख डाली हैं—और नहीं!

एक दुपहर जब मैं बाज़ार से लौट रहा था, तो मन में इच्छा हुई, कुछ देर एक बेंच पर बैठने की। मैंने देखा, एक बिल्ली पेड़ पर चढ़ते हुए एक गिलहरी का पीछा कर रही है—यहाँ की गिलहरियाँ भी इतनी मोटी-ताज़ी दिखाई देती हैं कि उनके सामने अपने देश की पतली-दुबली गिलहरियाँ गाजर-मूली सी दिखाई देती हैं। वह गिलहरी पेड़ के धुर ऊपर फुनगी पर बैठ गई, जहाँ बेचारी बिल्ली की पहुँच नहीं थी और वह खिसियानी-सी होकर 'खम्भा नोचते' हुए—नीचे उतर गई।

तभी मेरी निगाह एक नोटिस-बोर्डनुमा तख़्ती पर गई, जिसे मैंने अब तक अनदेखा कर रखा था। उस पर एक व्यक्ति का नाम लिखा था, और वह नाम वही था, जिस नाम से वह पार्क जाना जाता था। वह कैम्ब्रिज के उन युवकों में से रहा होगा, जो पहले महायुद्ध में भाग लेने यूरोप गए थे। उसके नाम के आगे उसके जन्म-मृत्यु की तिथियाँ भी लिखी गई थीं—1896-1918। सिर्फ़ बाईस वर्ष की ज़िन्दगी! मृत्यु का महीना देखा, तो पता चला कि युद्ध समाप्ति के कुछ दिन पहले ही उस युवक की मृत्यु हुई जो यहीं कहीं पड़ोस में रहता होगा—सौ वर्ष पहले।

5 नवम्बर, 1992

पत्थर नीचे गिरता है। हर रोज़ इसे ऊपर उठाकर ले जाना होता है, कहाँ से? आशा है, आत्म-पतन के उसी बिन्दु से नहीं, जहाँ वह पिछली बार गिरा था।

अपने साथ रहना कितना कठिन है! लेकिन आत्मा हमारे कर्मकांडों में योग नहीं देती; वह अलग-थलग रहती है। वह मैं हूँ, लेकिन वह मेरी नहीं है। उसे मुझ पर शर्म आती है। ईश्वर से सब प्रार्थनाएँ—अन्धकार के अन्तरतम क्षणों में—असल में आत्मा की प्रार्थनाएँ हैं हमारे लिए। वह हममें है, लेकिन हमसे अलग है। हमारे दु:ख का साम्राज्य और हमारी दरिद्रता की गहराई इस पर निर्भर करती है कि हम अपनी आत्मा से कितना दूर हैं। वह हमें देखती है, हमें देखकर कातरता में मुँह मोड़ लेती है, हमारी दयनीयता पर दया खाती है, सिहरती है, प्रतीक्षा करती है।

क्या 'फोर कुआर्टेट्स' की तरह कोई उपन्यास लिखा जा सकता है?

एक क्षण से दूसरे क्षण पवित्रता, प्रार्थना, ध्यान में जी पाना विशेष कर ध्यान की एकाग्र, संकेन्द्रित मन:स्थिति में।

आत्म-घृणा की अनन्त गहराई। मुझे मालूम है, आत्म-घृणा पाप है, लेकिन फिर इस तरह का दयनीय, दरिद्र क़िस्म का आत्म (सेल्फ़) लेकर क्या करना, जहाँ जीने के लिए सिर्फ़ एक ज़िन्दगी मिली है। जितना गिरा हुआ मेरा सेल्फ़, मेरा 'मैं' है, उतना ही उसे लेकर यातना है, उतना ही उससे ऊपर उठने की कोशिश होनी चाहिए।

8 नवम्बर, 1992

पिछले तीन दिनों से बीमार हूँ—वही पुरानी ब्रोंकाइटल खाँसी और बुख़ार। रात बहुत बुरी बीती। जब त्याग की बात सोचता हूँ, तो सांत्वना मिलती है।

यहाँ हार्वर्ड में इतना गहन एकान्त है कि मैं अपने अतीत के बारे में सोच सकता हूँ। सोचता हूँ, तो अपनी ग़लतियाँ दिखाई देती हैं। विश्वास नहीं होता, मैं वही था, जो दस साल पहले था, बीस साल पहले वही, जो आज हूँ?

कल रात, पीड़ा के घोर क्षणों में गहरी इच्छा हुई कि गिरजे के किसी अकेले कोने में किसी ऐसे व्यक्ति के पास जाकर कह सकूँ, 'फ़ादर, मुझे क्षमा करो। मैंने पाप किया है।' लेकिन इन शब्दों को दुहराते ही मेरे भीतर एक गर्म-सी राहत घुलने लगी, जैसे कोई दुःखते घाव पर मरहम लेप देता हो।

> धर्म राहत नहीं है। वह रोशनी है।...उम्मीद में बहुत धैर्य से प्रतीक्षा करना ही आध्यात्मिक जीवन का आधार है।
>
> **—सिमोन वेल**

> धार्मिक और आध्यात्मिक जीवन का महत्त्व इस बात पर निर्भर करता है कि वह कितना दुनिया की चीजों को आलोकित करता है।
>
> **—सि. वे.**

किसी दिन बिलकुल धूप का दिन निखर आता है—वाइडनर लाइब्रेरी की सीढ़ियों पर छात्र-छात्राएँ धूप सेंकते हुए अपना टिफ़िन खा रहे हैं। सामने मेमोरियल हॉल की सफ़ेद लम्बी मीनार सर्दियों के नीले आकाश में एक संगमरमरी शहतीर-सी दिखाई देती है। कुछ जापानी टूरिस्ट उसकी सीढ़ियों पर खड़े होकर हार्वर्ड यार्ड के उजले, सुनहरे, धूप में झिलमिलाते लॉन का फ़ोटो खींच रहे हैं।

यहीं, इसी लॉन पर मैं लेटा हूँ। नीले आकाश को ताकते हुए मेरी आँखें बार-बार नींद में मुँद जाती हैं, फिर खुल जाती हैं...आश्चर्य होता है कि यहाँ आकाश में एक भी कौवा, चील, चिड़िया नहीं दिखाई देते, जबकि शायद ही कोई लम्हा जाता हो, जब मैं अपनी दिल्ली की बरसाती

से आकाश में किसी-न-किसी परिन्दे को उड़ता हुआ नहीं देखता! मुझे अचानक मीरा बेन की याद आती है, इंग्लैंड से गांधीजी के वर्धा के आश्रम में आकर ठहरी थीं—पहले ही दिन उन्हें आश्रम में पक्षियों के उड़ते रेलों को देखकर घोर आश्चर्य हुआ था! ऐसा दृश्य उन्होंने इंग्लैंड में कभी नहीं देखा था।

सहसा पेड़ का एक पत्ता झरकर मेरी खुली किताब पर आ टपकता है—बिलकुल पीला और करारा। इस पत्ते को मैं मुनिया के पास भेजूँगा, यह जानने के लिए, वह किस पेड़ का हो सकता है?

1 दिसम्बर, 1992

सुबह से ही हवा का शोर सुनाई दे रहा है, बादलों से घिरा दिन, दिन में भी शाम का कुहासा। स्याही-सी रोशनी। दूर हवा की सी-सी करती सुनसान को भेदती सीटी 'रूसी सर्दियों' की याद दिलाती है, जो चेख़ॅव, तुर्गनेव, टॉल्स्टॉय की कथाओं की स्मृति के साथ जुड़ी है। यह एक विचित्र रूप से मन हिलानेवाली आवाज़ है, उन सब आवाज़ों से अलग, जो हमें शहर के किसी साधारण दिन में सुनाई देती हैं। शीत की ठिठुरती ये आवाज़ें जैसे कोलम्बस-पूर्व लैंडस्केप में गूँजती हैं जब कैम्ब्रिज, हार्वर्ड, बोस्टन कुछ भी कहीं न थे; सिर्फ़ एक असीम वन-प्रान्तर, बीहड़ जंगलों का विस्तार, चट्टानों के भीतर रहनेवाले अमेरिकी-इंडियन आदिवासी और नंगी, आत्मनिमग्न लगभग अछूती धरती की साँसें—यह हवा जो अब भी वैसे ही घरों, गिरजों, यूनिवर्सिटी की इमारतों के अन्दर बहती हुई चीख़ती है, जैसे हम कुछ न हों और जो बीता-गुज़रा है, वह धरती का एक दुःस्वप्न है, जिसमें हम प्रेत-छायाओं-से विचरते हैं।

मेरे कमरे की खिड़की के शीशे पर बारिश की बूँदें गिरती हैं और कमरे का फ़र्श एक हल्के, धीमे भूचाल में हिचकोले खाता हुआ

बार-बार कँपता है—ट्रैफ़िक के झटकों से या झंझावात के झोंकों से, कहना असम्भव है।

4 दिसम्बर, 1992

आज सुबह से बर्फ़ गिर रही है। बहुत झीने महीन बर्फ़ के फाहे जो मोटरगाड़ियों की छतों पर जमा होते जाते हैं, लेकिन ज़मीन पर गिरते ही पिघल जाते हैं। जब मैं बाहर सिगरेट लेने गया, तो वे मेरे सिर पर गिर रहे थे।

आज मैंने वॉल्टर बेन्यामिन की 'मॉस्को डायरी' पढ़नी शुरू की। उस किताब को मैंने पहली बार फ्रैंकफर्ट बुक-फेयर में देखा था और अपने लिए 'रिज़र्व' भी करवाया था। किन्तु मेले के अन्तिम दिन जब मैं उसे ख़रीदने गया, तो पता चला कि वह पुस्तक लापता है। दुकान पर काम करनेवाली लड़की ने खेद भरे स्वर में मुझे बताया कि कोई उसे चुरा ले गया है।

और अब बरसों बाद वही किताब मुझे वाइडनर लाइब्रेरी में दिखाई दी...बिलकुल संयोग से! मैं बेन्यामिन की एक अन्य पुस्तक तलाश रहा था और दिखाई दे गई 'मॉस्को डायरी'! इस पुस्तक को पढ़ते हुए बेन्यामिन का एक दूसरा पक्ष दिखाई दिया—आलोचक से अधिक एक कथा लेखक का, जो हर चीज़ के सूक्ष्मतम ब्योरों को बहुत ध्यान से नोट करता है। मिसाल के तौर पर डायरी का एक पन्ना सिर्फ़ अपने होटल के कमरे में रखी चीज़ों और फ़र्नीचर के बारे में लिखा गया है। हर छोटी-से-छोटी चीज़ उनकी अनूठी अन्तर्दृष्टि तले एक अजीब-सा कायाकल्प कर लेती है। बेन्यामिन दुनिया की हर चीज़, हर दृश्य को मन-ही-मन 'इंटरप्रेट' करते रहते हैं, जैसे ऊपर जो दिखाई देता है, उसके पर्दे को थोड़ा-सा हटकर भीतर जो सत्य छिपा है, उसकी एक झलक दिखा जाते हों,

चाहे वह सड़क हो, सड़क पर चलते लोग हों, लोगों के चेहरे हों, ख़ुद अपने भीतर उठनेवाली क्षणभंगुर अन्त:प्रतिक्रियाएँ हों—कुछ भी हों, सब कुछ उनके 'इंटरप्रेटेशन' की छलनी से छनकर बाहर आता है। उनकी डायरी पढ़ते हुए लगता है, जैसे हम उनके मस्तिष्क की 'वर्कशॉप' को भीतर से देख रहे हैं, किस तरह वह भाषा और अनुभव के बीच पुल बनानेवाली असाधारण इंजीनियरिंग मेधा का परिचय देते हैं। पढ़ते हुए लगता है, यह एक बहुत ही चिन्तनशील, ध्यानावस्थित, उदास व्यक्ति की डायरी है।

मॉस्को की गैलरी में सिजाँ के एक चित्र को देखते हुए वह लिखते हैं :

> मुझे लगता है कि किसी पेंटिंग को समझने के लिए यह बिलकुल ज़रूरी नहीं है कि हम उसकी 'स्पेस' में किसी तरह प्रवेश कर पाएँ; सच तो यह है कि यह स्पेस स्वयं झटककर सामने आती है, ख़ास कर पेंटिंग के अलग-अलग स्थानों से, जो उसके विशिष्ट स्थल हैं। यह ऐसे कोनों और कोणों से उद्घाटित होती है, जहाँ हमें विश्वास है, हम अपने अतीत के निर्णायक अनुभवों को अवस्थित कर सकते हैं। पेंटिंग के ये 'स्थल' क्यों इतने जाने-पहचाने महसूस होते हैं, यह समझ के परे है।

पेंटिंग के स्पेस में अपने अतीत के स्मृति-स्थल देखना—यह अभूतपूर्व खोज केवल बेन्यामिन ही कर सकते थे, या रिल्के अपने पन्नों में, जो उन्होंने सिजाँ के चित्र देखकर अपनी पत्नी को लिखे थे।

बेन्यामिन अपनी डायरी में प्रेम और प्रेमिका के सम्बन्ध में अनमोल बातें कहते हैं (स्वयं बेन्यामिन अपनी प्रेमिका से मिलने मॉस्को आए थे)। वह लिखते हैं :

> वह व्यक्ति जो प्रेम करता है, न केवल अपनी प्रेमिका के 'दोषों' के प्रति आकर्षित होता है, न केवल उस स्त्री की सनकों और कमज़ोरियों द्वारा सम्मोहित होता है, सच तो यह है कि उसके चेहरे की झुर्रियाँ, मस्से, फटीचर पोशाक और टेढ़ी-मेढ़ी चाल आदमी को हमेशा के लिए जिस तरह के अपने सशक्त मोहपाश में जकड़े रहते हैं, उसकी तुलना में किसी तरह का सौन्दर्य उसे नहीं बाँध सकता। यह बहुत पुराना जाना-पहचाना सत्य है—लेकिन क्यों? ऐसा क्यों होता है? अगर यह सिद्धान्त सही है कि हमारी अनुभूति का अस्तित्व सिर में नहीं है कि हम एक खिड़की, एक बादल, एक वृक्ष का संवेदन अपने मस्तिष्क में नहीं, बल्कि उस स्थान में अनुभूत करते हैं, जहाँ से हम उन्हें देखते हैं, तब हम अपनी प्रेमिका को भी, अपने से बाहर, देखते हैं। लेकिन यह देखना बहुत गहरी यंत्रणा और तनाव और सम्मोहन के भीतर होता है। सभी के आलोक में हमारी अनुभूति चुँधियाकर पक्षियों के झुंड की तरह फड़फड़ाने लगती है। और जिस तरह पक्षी पेड़ के पत्तों के झुरमुट में शरण खोज लेते हैं, उसी तरह हमारी अनुभूतियाँ उस देह की स्याह झुर्रियों, बेडौल चाल और अदृश्य त्रुटियों में आश्रय पा लेती हैं, जिसे हम प्रेम करते हैं। रास्ते से गुज़रनेवाला कभी नहीं जान पाएगा कि ठीक उन्हीं स्थलों पर जहाँ स्त्री के दोष और दुर्गुण हैं, हमारी आराधना के तीर बिंधे हैं।

बेन्यामिन ने 'भाषा की भूमिका' पर जो विचार इस डायरी में प्रकट किये हैं, काश, हमारे 'प्रगतिशील' आलोचक, आलोचक न सही, तो कम-से-कम लेखक थोड़ा-बहुत ध्यान दे पाते। बेन्यामिन समकालीन सोवियत साहित्य में 'भाषा के विनाश' पर क्षोभ प्रकट करते हुए कहते हैं :

> हर भाषाई इकाई में दो सीमांत एक साथ मौजूद रहते हैं, एक छोर पर अभिव्यक्ति, दूसरे छोर पर सम्प्रेषण। जिस व्यवस्था में भाषा की भूमिका सिर्फ़ सम्प्रेषण के पहलू का विकास करने में चुक जाती है और उसके बाक़ी सब पक्ष उपेक्षित रह जाते हैं (जैसा रूसी भाषा के साथ हुआ है), वहाँ भाषा नष्ट हो जाती है। दूसरे छोर पर, यदि भाषा का अभिव्यक्त चरित्र ही चरम मान लिया जाए, वहाँ उसकी परिणति एक रहस्यवादी मौन में हो जाती है...किसी-न-किसी रूप में दोनों के बीच सन्तुलन बिठाना ज़रूरी है।

बेन्यामिन के गद्य की अद्‌भुत विशिष्टता : वह बाहरी दुनिया के एक चालू, चलते-फिरते बिम्ब को अपने तर्क की रौ में भीतरी दुनिया के रूपक में परिणत कर देते हैं—और इस प्रत्यावर्तन के कारण दोनों दुनियाओं का अन्योन्याश्रित अर्थ अलोकित हो उठता है। इसकी चमक में गद्य की सीमाएँ कविता में इस तरह घुलमिल जाती हैं, जैसे गोधूलि की घड़ी में दो नदियों का संगम दिखाई देता है; पता नहीं चलता, कौन-सी नदी किस नदी में समाहित हो रही है।

9 दिसम्बर, 1992

तीन दिन पहले अयोध्या की मस्जिद ढहा दी गई। कभी-कभी रात को नींद खुल जाती है और लगता है, यह एक दुःस्वप्न है, जो बीत जाएगा और यह भाव और भी भयंकर लगता है कि मैं सो नहीं रहा, जाग रहा हूँ और यह असलियत है, ख़्वाब नहीं।

क्या डर का यथार्थ यह होता है?

भारत से जो ख़बरें आती हैं, उनका 'डिप्रेशन' अलग है। भोपाल, बम्बई...जब मैं सोचता हूँ, कैसे लोगों को उनके घर से घसीटकर मारा

जाता है, तो वह कल्पना ही असहनीय लगती है। उस भयावह यथार्थ के सम्मुख 'धर्म' जैसी चीज़ कितनी काल्पनिक जान पड़ती है!

26 जनवरी, 1993

डॉरोथी डे की आत्मकथा पढ़ रहा हूँ, 'लम्बा अकेलापन' उसका शीर्षक है। समूचा जीवन 'जीने का अर्थ' पाने का बीहड़ प्रयास। संघर्षमय बचपन, ग़रीबी में यूनिवर्सिटी के दिन बिताए। कम्यूनिस्ट पार्टी से निराश होकर कैथोलिक धर्म की ओर मुड़ीं और अमेरिका में पहली बार एक रेडिकल कैथोलिक मज़दूर आन्दोलन की नींव डाली। उनके समाचार-पत्र 'कैथोलिक वर्कर' के इर्द-गिर्द अनेक कम्यूनिटी सेंटर स्थापित हुए, मज़दूरों के कम्यून, जहाँ आन्दोलन में भाग लेनेवाले कार्यकर्ता एक साथ रहते थे। पहली बार हार्वर्ड में रहकर मुझे इस तरह के जन-आन्दोलनों का परिचय प्राप्त हुआ, जो बीसवीं शती के आरम्भ में अमेरिका के जनसाधारण, इमीग्रेंट लोगों ने शुरू किये थे। डॉरोथी डे की आत्मकथा को पढ़ते हुए कैथोलिक धर्म को बहुत निकट से देखने-जानने का मौक़ा मिला—एक धर्म-सम्प्रदाय के रूप में।

समाजवाद ने मनुष्य के रिश्तों में कोई आमूल परिवर्तन नहीं किया, सिर्फ़ सम्पत्ति को व्यक्ति के हाथों से छीनकर राज्य के हवाले सुपुर्द कर दिया। भयंकर बात यह हुई कि इस प्रक्रिया में 'स्वामित्व' (ownership) की भावना ही नष्ट हो गई। जब तुम किसी चीज़ के स्वामी हो, तो उसके प्रति उत्तरदायी हो। अंग्रेज़ी शब्दों में भी साम्यता देखी जा सकती है : to owe, to own. When you *own* something, you *owe* something to it...क्या गांधीजी का 'ट्रस्ट्रीशिप' का सिद्धान्त इसी दायित्व-भावना में निहित नहीं है? ईश्वर हमारा स्वामी है, जैसे हम उसके—और इसी

'परस्पर-स्वामित्व' से प्रेम उत्पन्न होता है। राज्य-केन्द्रित समाजवाद मनुष्य को उसकी सम्पत्ति से वंचित करके उसकी दायित्व-भावना को भी नष्ट कर देता है—जैसा हमने भूतपूर्व सोवियत समाज में देखा था, जहाँ कोई किसी के प्रति जवाबदेह नहीं था।

ईश्वर अनाम न रहे, इसीलिए देवता हैं।

राज्य अनाम न रहे, इसलिए अफ़सर हैं। काफ़्का की समूची यात्रा इन अफ़सरों को घूस देकर ईश्वर तक पहुँच जाने की थी!

28 जनवरी, 1993

प्रवास का पहला वर्ष लगभग बीत चुका। बहुत चमकीले दिन। सूरज कितना छलनामय हो सकता है, कितना शीतग्रस्त! गर्मी का मायावी आलोक।

कल किताबों की दुकान में गया। मॉरिस ब्लैंशो की दो पुस्तकें ख़रीदीं, एक विचित्र लेखक, मिस्टिकल, धार्मिक, रहस्यमय—लेकिन हर वाक्य तर्क की कसौटी पर खरा उतरता हुआ, अप्रत्याशित दिशाओं में ले जाता हुआ। कभी कल्पना भी नहीं की थी कि कोई विचार इतनी दिशाओं में एक साथ उड़ सकता है, हवा में ऐसी अभेद्य अनुगूँजें लिखता हुआ, जैसे वह कोई अपनी हियरोक्लिफ हो।

ड्यूरा का उपन्यास और काल्विना के हार्वर्ड व्याख्यान, जिन्हें देने से पूर्व ही उनकी मृत्यु हो गई।

> एक पुस्तक, लिखी जानेवाली प्रक्रिया में, अपना स्पंस रचती है, जिसे दूषित नहीं किया जा सकता, वरना तुम्हें न जीने का मूल्य चुकाना होगा। इस दशा में अगर तुम उसे किसी दूसरे की नज़रों में आने दोगे, तो तुम हमेशा के लिए अपना कुछ छिन जाने दोगे। पुस्तक चलती रहती है, और जब तक चलती है,

वह जीवन की अन्त:ऊर्जा के अलावा कुछ भी नहीं है और जीवन की ही तरह उसे समस्त प्रतिबन्धों, पीड़ा की घुटन, विलम्ब, यातना, हर क़िस्म के अवरोधों, मौन और रात की ज़रूरत है। उसे जन्म लेने की जुगुप्सा से लेकर दिन की रोशनी को सहने और बड़े होने के संत्रास को सहना होगा। एक बार अस्तित्व में आने के बाद वह अपनी आरम्भिक यात्रा का थोड़ा-सा भी, एक भी पदचिह्न पीछे नहीं छोड़ पाती। किन्तु जब तक वह यात्रा कर रही है, उसे अकेली ही सब करना होगा, बिना किसी की मदद लिये। समय से पहले यदि कोई जान ले कि वह क्या है, क्या है वह रहस्य जो उसकी नियति को निर्धारित कर रहा है, तो वह जो कुछ बन रही है, बिखर जाएगी और वह रहस्य हमेशा के लिए लुप्त हो जाएगा। तुम जिस पुस्तक को जन्म दे रहे हो, तुम्हें उसकी यात्रा, उसके कठिन श्रम के साथ सतत रहना होगा, सारे समय तक, जब तक तुम उसे लिख रहे हो। लिखना एक ऐसा अद्‌भुत दु:ख है, जिसका स्वाद हासिल करना पड़ता है...।

—मार्गरेट ड्यूरा

6 फ़रवरी, 1993

सिमोन वेल की पुस्तक : 'वेटिंग फ़ॉर गॉड' (ईश्वर की प्रतीक्षा में)।

'मैं' होना ग़लत है। 'हम' होना उससे भी ग़लत है। शहर में लगता है, हम अपने ही घर में हैं—हमें चाहिए कि हम 'निर्वासन' को अपना घर मान सकें।

ख़तरा यह नहीं है कि हमारी आत्मा 'रोटी' (ईश्वर) के अस्तित्व के बारे में सन्देह करे, बल्कि यह कि वह अपने को भुलावा दे

> सके कि उसे भूख ही नहीं है। वह यह केवल झूठ बोलकर ही कर सकती है, क्योंकि उसकी भूख की वास्तविकता विश्वास में नहीं, सच्चाई में निहित है।

अपनी भूख को अस्वीकारना नहीं, फिर भी खाने से इनकार करना, यह सिमोन वेल की ज़िन्दगी का चमत्कार था।

हम जो सोचते हैं, कुछ पढ़ते हुए अपने जीने-मरने के इतिहास का निर्भय परीक्षण करते हैं, वह हमारे दैनिक आचरण में छनकर क्यों नहीं आता? सारा दिन गँवाकर रात को सोने की तैयारी करते हैं तो हमारी आत्मा क्यों इस तरह कराहती है, जैसे कि कोई स्त्री बलात्कार के दूषण के बाद दिन के उजाले में किसी को अपना चेहरा नहीं दिखाना चाहती?

> मार्क्सवादियों और समूची उन्नीसवीं शताब्दी की सबसे बड़ी ग़लती यह थी कि वे यह सोचते थे कि सीधा आगे चलते हुए वे एक दिन हवा में उड़ने लगेंगे।
>
> **—सिमोन वेल**

सिमोन वेल जिसे अपना 'बौद्धिक दायित्व' समझती थीं, वह, मेरे विचार में, एक लेखक का दृष्टिकोण भी होना चाहिए, दुनिया के प्रति और यथार्थ के प्रति...उदासीन और स्वागत योग्य, दोनों ही। वह कहती हैं, "मेरा जो विशिष्ट ध्येय है, उसमें मेरी बौद्धिक ईमानदारी की यह माँग है कि मेरा सोच अन्य समस्त विचारों के प्रति उदासीन होना चाहिए, बिना किसी अपवाद के...उनका स्वागत भी करना चाहिए और उनके बारे में चुप भी रहना चाहिए। पानी की तरह, जो उन चीज़ों के प्रति उदासीन होता है, जो उनमें फेंकी जाती हैं। वह उन्हें तौलता नहीं, कुछ देर हिलने-डुलने के बाद वे चीज़ें स्वयं ही अपने को तौलती हैं।

विश्व में कुछ भी अच्छा नहीं है, किन्तु विश्व स्वयं में अच्छा है।

—सि. वे.

इस वर्ष जो पुस्तकें मैं पढ़ना या दुबारा पढ़ना चाहूँगा :

सोफ़ोक्लीस के सारे नाटक

भवभूति का 'उत्तर-रामचरित' और कालिदास के कुछ नाटक

'डिवाइन कॉमेडी', प्रथम भाग

'भगवद्गीता'

'महाभारत' के कुछ पर्व

मोंटेन के निबन्ध

ब्लैंशो

'युद्ध और शान्ति', ब्रदर्स कारामज़ोव

पॉल वेलरी (उनके सारे निबन्ध, जो अंग्रेज़ी में उपलब्ध हैं)

12 फ़रवरी, 1993

एक अजीब-सी अवसादपूर्ण सुबह। अपने उपन्यास को छूने से पहले ये पंक्तियाँ लिख रहा हूँ। लगता है, मैं मँझधार में हूँ (उपन्यास में) और कोई भी लहर मुझे कहीं भी फेंक सकती है। कहाँ से शुरू करना होता है और छोड़ देना कहाँ से?

हार्वर्ड की क्लास में 'फ़िक्शनल आत्मकथा' का कोर्स। वे सब उपन्यास उसमें शामिल हैं, जो 'आत्मकथा' या जो प्रथम पुरुष की शैली में लिखे गए हैं...दोस्तोएव्स्की के नोट्स 'फ्रॉम द अंडरग्राउंड', नुट हैम्सन का 'भूख', आन्द्रे जीद का 'इम्मॉरेलिस्ट' आदि। अध्यापिका का ढंग कुछ यांत्रिक-सा है किन्तु वह अपने प्रश्नों से विद्यार्थियों के बीच बहुत दिलचस्प और उत्तेजक बहसें छेड़ने में सफल होती है...और विद्यार्थी, अठारह-उन्नीस वर्ष के लड़के-लड़कियाँ, उनकी प्रगल्भता,

पुस्तकों के टेक्स्ट के प्रति उनकी तर्कशील, विश्लेषणात्मक दृष्टि और सतर्कता कितना प्रभावित करती है! भारतीय कॉलेजों के छात्रों से कितना भिन्न है ये...बड़े होकर यही छात्र 'आदर्श पाठक' बनते हैं, जिन पर हर लेखक गर्व कर सकता है। सबसे उल्लेखनीय बात मुझे यह लगी कि क्लास में जिस पुस्तक की चर्चा हो रही होती है, सबसे पहले उसकी 'विषयवस्तु' (कहानी) पर नहीं, उसकी अन्दरूनी संरचना पर ध्यान केन्द्रित किया जाता है—उसका ढाँचा, शिल्प, आन्तरिक प्राविधिकी—वे सब कलपुर्ज़े जिनसे किसी उपन्यास की भीतरी मशीन चलती है—यह एक ऐसा पहलू है, जिसकी हमारी साहित्य-कक्षाओं में सबसे अधिक उपेक्षा की जाती है। क्या यही हमारी आलोचना की विपन्नता का मूल कारण नहीं है?

18 फ़रवरी, 1993

"मुझे लगता है कि अपने जीवन की उन चीज़ों में, जो सचमुच महत्त्वपूर्ण हैं, हम बाधाओं का अतिक्रमण नहीं करते; हम, जब तक ज़रूरत हो, एकाग्र दृष्टि से उनकी ओर देखते रहते हैं, अगर वे हमारे भ्रमों से उपजी हैं, तो हमारी दृष्टि के आगे वे अपने-आप लुप्त हो जाएँगी।"

कभी-कभी मुझे लगता है कि मैं उन अभागे लोगों में हूँ, जो एक गहरी आध्यात्मिक बीमारी में तपते रहते हैं और उसके बारे में इसलिए कुछ नहीं कर सकते, क्योंकि वे बीमार हैं; इस दुश्चक्र से मुक्ति केवल 'ग्रेस' द्वारा पाई जा सकती है, लेकिन अगर उसी में विश्वास न हो, जिससे ग्रेस पाई जा सकती है—ईश्वर में—तब क्या विकल्प है? बीमारी की समस्या ईश्वर में आस्था न होना नहीं है, बल्कि अपनी अनास्था का परीक्षण न कर पाना है। मृत्यु के क्षण तक हम संशय की अलम्बित स्थिति में जीते रहते हैं। कभी मैं सोचा करता था कि लिखने से मैं इस सन्ताप के परे जा सकूँगा, जैसे एक पादरी के सामने कन्फ़ेशन करने

से पाप-बोध से छुटकारा पा लिया जाता है। लेकिन इसके लिए इतनी ईमानदारी और साहस होना चाहिए कि हम जो कन्फ़ेस कर रहे हैं (लिख रहे हैं) कम-से-कम उसमें हमारी आस्था हो—और यह तभी होता है—जब पाप की यातना हमने सचमुच भोगी होती है। मेरा लेखन न केवल इसमें असमर्थ रहा, बल्कि उसने एक अतिरिक्त पाप भी किया—उसने खोला कम, छिपाया अधिक—और जो कुछ खोला भी, उसमें सन्ताप का सत्य नहीं, उसके बाहरी लक्षण अधिक थे, जो सिर्फ़ 'आइसबर्ग' की ऊपरी सतह ही छूकर सन्तुष्ट हो लेते थे।

27 फ़रवरी, 1993

वॉल्टर बेन्यामिन की मृत्यु के लिए आकांक्षा...वह अक्सर आत्महत्या करने के बारे में सोचते थे। "वह मृत्यु के प्रति एक गहरा सम्मोहन महसूस करते थे...नशे (हशीश) और लिखने में उसका पूर्वानुमान लगाया करते थे। दोनों के द्वारा वह ज़िन्दगी से मुँह मोड़ लेते थे, और फिर उन्हीं से उसे—ज़िन्दगी को—अधिक शुद्ध और गहन रूप में पा लेते थे।"

इस उपन्यास के बारे में एक अजीब बात हुई (अगर इसे उपन्यास कहा जाए)। इसे लिखते हुए न मुझे कोई चिन्ता होती है, न ख़ुशी। हर सुबह सिर्फ़ मैं अपनी मेज़ पर रखी नोटबुक की ख़ाली स्पेस के सामने निस्संग भाव से बैठ जाता हूँ। यह कुछ वैसा ही है, जैसे कोई बच्चा एक क़दम लेता है, फिर दूसरा, कुछ-कुछ डोलता, डगमगाता हुआ, न जानता हुआ कि उसका अगला क़दम कहाँ टिकेगा...अपनी बेडौल लय से बँधा हुआ। मैं पीछे मुड़कर जो लिखा है, उसे पढ़ते हुए घबराता हूँ, डरता हूँ कि एक विराट मरुस्थल में कहीं रास्ते से भटक तो नहीं गया हूँ या—

एक भूखंड के इर्दगिर्द ही तो चक्कर नहीं लगा रहा हूँ, जहाँ बदलते हुए दृश्य गतिमयता का लक्षण नहीं, सिर्फ़ उसका भ्रम उत्पन्न करते हैं।

> वह घर, जिसकी ओर हम सब चिरन्तन काल से यात्रा कर रहे हैं, किन्तु जिसमें अभी तक कोई रहा नहीं है।
>
> —अर्न्स्ट ब्लॉख़

21 मार्च, 1993

सिर्फ़ एक महीना लौटने को शेष है। आतंक की विचित्र अनुभूति। अपने पर गहरा अफ़सोस। अपने अतीत पर कभी इतनी नंगी वास्तविकता से नहीं सोचा था, जितना पिछले कुछ दिनों में। त्रास का एहसास। कैसे मैं इतने सँकरे दरवाज़े से बच निकला—एक चमत्कार! कितने लोगों को ठेस पहुँचाई, दुखी किया, फिर भी उन्होंने मुझे रहने दिया—कितनी और कैसी क़ीमत पर। कोई मुआवज़ा नहीं, सिवा उनकी उदासीनता के।

28 मार्च, 1993

हवा में वसन्त की छुअन। पेड़ अब भी नंगे हैं, लेकिन नीले आकाश को काटती उनकी शाख़ाएँ चाक़ू की धार की तरह इतनी साफ़ और चमकीली दिखाई देती हैं कि उनकी नग्नता भी किसी रहस्य को अनावृत करती जान पड़ती है, जैसे अपने पीछे किसी हरियाली का भेद, पत्तों का झुरमुट छिपाए है और इसकी टोह पक्षियों को मालूम है—आदमियों से कहीं अधिक—इसीलिए वे बड़ी बहादुरी से अपने गोपनीय सुरक्षित स्थानों से निकलकर उल्लसित स्वर में चीख़ते हुए पेड़ों पर चक्कर लगाते हैं। सड़क की साफ़ और चिकनी सतह धूप में नहाती है, फ़ुटपाथ के किनारों पर पुरानी बर्फ़ के मैले ढूह समेट दिये गए हैं, बीती हुई सर्दियों के सफ़ेद स्मारक।

फिर यह अवसाद क्यों, जिन जाड़ों ने इतना सताया था, उनके लिए इतना घिरा हुआ मोह कैसा? हार्वर्ड की यही तो 'आर्कीटाइप' स्मृति है—बर्फ़ से ढकी सड़कें, सफ़ेद रातें, साँय-साँय करती हवा! किन्तु इन दिनों मैं बीती हुई सर्दियों को नहीं, शुरू शिशिर के पतझड़ी दिनों को याद करता हूँ, जब हम यहाँ आए थे; हार्वर्ड स्क्वायर में संगीत-लहरियाँ गूँजती थीं, हर जगह विद्यार्थियों के झुंड घूमते हुए दिखाई देते थे, अख़बारों की स्टॉल पर पिक्चर पोस्टकार्ड, कैलेंडर, हवा में झूमते हुए फैस्टून—यूनिवर्सिटी नगर का उत्सवी आनन्द—हमने एक पूरे सीज़न का चक्र समाप्त कर लिया और अब बिदाई के छोर पर आ खड़े हैं...।

एरिक हैलर की पुस्तक टॉमस मान पर—एक गहन, तीखा, मर्मभेदी विश्लेषण। आलोचना का आदर्श—जहाँ एक लेखक के 'ग्रीन रूम' में उसके सब मुखौटों के सत्य को परखा जाता है, दर्शन के शुष्क रूखे चौखटों से निकलकर उसकी तार्किकता को छोड़े बिना, आलोचक की दृष्टि, लेखक की समूची सृजन-सृष्टि के साथ घुलमिल जाती है। हैलर की पुस्तक सिर्फ़ मान पर नहीं है, वह कला के उन अँधेरे, अनर्थकारी पहलुओं को प्रकाश में लाती है, जिन्हें एक लेखक जीवन के समक्ष अवस्थित करता है—कला, मुक्ति का स्रोत नहीं, बल्कि एक अभिशाप, आत्मा का रोग, ईश्वर का काला पक्ष। क्या इसे जान लेने के बाद उन सब छात्रों की 'स्क्रीनिंग' नहीं होनी चाहिए, जो यूनिवर्सिटी में 'क्रिएटिव राइटिंग' का कोर्स लेना चाहते हैं—और जो महाशय कोर्स दे रहे हैं वे? उनका परीक्षण कौन करेगा?

पिछले दिनों मेरे भीतर एक विचित्र-सा विचार आता है : मैं इस दुनिया में एक अतिथि की तरह हूँ, जबकि पहले मैं अपने को धरती का निवासी मानता आया था। एक अतिथि की नज़र से दुनिया को देखना और अपने भीतर के दु:खों को भी—यह अनुभव की एक अनोखी दिशा है,

जो सम्मोहित भी करती है और आतंकित भी। एक बार उसे छूने पर 'एटर्निटी' का बोध लुप्त हो जाता है और हर क्षण उसके भीतर रहने का ज्ञान जागने लगता है।

2 अप्रैल, 1993

कल मेरा जन्मदिन है। एक गहरा, सुन्न करनेवाला अवसाद—मानो मेरे पिछले सारे वर्ष एक सपने में गुज़र गए हैं। मैं बीच-बीच में हुड़ककर उठ जाता हूँ। कौन-सी मेरी वास्तविक स्थिति है, वह जो सपने-सा बीत गया है या चकाचौंध रोशनी के वे क्षण जब सब सपने-सा दीखता है? जीने का अन्तिम क्षण जागने का होगा या—सपने में लौटने का?

एक बार मुझे अपनी पुरानी डायरी हाथ लगी थी, मेरा पच्चीसवाँ या छब्बीसवाँ जन्मदिन रहा होगा—कितना विषाद और पछतावा था उस दिन कि इतने वर्ष बीत गए और मैंने कुछ नहीं किया! और अब जब सचमुच सब बीत गया है, लगता है, कोई असली सत्य पाना अब भी शेष है। वह एक संयमित, सात्त्विक जीने में उपलब्ध हो सकेगा, जिसकी झलक कभी विटगेंश्टाइन, कभी सिमोन वेल, कभी फ्लॉबेयर में पाकर मैं इतना अभिभूत हो जाता था, या रिनपोछे के व्यक्तित्व में...।

रिनपोछे का तपस्वी चेहरा—कितना उज्ज्वल, कितना उदास! क्या भविष्य में तिब्बती यहाँ ऐसे ही होंगे?

हम कितना अपने को छिपाते हैं—स्वयं अपनी डायरी से!

कैम्ब्रिज के पिछले महीने—मैं सितम्बर में यहाँ आया था, मेरा प्रिय महीना! शिशिर का मौसम, मेरा प्रिय मौसम! मेपल के पेड़ धूप में सुलगते थे। वह एक दुपहर जब मैं वाइडनर लाइब्रेरी के आगे घास पर लेटा था और मेपल का एक पत्ता मेरी छाती पर आ गिरा था।

लैमोंट लाइब्रेरी के आगे हेनरी मूर की मूर्ति।

बोस्टन में एक दुपहर, बीकन हिल के पुराने घर, कभी हेनरी जेम्स के पात्र वहाँ रहते होंगे।

कमरे की खिड़की। गिरती हुई बर्फ़, लैम्प-पोस्ट के इर्द-गिर्द उसके फाहे उन मच्छरों की याद दिलाते थे, जो बारिश के दिनों में दिल्ली के लैम्प-पोस्टों के नीचे मँडराते हैं।

चीत्कारती हुई हवा, पुलिस या एम्बुलेंस या फ़ायरब्रिगेड के हृतभेदी सायरन। मेरा गिलास खिड़की के आले पर काँपता रहता और मैं भीतर के अँधेरे से बाहर की सफ़ेदी देखा करता...।

3 अप्रैल, 1993

बदली की सुबह।

डॉक्टर की क्लीनिक में गया।

चौबीस अप्रैल को जाने की तिथि तय की थी, लेकिन डॉक्टर ने कुछ और टेस्ट करवाने के लिए कहा है, जिसके कारण सब कुछ अनिश्चित-सा जान पड़ता है। बहुत कुछ टेस्ट के परिणामों पर निर्भर करता है; चिन्ता का गहरा बोझ—लेकिन यह लिखने के बाद वह अचानक कुछ हल्का हो गया है। गड़हे से बाहर आने का क्या यही एक रास्ता है?

जन्मदिन के उपहार रंगीन काग़ज़ों में लिपटे हुए मेरी मेज़ पर हैं; पॉज़ और मौरीस ब्लैंशो की पुस्तकें।

कामू के अमेरिकी 'जर्नल्स' : समुद्र का अद्‌भुत वर्णन। मुझे 'प्लेग' दुबारा पढ़ना चाहिए और उनके दूसरे जर्नल्स भी। जीद की 'पैस्टोरल सिम्फ़नी'।

अपनी आसन्न मृत्यु के बारे में पूर्व-कल्पनाएँ धीमे आती हुई पदचाप। बुख़ारिन ने क्या सोचा होगा, अपने मृत्युदंड के बारे में? उनके अन्तिम दिन!

जीसस क्राइस्ट की आतंकित पुकार, 'प्रभु, इस प्याले को मेरे सामने से हटा दीजिए!'

सात-आठ वर्ष लिखने पर एकाग्र एक सात्त्विक अनुशासन की आवश्यकता, काम करने की अन्दरूनी विवशता, जिसका दैनिक अनुकरण करना हर घड़ी, हर पल—अगर मुझे कुछ ठीक से करना है।

आस्था के बाक़ी सब स्रोत सूख गए हैं। कोई झूठा अवलम्बन नहीं। यह बात मुझे निराश नहीं करती। मैं अपने को अकेलेपन की स्वच्छ और सूखी रोशनी में पाता हूँ।

16 अप्रैल, 1993

आज...को मार्लिन मुनरो का पिक्चर पोस्टकार्ड भेजा। आत्महत्या करनेवाले व्यक्ति की मुस्कराहट एक गुप्त कोड जान पड़ती है, भविष्य के कार्ड पर वर्तमान को भेजी हुई!

जाने के सिर्फ़ छह दिन बचे हैं। हर सुबह एक ठंडा-सा आतंक देह में बर्फ़ की तरह जमा जान पड़ता है, फिर दिन बीतने के साथ वह धीरे-धीरे पिघलने लगता है।

कल दुपहर वाइडनर लाइब्रेरी में बिताई। पोर्च की सीढ़ियों पर बैठकर सिगरेट पी। हार्वर्ड यार्ड में लोगों की भीड़ हँसते हुए लड़के-लड़कियाँ, फ्रेंच कैफ़े के आगे मेज़ों पर बैठे शतरंज में संलग्न खिलाड़ी। धमनियों में गूँजती हुई एक सुदूर स्मृति की धुन, धुँधले प्रेम की अथाह लालसा, स्वप्न, उदासी, खोयापन।

> हम सत्य नहीं पा सकते। केवल अपने भ्रमों के आईने से उसकी उपस्थिति का आभास पा सकते हैं।
>
> —**नोवालिस**

रास्ते पर

1985

अभी उपन्यास लिखते हुए—आधे वाक्य के बीच—मेरी नज़र डायरी पर पड़ गई। एक अजीब-सा सुख और कृतज्ञता का भाव उमग आया। यह डायरी मेरी कितनी यात्राओं और यातनाओं में साथ रही है; अच्छे-बुरे समय में मेरा साथ निभाती रही है; पिछले कई दिनों से मैंने इसे छुआ भी नहीं, फिर भी आँखों के सामने पड़ते ही एक आत्मीय, अवसाद-भरा रिश्ता जग जाता है; कौन कहता है, अचर चीज़ें अजीवन्त होती हैं। हमारी पुरानी कॉपियाँ, टाइमपीस, फ़ाउंटेनपेन, ग्रामोफ़ोन—हमारी ऐश-ट्रे और पुराना स्वेटर—इन सबके भीतर उनकी वफ़ादारी एक स्नेह-सिक्त दीये-सी जलती रहती है। वे अपने अकेलेपन को हम पर शहीद कर देती हैं ताकि उनके साथ रहकर हम सुरक्षित महसूस कर सकें।

जब मैं गांधीजी के बारे में सोचता हूँ, तो कौन-सी चीज़ सबसे पहले ध्यान में आती है? लौ-जैसी कोई चीज़—अँधेरे में सफ़ेद, न्यूनतम जगह घेरती हुई, पतली, निष्कम्प और पूरी तरह से स्थिर प्रतिज्ञ; फिर भी जलती हुई, इतनी स्थिर कि वह जल रही है, इसका पता नहीं चलता। मोमबत्ती जलती है—लेकिन लौ? मैं जब कभी उनका चित्र देखता हूँ तो मुझे अपनी हर चीज़ भारी और बोझ लदी जान पड़ती है—अपने कपड़े, अपनी देह की मांस-मज्जा, अपनी आत्मा भी और सबसे ज़्यादा—अपना अब तक का सब लिखा हुआ।

इसके साथ याद आता है गोएटे का कथन, जो उन्होंने आइकरमान से कहा था : "हर स्थिति—नहीं, हर क्षण—अनमोल है; वह समूचे शाश्वत का परिचय देता है।"

गांधीजी इससे ज़रूर सहमत होते—दरअसल यह उनके जीवन की परिभाषा थी।

एक लम्बे अरसे से अवाँगार्द कला के प्रति मेरे भीतर एक गहरी विरक्ति-सी जम गई है; हमेशा आगे चलना ही महत्त्वपूर्ण दिशा में चलना नहीं होता; और कला में 'आगे' क्या होता है, यह उससे कहीं ज़्यादा सन्दिग्ध है, जिसे हम इतिहास में 'विकासमान' कहते हैं। किन्तु अवाँगार्द की आलोचना करते समय मैं अक्सर उस जोखिम के बारे में भूल जाता था, जिसे—आज नहीं—चालीस वर्ष पूर्व अमेरिकी कलाकारों ने उठाया था। उन दिनों के बारे में आज एक बहुत सुन्दर चीज़ 'डिसेंट' में पढ़ी। जॉन एशबरी लिखते हैं :

> उन दिनों (1950) की अवाँगार्द कला मुझे सचमुच बहुत उत्तेजित करती थी। कलाकार को प्रयोग करते समय यह महसूस होता था कि वह किसी अथाह अँधेरे गड़हे के धुर किनारे पर खड़ा है।

> दूसरे शब्दों में—यदि वह लगी-बँधी लीक से थोड़ा भी अलग होना चाहता था, तो उसे अपने जीवन को—कलाकार की हैसियत से अपने जीवन को—मुट्ठी में भींचकर चलना होगा। पॉलेक-जैसे चित्रकार को अपना सर्वस्व इस दाँव पर लगाना पड़ा होगा कि वह अमेरिका का सबसे महान चित्रकार है, क्योंकि अगर वह यह नहीं है, तो वह कुछ भी नहीं है—तब उसके चित्र पर पड़े छींटे महज़ घर पर सफ़ेदी करनेवाले एक अदक्ष राजगीर के छींटों से ज़्यादा मतलब नहीं रखेंगे। पॉलेक को कभी-कभी यह आशंका ज़रूर कचोटती होगी कि शायद वह कलाकार है ही नहीं कि उसने अपनी सारी ज़िन्दगी (जैसा एक बार फ्लॉबेयर ने ज़ोला के बारे में कहा था) 'कला के ग़लत रास्ते पर घिसटते हुए गुज़ार दी,' किन्तु विरोधाभास यह है कि यह आशंका ही इस चित्रकार के चित्रों में इतनी ज़बरदस्त जीवन्तता ले आती है। वह जैसे हारने की अन्तहीन सम्भावनाओं के ख़िलाफ़ जुआ खेल रहे हों! अधिकांश दुस्साहसी कर्म किसी-न-किसी अर्थ में काफ़ी सुन्दर होते हैं और ये दुस्साहस ही हैं जो प्रयोगधर्मा कला को सुन्दर बनाते हैं। इसी अर्थ में धर्म-आस्थाएँ भी सुन्दर होती हैं क्योंकि उनमें भी यह सम्भावना रहती है कि उनका आधार भी शायद—कुछ नहीं है।

आकाश पर छितरे हुए बादल हैं, काफ़ी सफ़ेद, कुम्हलाया हुआ दिन, एक मैले-से सन्ताप में लिपटा हुआ या यह महज़ मेरे मन की ही छाया है—सुबह की देह को भोंकता, चीथता अवसन्न और लुटा-पिटा अवसाद? जिन लोगों का कोई बहुत प्रिय सम्बन्धी मर जाता है या छोड़कर चला जाता है, वे दूसरे दिन सुबह इसी तरह जागते होंगे—पहाड़-सी पीड़ा और पूरा दिन और बाक़ी ज़िन्दगी...।

> अमीर लोगों के लिए आकाश सिर्फ़ एक अतिरिक्त चीज़ है, प्रकृति का वरदान। किन्तु ग़रीब लोग आकाश को ऐसे देखते हैं, जैसा वह सचमुच में है—एक अन्तहीन और असीम कृपा का विस्तार। **—अल्बैर कामू**

कल रात उसने एक स्वप्न देखा। उसने एक ऐसा अपराध किया है, जिसके लिए उसे मृत्यु-दंड मिला है। मृत्यु फाँसी से नहीं—गला घोंटकर दी जाएगी। उंसके भाई कहीं आसपास हैं। वह उसकी 'यात्रा' के लिए टिफ़न—काग़ज़ में लिपटी रोटियाँ—लेकर आए हैं। वह अपने भाई से अलग-थलग बहुत घबराया हुआ खड़ा है। घबराने की कोई बात नहीं, कोई अज्ञात व्यक्ति उससे कहता है, मरने के बाद तुम्हारी आत्मा को एक दूसरी देह में भर दिया जाएगा, जैसे किसी चीज़ को एक बर्तन से निकालकर दूसरे बर्तन में रख दिया जाता है, और वहाँ तुम जीवित रहोगे। फिर अचानक वह अपने को एक लम्बे गलियारे में पाता है; वह उसमें चलता जाता है और उसके अन्तिम छोर पर जाकर देखता है कि सामने एक हरा, समतल घास का लॉन फैला है, पेड़ों की छायाओं से ढका हुआ, हालाँकि पेड़ कहीं दिखाई नहीं देते। उसे देखकर न जाने क्यों उसे वर्जीनिया वुल्फ़ की याद आती है और उसी याद के साथ एक असह्य, गहरी पीड़ा का एहसास होता है कि अब वह उस लॉन को कभी अपनी उस देह से नहीं देख सकेगा—जिसमें वह अब है—और यह ख़याल उसे इतना आतंकपूर्ण, और कष्टदायी जान पड़ता है कि—उसकी आँख खुल जाती है।

आह—यह सिर्फ़ स्वप्न था! वह राहत की साँस लेता है किन्तु जागने के बाद भी बहुत देर तक उसे यह बात अजीब लगती रहती है कि—स्वप्न में उसे एक क्षण भी अपनी आसन्न मृत्यु की अनिवार्यता पर शंका नहीं हुई थी।

जीवन में अकेलेपन की पीड़ा भोगने का क्या लाभ, यदि हम अकेले में मरने का अधिकार अर्जित न कर सकें? किन्तु ऐसे भी लोग हैं जो जीवन भर दूसरों के साथ रहने का कष्ट भोगते हैं ताकि अन्त में अकेले न मरना पड़े।

गर्मी की दुपहर : रेस्तराँ के टैरेस से पूरे दिन का सैलाब सिर-सिर करता हुआ बह रहा है। सड़क के पार पेड़ों की हिलती फुनगियाँ, मकानों की छतें, एरियल पोल! मैं धूप के फैलाव में हूँ, दो आँखें देखती हुईं। यह असाधारण अनुभव है—जब चीज़ों के बीच की दीवार ढह जाती है और समूची सृष्टि दुपहर की धूप में खुलती जाती है—सबके सामने अपने को खोलती हुई, एक अखंडित, सर्वव्यापी प्रवाह, धूप में, फुनगियों पर हवा में; योगी इसी तरह देखते होंगे; लेकिन इस तरह दुनिया को देखने के लिए पत्थर की तरह निस्संग होना चाहिए—जैसे इस क्षण मैं हूँ—ख़ाली, रिक्त, सूना और हल्का—समूची पीड़ा को धूप में बदलता हुआ, धूप की अन्तहीन दुपहर में, लू में, धूल में, हिलते हुए पेड़ों में...।

सृष्टि को ऐसे क्षणों में देखना एक गोपनीय चमत्कार है—कुछ वैसे ही, जैसे जंगल में किसी जानवर को माँद में सोते हुए देखना...।

जब हम प्यार करते हैं, तो स्त्री को धीरे-धीरे उस दीवार के सहारे खड़ा कर देते हैं, जिसके पीछे मृत्यु है; हम दीवार के सहारे उसका सिर टिकाकर उसे सहलाते हैं, चूमते हैं, बातों में उसे बहलाते हैं, बराबर यह आशा लगाए रहते हैं—कि वह कहीं मुड़कर दीवार के पीछे न झाँक ले।

जब हम कहानी लिखते हैं—या उपन्यास—तो एक फ़िल्म चलने लगती है—इस फ़िल्म में छूटे हुए मकान हैं और मरे हुए मित्र, बदलते हुए

मौसम हैं और लड़कियाँ, खिड़कियाँ, मकड़ियाँ हैं और वे सब अपमान हैं जो हमने अकेले में सहे थे और बचपन के डर हैं और क्रूरताएँ हैं जो हमने माँ-बाप को दी थीं और माँ-बाप के चेहरे हैं, छत पर सोते हुए और छतें हैं, जुलाई की रातें हैं, रेलों की आवाज़ें हैं और हम यह एक अदृश्य स्क्रीन पर देखते रहते हैं, मानो यह सब किसी दूसरे के साथ हुआ है, हमारे साथ नहीं—हम अपनी नहीं, किसी दूसरे की 'फ़िल्म' देख रहे हैं; यह 'दूसरा' ही असल में लेखक है, मैं सिर्फ़ स्क्रीन हूँ, पर्दा, दीवार, लेकिन अँधेरे में हम साथ-साथ बैठे हैं; कभी-कभी हम दोनों एक हो जाते हैं, तब पन्ना ख़ाली पड़ा रहता है और दीवार पर कुछ भी दिखाई नहीं देता!

मारिना स्वेतायेवा का गद्य। एक फड़फड़ाती, सजीव, पारदर्शी प्राणवत्ता, जहाँ वेदना अपना नीला जाल बुनती है; अपनी सहेली की मृत्यु पर उनका शोक एक ऐसी मर्मभेदी विलाप-कथा है, जिसका हर शब्द एक बीते हुए ज़माने के लहू-कीचड़ में सना, बिलखता हुआ बाहर निकलता है। क्या इस गद्य की तुलना किसी और से हो सकती है? हम 'काव्यात्मक गद्य' की बात करते हैं किन्तु मारिना अकेली कवि थीं जिन्होंने कविता के जोखिम भरे हाशिये पर अपने गद्य को गढ़ा था, कुछ इस तरह उसका कायाकल्प किया था, कि जिस सत्य को आज तक हम कविता में देखते आए थे, वह अचानक गद्य के भीतर सुलगता हुआ दिखाई देता है; वह गद्य की सुरक्षित देह को घसीटते हुए कविता की अँधेरी खाई तक ले आती हैं—एक चमकती, काँपती हुई शिला पर, जो धुर रसातल (abyss) के छोर पर टिकी है; ज़रा-सा एक क़दम लेते ही वह नीचे अँधेरे में गिर सकती है, एक क़दम पीछे जाते ही वह सीधी-सपाट बन जाती है, किन्तु मारिना स्वेतायेवा इन दो क़दमों के बीच एक असह्य और असाध्य उठान पर खड़ी रहती हैं, न अपना सधापन खोती हैं,

न नीचे फिसलती हैं; उनका गद्य नीचे खाई की अतल 'कविता' को खींचकर ऊपर ले आता है, जैसे कुछ देर पहले उनकी कविता गद्य को खींचकर खाई तक ले आई थी—वहीं दोनों मिलते हैं, धुर ऊपर, जहाँ चोटी पर पहुँचते ही मेरा सिर चकराने लगता है—और मैं हताश होकर किताब पर अपना सिर टिका लेता हूँ...।

ऐसा गद्य जीवन की समग्र, संचित पीड़ा, ईमानदारी और हमदर्दी—प्रेम—ऐसा प्रेम जो असहनीय और अकथनीय है—उन सबको समेटकर क़लम की नोक पर ले आता है जिस पर हर शब्द छलनी होता हुआ टपाटप ख़ून की तरह बहता है—जिसे मैं सुनता हूँ—किताब पर सिर टिकाए।

और वह किताब से सिर उठाता है—क्या कोई ऊपर आ रहा है? किसी ने घंटी बजाई है? कोई सीढ़ियाँ चढ़ रहा है, तभी तो रोशनदान से उठकर कबूतर उड़ता है, क्योंकि वह तभी उड़ता है जब किसी की आहट सुनता है...कोई मित्र, कोई पत्र? हल्की-सी फुसफुसाहट, दरवाज़े पर झिझके-से पैर—नहीं, यह पड़ोस का लड़का है, जो इस छत पर अपनी गिरी हुई गेंद उठाने आया है। नहीं, कोई नहीं है। आज कोई नहीं आएगा...।

और फिर वह अपनी डेस्क पर रखी किताब पढ़ने लगता है—वहीं से, जहाँ से कबूतर की फड़फड़ाहट ने उसकी शाम को तोड़ा था।

ईसाई धर्म के एकेश्वरवाद ने अन्ततः कम्यूनिज़्म के सर्वसत्तावाद को जन्म दिया है—तानाशाही के बीज इस अन्धविश्वास में निहित हैं कि एक सर्वोपरि है और वह 'एक' सिर्फ़ 'अनेक' को नष्ट करके ही स्थापित हो सकता है। यह संयोग नहीं है कि जिस धर्म में अनेक देवता पूजे जाते हैं, वहाँ लोकजीवन में भी अनेक विश्वासों को फलने-फूलने का परिवेश सुलभ होता है।...यदि हम इस सत्य को पहचान पाते,

तो लोकतंत्र को एक औसत वोट में अवमूल्यित न करते क्योंकि एक सामान्य आदमी की तानाशाही उतनी ही घातक हो सकती है, जितनी एक ईश्वर की आराधना।

हमें यह नहीं भूलना चाहिए कि अतीत में जिन 'सामान्य' आदमियों ने एक ईश्वर के नाम पर जिहाद किया था, उन्हीं सामान्य आदमियों ने—हमारे समय में—हिटलर और लेनिन के नाम पर लाखों का नरसंहार किया है।

कीट्स के पत्र। कितनी ताज़ा, कितनी ख़ुशी, हरी-भरी कल्पनाशीलता की दूब और चरागाह और ओस में नहाई, धूप में चमकती विचारों की रासलीला है इन पत्रों में। उन्नीस वर्ष की आयु में—जब ये पत्र लिखे गए—उनमें कितनी गहरी सूझ-बूझ और समझ—समझ जो बौद्धिकता के बोझ से मुक्त है—किन्तु प्रखर बोध से सम्पन्न है, कितनी व्यापक सहानुभूति और उत्सुकता, विट और विनोदशीलता! कीट्स के पत्रों को पढ़ते हुए लगता है कि हम किसी ठंडे, साफ़ पहाड़ी झरने में अपनी देह का ताप और थकान धो रहे हैं। कीट्स और शेक्सपियर में यह अद्भुत समानता है : दोनों सोचते हैं, लेकिन चिन्तक नहीं हैं, दार्शनिक नहीं हैं, लेकिन हर पल साक्षात्कार करते हैं।

वह घर आए; कहने लगे, कहानी-संकलन में एक ख़ाली पन्ना बचा रहता है; क्या मैं पुस्तक किसी को समर्पित करना चाहूँगा?

मैं सोचने लगा; कुछ समझ में नहीं आया। पुरानी कहानियों की यह किताब किसके लिए क्या मानी रखेगी? फिर पुराने घर की याद आई—जहाँ वह रहती थीं—जहाँ ये कहानियाँ लिखी गई थीं और वह दूसरे कमरे में बैठी रहती थीं और हालाँकि घर वही है, जहाँ मैं रहता हूँ, वह चली गईं जब मैं यहाँ नहीं था...।

मैंने अपनी पीली कवरवाली कॉपी निकाली और पूरे कोरे पन्ने पर लिख दिया 'माँ की स्मृति में' और तब ख़ाली, शून्य सफ़ेदी पर यह वाक्य इतना ही छोटा जान पड़ा, जितनी वह ख़ुद थीं। दुनिया में उनकी जगह वही थी, जैसे किताब के ख़ाली पन्ने पर उनका नाम...।

वह हर किताब का पन्ना मोड़ देता है ताकि अगली बार जब वह पढ़ना शुरू करे तो याद रहे, पिछली बार कहाँ छोड़ा था। एक दिन जब वह नहीं रहेगा, तो इन किताबों में मुड़े हुए पन्ने अपने-आप सीधे हो जाएँगे—पाठक की मुकम्मिल ज़िन्दगी को अपने अधूरेपन से ढकते हुए...।

वर्जीनिया वुल्फ़ की डायरी पढ़ते हुए जो बात एकदम आँखों को छूती है—वह है हर दिन का बदलता मौसम। डायरी के अधिकांश पन्ने मौसम से शुरू होते हैं—हवा, आकाश का रंग, पेड़ों के तेवर। लंदन में 4 अप्रैल, 1929 के दिन क्या मौसम रहा होगा, यह हम उनकी डायरी खोलकर पता चला सकते हैं।

किन्तु हम? हम कितनी बार खिड़की से बाहर झाँककर उत्सुकता से देखते हैं—आज का दिन कैसा होगा? यह शायद हमारा दोष नहीं है—गर्मियों के दिन लगभग एक जैसे रहते हैं—धूल से भरा अवसन्न आकाश, दुपहर की लू, शाम का उदास पीलापन...सिर्फ़ अक्तूबर के बाद दिनों के चेहरे पर थिरकन आती है। यूरोप की जलवायु में हर परिवर्तन एक साफ़ और तीखे संकेत को लेकर आता है और प्रकृति का स्वभाव कुछ इतना नाज़ुक है कि रोशनी, कम रोशनी, बादल की छाँह और पत्तों का रंग—वह तुरन्त रजिस्टर कर लेता है। बरसों पहले जब मैं प्राग में था, तो पतझर में पहली बार इसका एहसास हुआ था कि हर दिन दूसरे दिन से कितना अलग हो सकता है...।

क्या यह कारण नहीं है कि हमारी कहानियों, उपन्यासों में मौसम का उल्लेख इतने उदासीन, उखड़े भाव से मिलता है, जैसे वह सिर्फ़ पृष्ठभूमि हो—एक जीता-जागता परिवेश नहीं, जिसके बीच घटनाएँ घट रही हों? पाठक को सूचना भर मिलती है कि 'वह गर्मियों की दुपहर थी', किन्तु हिन्दुस्तानी गर्मी महज़ शब्द से उठकर कहानी के वायुमंडल में नहीं आती—अपने ताप, पसीने, प्यास और क्रूर, निर्मम तितीरेपन के साथ। अज्ञेय का 'शेखर' शायद पहला उपन्यास था जिसमें घटनाओं के सूत्र के साथ-साथ आसपास का परिवेश भी अपनी छाप छोड़ता जाता था। 'मानसबल का वक्ष, रात' बरसों पहले पढ़ा हुआ यह वाक्य आज भी मेरी नसों को झनझना जाता है।

हर रोज़ कोई मेरे भीतर कहता है, तुम मृत हो। यही एक आवाज़ है, जो मुझे विश्वास दिलाती है कि मैं अब भी जीवित हूँ।

जिस दिन मैं यह सोचकर भी लिखता रहूँगा कि इसे पढ़कर सब लोग—मेरे मित्र और हितैषी अफ़सोस करेंगे—और आलोचक हँसी उड़ाएँगे—तभी मैं सफलता के चक्कर से मुक्त होकर कुछ ऐसा लिख पाऊँगा—जिसका कोई अर्थ है।

मैं हमेशा अकेलेपन पर शोक करता रहा हूँ—लेकिन अकेलेपन का सौन्दर्य और सात्त्विक ऋजुता? इसका छोटा-सा किन्तु सम्पूर्ण अनुभव आज शाम हुआ...सर्दियों का अँधेरा और तीन तरफ़ से बन्द मेरा कमरा—सिर्फ़ दरवाज़े के परे कुछ तारे दिखाई दे जाते हैं, बाहर बिलकुल शान्ति है और मैं प्रूस्त पढ़ रहा हूँ। न बच्चे, न गृहस्थी, न कोई मित्र—कोई नहीं। मैं और मेरी किताब; प्रूस्त के हर लम्बे वाक्य में मेरी टूटती साँसों के पैराग्राफ़ और उनके इर्द-गिर्द मँडराती भावनाओं

का बवंडर जमा होता जाता है—और उसके परे कुछ नहीं, सिर्फ़ मेरी सिगरेटें; मेरी छत और किताबें...!

मैं बाहर ठहरे और सर्द अँधेरे को देखता हूँ और मुझे लगता है कि जापानी भिक्षुक ऐसे ही शान्त और ध्यानावस्थित क्षणों में अपनी कुटिया में बैठे हायकू लिखा करते होंगे...।

कितने दु:ख की बात है कि जब हम अकेले रहते हैं, तो हम उस मौक़े को खो देते हैं, जब हम तटस्थ होकर अपने छोटे-से-छोटे अनुभवों, और सेंसेशन को दर्ज कर सकते थे—आख़िर यही एक 'मुआवज़ा' है जो अकेलापन हमें दे सकता है, किन्तु हम उसकी अवहेलना करके एक अजीब-सी धुंध में चलते रहते हैं : जीने की उदासी पर यह धुंध वैसे ही जमा होती रहती है, जैसे सर्दियों में नदी के ऊपर कुहरा...और तब मुझे लगता है कि प्रूस्त ही एकमात्र ऐसे अकेले लेखक थे जो अपनी निगाहों की नुकीली नोक से इस धुंध को क्षण-प्रतिक्षण छीलते रहते थे और उसके पीछे बिलकुल जीवन्त और जीवित अवस्थाओं को पकड़ लेते थे, उन्हें अपनी कॉपी पर चिपकाते थे—जैसे वे जीवित और फड़फड़ाती तितलियाँ हों! लेकिन उसका स्पर्श इतना पैना और निर्मम होने के बावजूद इतना हल्का था कि वे हूबहू अपनी उड़ान के साथ उनके पन्ने पर आकर बैठ जाती थीं, अपने सजीव और विविध रंगों के साथ, कहीं भी उनके पंखों पर क़लम की खरोंच नहीं दिखाई देती, जिसकी नोक पर प्रूस्त ने उन्हें पकड़ा था!

जब हम अपने अतीत के बारे में सोचते हैं, तो अविश्वसनीय क़िस्म की हैरानी होती है कि हम ऐसी मूर्खतापूर्ण ग़लतियाँ कैसे कर सकते थे, जिन्हें हम आज इतनी सफ़ाई से देख सकते हैं—हम अपनी आज की नियति को कितनी आसानी से टाल सकते थे—एक चिट्ठी भेजकर, फ़ोन पर कुछ शब्द कहकर, दूसरे शहर जाकर—लेकिन हमने ऐसा

कुछ नहीं किया—मानो उन दिनों हम किसी स्वप्न-सरीखी धुंध में चल रहे थे—किसी तर्कपूर्ण निर्णय के परे—जहाँ हमारा कोई बस नहीं था...।

विडम्बना यह है कि आज जो मैं तर्क और चेतना की रोशनी में कर रहा हूँ—वर्षों बाद यह भी एक धुँधला स्वप्न जान पड़ेगा, और आज जो मैं निर्णय ले रहा हूँ—वे तब—भविष्य में—उतने ही मूर्खतापूर्ण जान पड़ेंगे, जितने अतीत में किये हुए बाक़ी सब फ़ैसले...।

अतीत हमें कुछ नहीं सिखाता, वह उसी तरह तर्कातीत है, जैसे दिन के उजाले में पिछली रात का स्वप्न...।

मैंने अरसा पहले दिल्ली के चिड़ियाघर के एक पिंजरे में चीते को देखा था। लगभग सौ गज़ लम्बा पिंजरा था, जिसमें वह घूम रहा था, एक तरफ़ से दूसरी तरफ़ और फिर वापस—वहीं—जहाँ से उसने दौड़ शुरू की थी। वह न चल रहा था, न भाग रहा था—सिर्फ़ एक बिजली थी, जो पिंजरे के एक छोर से दूसरे छोर तक लपलपाती हुई कौंध जाती थी। वह पिंजरे को नहीं समझ पा रहा था, न आसपास की दुनिया को, न मुझे। जो उसे देख रहा था—उसकी बेचैनी अन्तहीन थी, एक अन्धी हताशा, बेकाबू विक्षिप्त आँधी में वह जैसे अपनी खोई हुई प्रकृति के ख़ज़ाने को ढूँढ़ रहा था।

धीरे-धीरे वह मेरी आँखों से ओझल हो गया और उसकी जगह मुझे अपना कमरा दिखाई दिया, जहाँ पिछले बीस वर्षों से वह वैसे ही घूम रहा था, जैसे उस दिन मैंने चिड़ियाघर में उसको देखा था...।

जब रात को नींद नहीं आती और जीने की पीड़ा असह्य हो जाती है, तो मैं आशवित्स (कांस्ट्रेशन-कैम्प) के बारे में सोचने लगता हूँ—यहूदी बच्चियों की चप्पलें और लड़कियों के कटे हुए बालों का ढेर...बंगाल के अकाल के बारे में, जब मैं बहुत छोटा था, किन्तु अख़बार की तसवीर में एक मरी हुई माँ के स्तनों को चूसती हुई बच्ची को देखा था,

सोवियत लेबर कैम्प में मैंडलश्टाम की हड्डियों का ढाँचा और भोपाल में मरी हुई एक मुसलमान बच्ची, जो गाय की लोथ के साथ लेटी है—कितना अजीब है! इन सब दृश्यों को देखकर मेरा इन्सोमनिया दूर होने लगता है और मैं दूसरे की व्यथा के सिरहाने सिर टिकाकर सोने लगता हूँ...।

जब पहली बार मनुष्य बाहरी अन्तरिक्ष में गया था, तो उसने कैमरा से हमारी धरती की तसवीर ली थी। समूचे स्पेस के अन्तहीन फैलाव में—एक छोटी-सी दुनिया—लाखों वर्षों से पागल की तरह चक्कर लगाती हुई; विश्वास नहीं होता था कि सौरमंडल के लाखों-करोड़ों ग्रहों में यह एक बूँद-सरीखा बिन्दु है जिसमें मैं रहता हूँ...।

अपनी धरती को बाहर से देखना—उसे देखकर हमें अपने दुख, शिकायतें, पीड़ाएँ—कितने क्षुद्र जान पड़ते हैं। पहली बार महसूस होता है कि हमारा अकेलापन—अन्तरिक्ष में घूमती इस धरती के अथाह अकेलेपन से छिटककर हममें आ टपका है, जिसके कारण वह अन्तरिक्ष में उतनी ही अकेली है, जितना हम—इस दुनिया में।

मैंने बहुत अरसे तक धरती की इस गोल बिन्दी का फ़ोटो अपनी दीवार से चिपकाए रखा था—जब मुझे किसी बात पर गहरा क्लेश होता था—तो उसे देखकर वह अपने-आप लुप्त हो जाता था। ख़ाली स्पेस में घूमती हुई वह धरती मुझे उतनी ही शान्ति देती थी, जितनी एक संत की निर्वैयक्तिक ध्यानावस्थित अवस्था।

मेरे लिए—कौन महान लेखक है? वह लेखक, जो हमें तर्क और चेतना के अन्तिम बॉर्डर पर ले जाता है, जिसके परे पागलपन शुरू होता है। एक महान कलाकृति वह पासपोर्ट है, जो हमें उस बॉर्डर को लाँघने की सुविधा देता है—किन्तु एक बार उस प्रदेश में आकर जब हम पीछे मुड़कर देखते हैं—तो हमें पता चलता है—कि पागलपन का प्रदेश वह नहीं है

जहाँ कलाकृति के दरवाज़े से प्रवेश किया है बल्कि वह था, जिसे हम अभी-अभी लाँघकर आए हैं...।

जब हमारा कोई आत्मीय सम्बन्ध टूट जाता है तो असह्य पीड़ा के क्षणों में हम अपने को यह दिलासा देते हैं—कि एक स्वप्न था और अब हम पहली बार जाग्रतावस्था में अपने को देख रहे हैं; किन्तु जब हम दुबारा प्रेम करने लगते हैं, तो पता चलता है कि जब हम जागे थे, तो इसलिए कि दूसरा व्यक्ति हमारा स्वप्न छोड़कर अपने यथार्थ में चला गया है—और हम बत्ती बुझाकर नये सिरे से दूसरा स्वप्न देखने लगते हैं...।

जिसे हम जाग्रतावस्था कहते हैं—वे सिर्फ़ पीड़ा के क्षण हैं—दो प्रेम—स्वप्नों के बीच।

जिन्हें हम अपने जीवन के 'सृजनात्मक क्षण' कहते हैं, वे घोर कृतघ्नता के क्षण हैं—वे चाहे प्रेम के हों या लेखन के।

जब हम किसी ऐसे व्यक्ति के साथ होते हैं, जिससे हम प्रेम करते हैं, तो सहसा एक अद्‌भुत और असाधारण इमोशन की प्रतीति होती है, जिसके रहते वह सम्बन्ध और भी अधिक गाढ़ा, और भी अधिक सम्पूर्ण जान पड़ने लगता है, किन्तु तब हम यह भूल जाते हैं कि यह इमोशन उस अनुभव की मात्र छाया है, जिससे पहली बार हमारा साक्षात्कार एक अन्य व्यक्ति के प्रेम से उपजा था, जो अब नहीं है...।

यह कुछ वैसी ही कृतघ्नता है, जैसे किसी शाम किसी संगीतकार का रिकॉर्ड सुनते हुए हम इतने डूब जाते हैं, अभिभूत हो जाते हैं कि मन के भीतर एक असम्भव और पागल-सी आकांक्षा होती है—कि जो हम रिकॉर्ड को सुनते हुए महसूस कर रहे हैं, क्या कभी अपने लेखन में ला सकते हैं? फिर बहुत-से बरस बीत जाते हैं, और किसी शाम, अनजाने शहर में कोई कहानी लिखते समय एक ऐसा चमत्कारिक संयोग होता है—

कि वही अनुभव जो उस शाम हमें हुआ था—ख़ुद-ब-ख़ुद अपने अँधेरे, विस्मृत कोने से सरककर हमारे शब्दों में आ जाता है, किन्तु तब लिखते समय, न हमें वह शाम याद आती है, न अपना अकेला कमरा, न उस रिकॉर्ड का दर्द...।

असली संत और सम्पूर्ण क्रान्तिकारी सिर्फ़ वही लोग हो सकते हैं, जो माँ के पेट से निकलते ही चारों तरफ़ दुनिया को देखते होंगे, और घोर निराशा में चीख़ मारकर रोते होंगे...।

क्योंकि हर बच्चा पैदा होते ही चीख़ता है—संत और क्रान्तिकारी बनने की सम्भावनाएँ हर व्यक्ति में मौजूद रहती हैं...।

परसों शाम हम पुराने क़िला के सामने छोटी, सँकरी झील के आगे बैठे रहे; पीछे मोटरगाड़ियों का शोर यहाँ तक आते-आते बिलकुल धीमा पड़ जाता था—और ऐसा भ्रम होता था—कि हम दिल्ली में नहीं, किसी और समय और शहर में बैठे हैं। थोड़ी दूर पर पुरुष-स्त्री के जोड़े बैठे दिखाई दे जाते थे। पुराने क़िले की भग्न और टूटी दीवारों के भीतर मेरे अतीत की कितनी परतें जमा हैं, एक के ऊपर एक टिकी हुई—आदिम युग के फॉसिल इसी तरह अलग-अलग युगों के कंकालों से बनते होंगे—ऊपर से देखने पर एक चट्टान, भीतर लाखों वर्ष की हड्डियाँ, एक समय को दूसरे समय से जोड़ती हुई...।

अब उसकी दीवारों पर सर्दियों की धूप चमक रही थी। शायद यही दिन थे जब बरसों पहले इन टूटी प्राचीरों के बीच घूमते हुए पहली बार पत्थर और बहता पानी का ख़याल आया था। हम जब कोई अपना पुराना निबन्ध या कहानी पढ़ते हैं, तो वह जगह, वह 'साइट' याद आ जाती है, जहाँ पहली बार उसका बीज उगा था; किन्तु कभी-कभी किसी 'जगह' को देखकर भी अपना पुराना लिखा हुआ याद आता है—

जैसे किसी खोए हुए व्यक्ति को देखकर अपना पुराना दुख—और तब पता चलता है कि मरने से पहले हमने अपनी ज़िन्दगी का कितना हिस्सा—जीते-जी—किन-किन अजीब जगहों और व्यक्तियों में दफ़ना दिया है—उन यहूदी बन्दियों की तरह—जो नात्सी अफ़सरों के आदेश पर—मरने से पहले अपनी क़ब्र ख़ुद तैयार किया करते थे...।

आज सुबह ही एकरमान की गोएटे से बातचीत पढ़कर समाप्त की; यह किताब मैं धीरे-धीरे पिछले वर्षों से पढ़ता रहा हूँ, किन्तु आज अन्तिम पन्ने को पढ़ते ही बरबस मेरी आँखें गीली हो आईं, जैसे कोई बहुत आत्मीय व्यक्ति हर शाम मुझसे बात करने आता था और अब कभी नहीं आएगा। अन्तिम पृष्ठ गोएटे का अन्तिम दिन भी है; जब एकरमान उनकी मृत्यु की ख़बर सुनकर उस कक्ष में गए, जहाँ उनका शव रखा था। वह लिखते हैं : "मेरे सामने उनकी पूरी देह लेटी थी—अपने पूरे सौन्दर्य के साथ। उसे देखकर मेरे भीतर इतना गहरा उल्लास उमड़ आया कि एक क्षण के लिए मैं भूल गया कि उनकी अमर आत्मा हमेशा के लिए उसे छोड़कर चली गई है। मैंने उनके दिल पर हाथ रखा—वहाँ गहरी ख़ामोशी थी। मैंने अपना सिर मोड़ लिया ताकि अपने दबे हुए आँसुओं को बेरोक-टोक बहने दूँ।"

यह अजीब है, हमारे सपनों में वही चेहरे दिखाई देते हैं, जो कभी बहुत पास थे, किन्तु जो अपने को दिन के उजाले में छिपाए रखते हैं। वे सिर्फ़ नींद की ओट में ही हमारी पीड़ा को लाँघकर सामने आते हैं।

किन्तु जिन लोगों की पीड़ा हम दिन में भोगते हैं, वे सपनों में कहीं नहीं दिखाई देते—जैसे ताज़े घावों से उन्हें कोई वास्ता नहीं! अगर रात और दिन इतनी सहानुभूति से हमारे दु:खों को आपस में न बाँट लेते, तो हमारा जीना असम्भव हो जाता।

हर लेखक पर अपने पूर्ववर्ती लेखकों का प्रभाव पड़ता है—कोई शब्द, किसी कविता की पंक्ति, कोई पुरानी पढ़ी हुई कहानी—अलग-अलग दिशाओं से आती अनुगूँजें एक अनूठे रचना-अनुभव में दूसरा जन्म ले लेती हैं—उस बच्चे की तरह, जिसकी चाल पिता की याद दिलाती है, हँसी बूढ़ी दादी की, ग़ुस्सा उन बुआ का, जो बरसों पहले मर गईं और दम्भ किसी परदादे का जो आधी शताब्दी पहले किसी शहर के थानेदार थे और कभी-कभी एक अजीब तरह की उदासी जो सिर्फ़ विधवा मौसी में ही पाई जाती थी। बच्चे ने उन सबको नहीं देखा—किन्तु वे सब उसमें मौजूद हैं और चमत्कार यह है कि उसका जीवन अपना है और उसमें वह बिलकुल अकेला है—एक कलाकृति की तरह!

सतपुड़ा के पहाड़ उदास दिखाई देते हैं—जैसे छोड़े हुए घर! हज़ारों वर्ष पहले उनकी कंदराओं में लोग रहते थे, जो पता नहीं, कहाँ चले गए?

हिमालय अपनी विराटता में अछूते और अलंघ्य जान पड़ते हैं, किन्तु आज हज़ारों पर्वतारोही उनकी पवित्रता को रौंदकर विजय-मुद्रा में लौट आते हैं...।

मनुष्य आज जैसा है, उसे देखकर सतपुड़ा की पहाड़ियाँ ज़रूर अपने भाग्य पर ईर्ष्या करती होंगी।

फ्लॉबेयर कहा करते थे कि वह एक ऐसा उपन्यास लिखना चाहते हैं, जिसमें कुछ न हो रहा हो, कुछ न घट रहा हो...।

यह भी आकांक्षा हो सकती है कि कोई ऐसा उपन्यास लिखे, जिसमें सब कुछ घट रहा है, सब कुछ हो रहा है—लेकिन जिसका अर्थ शून्य में निहित है, ज्ञान के परे है...।

बौद्ध धर्म शून्य के इर्द-गिर्द दुनिया रचता है—उपनिषद्-दर्शन आत्म के इर्द-गिर्द माया-संसार।

एक लेखक आत्म से शुरू करके शून्य की ओर जा सकता है, किन्तु जो अपने को शून्य से शुरू करता है, उसे 'आत्म' तक पहुँचने के लिए अपनी समूची संस्कृति को बदलना होगा—वरना वह सिर्फ़ प्रयोगशील लेखक बनकर रह जाएगा...।

यह अकारण नहीं कि बौद्ध धर्म 'सुधारवादी' था, हिन्दू दर्शन नहीं। सुधार की बात अलग रही, वह धर्म भी नहीं बन सका। यह भी अकारण नहीं कि पश्चिम के बुद्धिजीवी हिन्दू दर्शन की अपेक्षा बौद्ध धर्म की ओर अधिक आकर्षित होते हैं—अपने को शून्य में समाहित करना उतना कठिन नहीं, जितना माया के बीच अपने 'आत्म' से साक्षात्कार करना।

उपन्यास लिखना एक तरह से आँख-मिचौनी का खेल है—किन्तु उसके नियम उस खेल से बिलकुल उलटे हैं, जो हम बचपन में खेलते थे; लिखते हुए हम घंटों इधर-उधर भटकते रहते हैं; जो ढूँढ़ रहे हैं, वह कहीं दिखाई नहीं देता; फिर अचानक वह किसी झाड़ी की ओट में, किसी चट्टान के पीछे बैठा दिखाई दे जाता है, किन्तु यह वह नहीं है जिसे हम ढूँढ़ रहे थे। यह वह है, जो हमारी तलाश में बैठा था...।

पुराने शहर पुराने घरों की तरह होते हैं, पुराने क़िले में वह जीना दिखाई देता है, जहाँ हुमायूँ सीढ़ी से फिसलकर गिरे थे; यह वह ज़ीना है, जिसके नीचे सर्दियों की धूप में बाबू बैठा करते थे। यह वह सड़क है, जिस पर दारा शिकोह को अन्तिम दिन इतनी भीड़ के बीच बेइज़्ज़त करके घुमाया गया था—और उनके मित्र रो रहे थे। यह गली का वह लैम्प-पोस्ट है, जहाँ मैं अपने मित्रों के साथ घंटों बातें किया करता था और यह वह खिड़की है, जहाँ से मेरी बहन बाहर झाँका करती थी, और ये वे झरोखे हैं, जहाँ से जहानआरा जमुना को देखती थीं—जो हमेशा बहती रहती थी। हम उसी जमुना में नहाकर—वापस लौटते हुए सारा परिवार—दरीबा जाता था, सुबह की ताज़ा बेड़वियाँ खाने...।

वही घर, वही क़िले, वही पुरानी धूप, वही जमुना—दुनिया कितनी पुरानी है—लाखों लोग जो कभी जीवित थे, हँसते-बोलते थे, छिपकर प्रेम करते थे, जंगलों में चले जाते थे—आज कहीं नहीं हैं। लेकिन जब मैं लोगों को देखता हूँ, तो उनमें कोई थकान नज़र नहीं आती—जैसे वे पहली बार जी रहे हों...सिर्फ़ गर्मी की किसी दुपहर—जब मैं बाहर देखता हूँ, सूनी गली और पीले आकाश को—तो दुनिया सचमुच बहुत बूढ़ी और थकी जान पड़ती है!

मैं जब अकेले में सोचता हूँ—यह मैं हूँ, यह क्षण मेरा है, यह मेरी जगह है; कोई मुझे इससे नहीं छीन सकता...तो एक गहरी राहत और ख़ुशी होती है—मैं स्वतंत्र हूँ और पूरी तरह अपनी स्वतंत्रता चख सकता हूँ।

किन्तु जिस दिन कोई ऐसा क्षण आएगा, जब मैं यह सोच सकूँगा—कि न यह मैं हूँ, न यह क्षण मेरा है, न मेरी अपनी कोई जगह है, न मैं जीवित हूँ, न मनुष्य हूँ...इसलिए जो नहीं हूँ, उसे कौन मुझसे छीनकर ले जा सकता है? जिस दिन मैं यह सोचूँगा, उस दिन मैं मुक्त हो जाऊँगा—अपनी स्वतंत्रता से मुक्त, जो अन्तिम गुलामी है...।

मुक्ति और स्वतंत्रता में कितना महान अन्तर है!

हम एक ऐसी सभ्यता में रहते हैं, जिसने सत्य को खोजने के लिए सब रास्तों को खोल दिया है, किन्तु उसे पाने की समस्त सम्भावनाओं को नष्ट कर दिया है।

जब हम अपनी आस्थाओं की धरती से मृत्यु को देखते हैं—तो वह कितनी सह्य और सहज जान पड़ती है : जब हम मृत्यु—अपनी मृत्यु की ज़मीन से—अपनी आस्थाओं को देखते हैं, तो वे कितनी ग़रीब और सन्दिग्ध दिखाई पड़ती हैं...।

मैं चूँकि हमेशा अपनी आस्था और मृत्यु के बीच भटकता रहता हूँ, न मुझमें आस्थावान का सुख उपलब्ध है, न आस्थाहीन व्यक्ति की साहसपूर्ण पीड़ा—मैं केवल सुन्न हो सकता हूँ, जब हर चीज़ अर्थहीन जान पड़ती है अथवा दुर्लभ क्षणों में एक्स्टेसी का अनुभव—जब सब चीज़ें सहसा एक अलौकिक आलोक में सही और सच्ची दिखाई देने लगती हैं...इन दो चरम क्षणों के बीच सन्देह ही ऐसा है, जो शाश्वत रहता है—और मुझे नहीं छोड़ता...।

सड़क पर चलते हुए दूसरी ओर से भीड़ का एक रेला आता है—चीख़ता हुआ, फ़ब्तियाँ कसता हुआ, गालियाँ देता हुआ—और हम सहसा आतंकित हो जाते हैं, किन्तु यदि हम थोड़ा-सा साहस बटोरकर सिर उठाएँ—और भीड़ में हर व्यक्ति का चेहरा देखें—तो वह इतना मानवीय, इतना निरीह, इतना दयनीय दिखाई देता है—कि हमारा आतंक एक क्षण में बह जाता है। वैसे ही जब कोई बड़ा दुःख आता है, तो पहले क्षण वह हमें सराबोर कर देता है और हम सोचते हैं कि हम उसे नहीं सह पाएँगे—किन्तु यदि हम उस दुःख को छोटे-छोटे टुकड़ों में बाँटकर अलग-अलग देखें, तो वह इतना भयानक नहीं जान पड़ता—हर दुःख का छोटा अंश भीड़ का वह चेहरा है, जिससे हम आँखें मिला पाए थे और वह हमें छोड़कर आगे बढ़ गया था...।

दुख की तानाशाही यह है कि वह अपने को बँटने नहीं देना चाहता, तानाशाही का आतंक यह है कि वह सब चेहरों को 'एक' में नफ़ी कर देता है...।

जब मैं अपने विगत जीवन के बारे में सोचता हूँ—तो वे सब घर याद आते हैं, जहाँ मैं रहा था—नये शहर और लम्बी यात्राएँ और पुराने मित्र, लोगों के चेहरे, जो बरसों पहले इस दुनिया को छोड़कर चले गए और वे लोग,

जो अब भी इस दुनिया में हैं, लेकिन जो हमारी ज़िन्दगी में कभी नहीं आएँगे—पढ़ी हुई किताबें, छोड़े हुए घर, छूटे हुए रिश्ते कोई अन्त है? उनके बारे में सोचता हूँ, तो अपनी ज़िन्दगी कितनी लम्बी जान पड़ती है...।

लेकिन जब मैं अपने से पूछता हूँ, कि इतनी लम्बी ज़िन्दगी ने मुझे क्या सिखाया—तो लगता है कि मैंने अपना जीवन अभी शुरू ही नहीं किया। मैं उन लोगों में हूँ, जो मृत्यु के क्षण तक अपने जन्म की प्रतीक्षा करते रहते हैं।

कहते हैं कि वे लोग जो इस जीवन में अपनी अधूरी आकांक्षाओं के बीच मर जाते हैं—वे अतृप्त आत्माएँ ही प्रेत बन जाती हैं—इस जीवन और दूसरी योनि के बीच भटकती रहती हैं...।

लेखक वह है, जो अपने जीवनकाल में प्रेतात्माओं के बीच भटकता रहता है और अपने उपन्यासों-कहानियों में—उन्हें दूसरा जीवन देकर—अपनी अधूरी और अभिशप्त आकांक्षाओं से मुक्ति पा लेता है। यह वह तभी कर सकता है कि वह जीते-जी स्वयं मर सके; दूसरों को पुनर्जीवन देने के लिए—चाहे वे उपन्यास के काल्पनिक पात्र क्यों न हों—अपना मृत होना अनिवार्य है।

जीकर भी मृत होना—यह मेरी सबसे बड़ी महत्त्वाकांक्षा रही है—और चूँकि मैं इसे कभी पूरा नहीं कर सका—इस अधूरी आकांक्षा का प्रेत मेरे और मेरे लेखन के बीच दिन-रात भटकता रहता है...।

हर छोटा लेखक मौलिक होने की चेष्टा करता है, जहाँ वह अपने पूर्ववर्ती लेखकों से अलग कुछ लिख सके...किन्तु जो सही अर्थों में 'मौलिक' होता है, वह हमेशा अपने प्रिय, महान लेखकों की नक़ल करना चाहता है—किन्तु लिखने की घड़ी में—वे महान लेखक विनयशील,

शालीन मित्रों की तरह उससे विदा ले लेते हैं और उसे अकेले कमरे में छोड़ देते हैं—जो उसका नरक है—और मौलिकता का उद्गम स्रोत भी।

कौन कहता है कि दुनिया एक रहस्य है? वह एक किताब की तरह खुली है, हर चीज़ एक-एक अक्षर की तरह अंकित है; आश्चर्य की बात यह है कि हम हर अक्षर के पीछे कोई अर्थ ढूँढ़ना चाहते हैं, जो नहीं है। यदि कोई अर्थ है—तो वह अक्षर नहीं, क्षर है। यह चिन्ता कितनी निरर्थक है कि इस किताब का रचयिता कौन है—और यह जिज्ञासा कितनी अश्लील कि इसकी नियति क्या है और वह कहाँ ख़त्म होती है? यह कुछ उतना ही हास्यास्पद है जितना वह व्यक्ति, जो उपन्यास के प्रथम और अन्तिम पृष्ठों को पढ़कर उसके भीतर की 'कहानी' समझने का उपक्रम करता है...।

पश्चिम के धर्मावलम्बियों और मार्क्सवादियों के बीच यह एक अद्‌भुत समानता है—दोनों ही इस सृष्टि के अहंकारी और अधैर्यशील पाठक हैं—एक उसका अर्थ आदि में खोजता है, दूसरा उसके अन्तिम पन्ने पर—बीच का टेक्स्ट सिर्फ़ माध्यम है—एक माया-संसार—जिसे लाँघकर वे अन्तिम सत्य तक पहुँचना चाहते हैं।

कितना बड़ा व्यंग्य है कि संत और संन्यासी—जो सृष्टि के हर अक्षर को सत्य और पवित्र मानता है—उसे मिस्टिक या रहस्यवादी माना जाता है—किन्तु जो व्यक्ति समूची सृष्टि के सत्य को धर्म या इतिहास के कुहरे में रहस्यावृत करता है, उसे आस्तिक और वैज्ञानिक बनने का गौरव मिलता है...।

यदि समूची सृष्टि सत्य है, तो हम अपनी यातना का अर्थ भी कहीं बाहर नहीं खोजते और उससे छुटकारा पाने के झूठे प्रलोभनों से भी छुटकारा पा लेते हैं। सुख को अपने से बाहर कहीं ढूँढ़ा जा सकता है—यह उतना ही बड़ा भ्रम है, जितना यह कि कोई बाहरी शक्ति हमें इस सृष्टि

के सत्य को उपलब्ध करा सकती है। हम जिसे 'इविल' कहते हैं, वह इसी प्रलोभन से उत्पन्न होता है कि हमसे बाहर कोई सुख है और इस सृष्टि के बाहर कोई सत्य है।

जब फ़ाउस्ट ने अपनी खिड़की के बाहर किसी अदृश्य अँधेरे में सत्य को पाने की आकांक्षा की थी, तभी उस क्षण मेफ़िस्टोफ़ील्स प्रकट हुआ होगा। उसी तरह—जब मनुष्य ने अपने से बाहर अपनी यातना से मुक्ति पाने का लालच किया होगा, तब इस दुनिया में पहली बार 'इविल' की छाया पड़ी होगी...।

पाप और इविल कुछ नहीं—सिर्फ़ मुक्ति के झूठे प्रलोभन हैं। हमारे समय में क्रान्ति चूँकि सबसे बड़ा प्रलोभन प्रस्तुत करती है, हर क्रान्तिकारी को सफल होने के लिए कभी-न-कभी डेविल की शरण में जाना पड़ता है...।

मनुष्य के भीतर जो 'पशु' है, उसकी तुलना बाहर के किसी भी पशु से नहीं की जा सकती। जंगल के पशु अपनी हिंस्रता में भी सहज रूप से पशुवत् रहते हैं, अपनी प्रकृति की मर्यादा में आबद्ध; मनुष्य पशु से ऊपर उठने का बहाना करता है—और जब गिरता है—तो उसकी क्रूरता प्रकृति की सब मर्यादाओं को तोड़ती जाती है—इसलिए वह अपने स्वभाव में पाशविक है—पशुवत् नहीं।

किन्तु जब वह दुर्लभ क्षणों में सचमुच ऊपर उठ जाता है, तो देवता भी उससे ईर्ष्या करते होंगे—क्योंकि उसके भीतर का 'ईश्वर' भी स्वर्ग के सब देवताओं से अलग है; देवता कभी नीचे गिरने का जोखिम नहीं उठाते, जिस तरह पशु कभी ऊपर उठने की चेष्टा नहीं करते।

इसलिए मनुष्य अपने में कुछ नहीं—वह देवता से बड़ा हो सकता है, या पशु से नीचा—सहज रूप से मनुष्य नहीं—मानववाद मनुष्य का सबसे बड़ा इल्यूज़न है!

जहाँ मनुष्य का 'मनुष्यत्व' ही इतना अनिश्चित है, वहाँ उसके भीतर का 'अहं' कितना सन्दिग्ध होगा, इसकी कल्पना मुश्किल नहीं है; किन्तु यही सबसे दु:साध्य है; अपने 'मैं' से मुक्ति पाने का सिर्फ़ एक ही रास्ता है—अपने मनुष्यत्व से मुक्ति पा सकना...मनुष्य वह फल है, जिसमें उसका 'मैं' एक कीड़े की तरह बैठा रहता है...।

क्या आज भी हम हवा में उसके सड़ने की सड़ाँध नहीं सूँघ सकते? शायद नहीं—क्योंकि हम स्वयं उस दुर्गंध का अंश हैं।

एक लेखक—अपने सर्वोत्तम और सौभाग्यशाली क्षणों में—संन्यासी और शिकारी, दोनों ही होता है। संन्यासी प्रेम करता है—सृष्टि के जीवों, प्राणियों, वस्तुओं से—हर गंध उसे लुभाती है, हर दृश्य उसके लिए प्राणवान है, हर स्वर कोई रहस्यमय अर्थ लिये आता है। वह सबके लिए आसक्त है—क्योंकि किसी एक से नहीं बँधा है—इसलिए उसकी आसक्ति से इतनी गहरी तटस्थता उपजती है।

संन्यासी के लिए जो सृष्टि है—शिकारी के लिए वही जंगल है—असंख्य आवाज़ों, पदचापों, छिपी हुई साँसों और उड़ती हुई गंधों से घिरा हुआ। वह एक-एक को पहचानता, देखता, सुनता और सूँघता हुआ आगे बढ़ता जाता है—और फिर अचानक अपना ध्यान एक गंध, एक आवाज़, एक 'ट्रेल' पर केन्द्रित कर देता है; फिर वह सब भूल जाता है, सब भटकनों और भटकावों को छोड़ सिर्फ़ एक का पीछा करता है—जब तक उसे पा नहीं लेता।

संन्यासी की निस्संगता से ही शिकारी की एकाग्रता उत्पन्न होती है—एक महान कलाकृति में सर्वस्व के प्रति लगाव और एक के प्रति एकाग्रता, दोनों ही देखे जा सकते हैं।

एक अकेले व्यक्ति और संन्यासी के अकेलेपन में भारी अन्तर है—एक अकेला व्यक्ति दूसरों से अलग होकर अपने में रहता है; एक संन्यासी अपनेपन से मुक्त होकर दुनिया में जीता है।

मैं अभी तक इस दूसरे अकेलेपन में जीने की सामर्थ्य नहीं जोड़ पाया हूँ...।

अगर मैं दु:ख के बग़ैर रह सकूँ, तो यह सुख नहीं होगा; यह दूसरे दु:ख की तलाश होगी; और इस तलाश के लिए मुझे बहुत दूर नहीं जाना होगा; वह स्वयं मेरे कमरे की देहरी पर खड़ा होगा—कमरे की ख़ाली जगह को भरने...।

कला एक शोक है, एक वियोग, अपने भीतर खिंची रक्तिम भूमध्य रेखा—एक फाँक। जब हम उसके भीतर झाँकते हैं, तो हमें उसकी छाया में अपने छूटे और बिछुड़े हुए अंग दिखाई देते हैं—वे पंख, जिन पर पक्षी उड़ता है। वह आँख, जिसमें दोनों आँखों की नज़र मिलती है। वह आत्मा, जो कभी देह में वास करती थी...। हम नीचे झाँकते हैं और उसकी छाया में एक क्षण के लिए सब छूटे-बिछुड़े अंग हमसे दुबारा जुड़ जाते हैं—उन पहाड़ों की तरह, जो लाखों वर्ष पहले किसी भौगोलिक दुर्घटना के कारण बीच में कट गए थे लेकिन दोनों तरफ़ की कटी हुई चट्टानें नीचे बहते पानी की छाया में—एक-दूसरे से जुड़ी दिखाई देती हैं।

हमें किसी कलाकृति में कौन-से स्थल सबसे अधिक अभिभूत करते हैं? वह नहीं, जिनमें कलाकार ने अपनी अनोखी और अद्भुत अन्तर्दृष्टियों को दर्ज किया है, वे संस्कृति के अंश हैं, जिन्हें उसने अर्जित किया है; कला में अर्जित अन्तर्दृष्टि से परे एक दूसरा सत्य है,

जिसे अंकित नहीं किया जाता है, जैसे जंगल में दौड़ता हुआ हिरण, गाता हुआ वनवासी, माँद में स्वप्न देखता हुआ सिंह—किसी कॉपी में अपना अनुभव नहीं दर्ज करता...ऐसे अनुभव प्रकट होते हैं, ओझल हो जाते हैं—वे केवल उस कलाकार के पास आते हैं जो अपने अहं से मुक्त प्रकृति का ही हिस्सा जान पड़ता है—तब वे उससे डरते नहीं; उसे सूँघते हैं, चाटते हैं—और जब आश्वस्त हो जाते हैं कि यह कवि और लेखक मनुष्य न होकर समूची सृष्टि का ही अंग है, तो उसके भीतर अपने को सुरक्षित महसूस करते हैं, उसके ख़ून में समा जाते हैं, उसकी धमनियों में धड़कते हैं...।

और हम—पाठक, श्रोता, दर्शक—जब कभी किसी कविता, पेंटिंग या संगीत—रचना में—उनकी झलक पा लेते हैं, तो वह प्रकृति का अप्रत्याशित चमत्कार जान पड़ता है—जिसे कलाकार ने जन्म नहीं दिया—सिर्फ़ अपने भीतर से गुज़र जाने का 'सेफ़ पैसेज' प्रदान किया है...।

हमें समय के गुज़रने के साथ-साथ अपने लगावों और वासनाओं को उसी तरह छोड़ते चलना चाहिए, जैसे साँप अपनी केंचुल छोड़ता है और पेड़ अपने पत्तों और फलों का बोझ...जहाँ पहले प्रेम की पीड़ा वास करती थी, वहाँ सिर्फ़ ख़ाली गुफा होनी चाहिए, जिसे समय आने पर संन्यासी और जानवर छोड़कर चले जाते हैं...।

बूढ़ा होना—क्या यह धीरे-धीरे अपने को ख़ाली करने की प्रक्रिया नहीं है? अगर नहीं, तो होनी चाहिए—ताकि मृत्यु के बाद जो लोग तुम्हारी देह को लकड़ियों पर रखें, उन्हें कोई भार महसूस न हो और अग्नि को भी तुम पर ज़्यादा समय न गँवाना पड़े, क्योंकि तुमने जीवनकाल में ही अपने भीतर वह सब कुछ जला दिया है, जो लकड़ियों पर बोझ बन सकता था...।

फेलिस के नाम काफ़्का का पत्र :

मुझे अपने लेखन के लिए जो चीज़ चाहिए—वह है एकान्त। किन्तु एक संन्यासी का एकान्त नहीं, वह काफ़ी नहीं होगा; मुझे चाहिए—एक मृतक का एकान्त। इस अर्थ में लेखन मेरे लिए एक ऐसी नींद है, जो मृत्यु से भी ज़्यादा गहरी है और जिस तरह हम मृतक को उसकी क़ब्र से खींचकर बाहर नहीं ला सकते, उसी तरह रात की घड़ी में मुझे अपनी डेस्क से खींचकर कोई नहीं ले जा सकता।